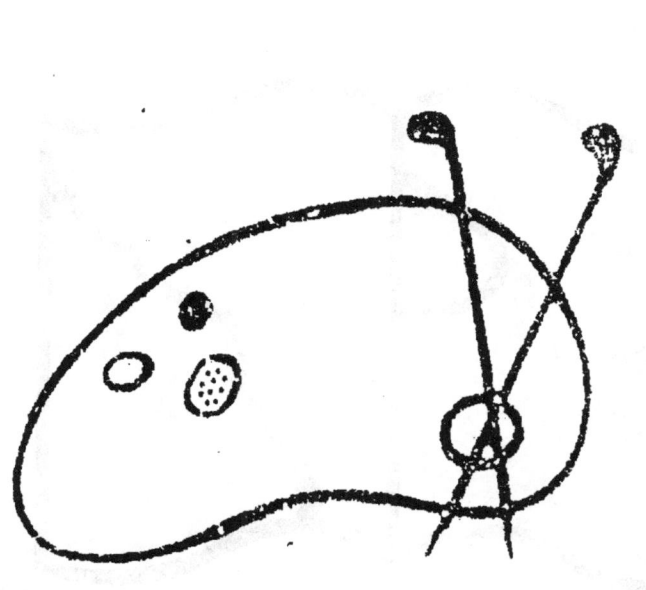

Couvertures supérieure et inférieure
en couleur

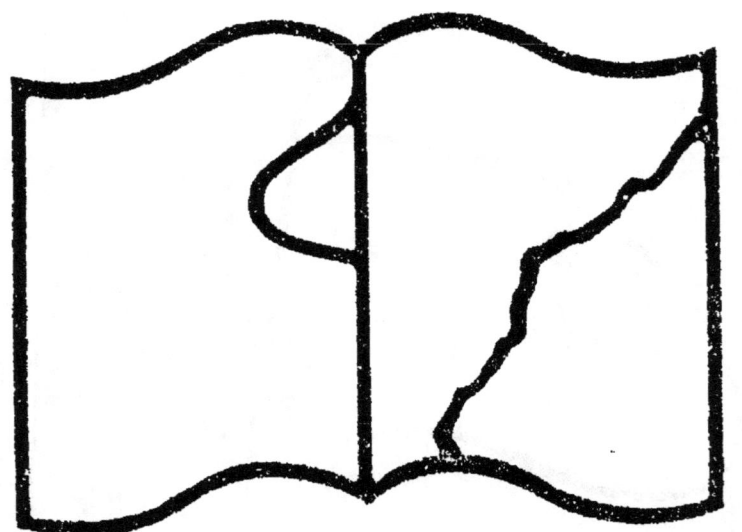

Texte détérioré
Marge(s) coupée(s)

COLLECTION NOUVELLE   NCS LE

ŒUVRES NOUVELLES

DE

PAUL FÉVAL

LE LOUP BLANC

QUATRIÈME ÉDITION

PARIS

SOCIÉTÉ GÉNÉRALE DE LIBRAIRIE CATHOLIQUE

VICTOR PALMÉ, DIRECTEUR GÉNÉRAL

76, rue des Saints-Pères, 76

BRUXELLES	GENÈVE
J. ALBANEL, DIRECT. DE LA SUCCURS.	H. TREMBLEY, DIRECT. DE LA SUCCURS.
12, rue des Paroissiens, 12	rue Corraterie, 4

1883

ŒUVRES DE PAUL FÉVAL

SOIGNEUSEMENT REVUES ET CORRIGÉES

Jolis volumes in-12, à 3 francs

Les Etapes d'une conversion (1re série). *La Mort d'un père*, 17e éd.
Pierre Blot, 2e récit de Jean (IIe série des *Etapes*), 12e éd.
La Première Communion, 3e récit de Jean (IIIe série des *Etapes*), 8e éd.
Le Coup de grâce, dernière étape, 6e éd.
Jésuites! 18e éd.
Pas de divorce! 9e éd.
Les Merveilles du Mont-Saint-Michel, 3e éd.
La Fée des grèves, 10e éd.
L'Homme de fer (suite de *la Fée des grèves*), 8e éd.
Les Contes de Bretagne, 7e éd.
Châteaupauvre, voyage au dernier pays breton, 9e éd.
Le Dernier Chevalier, 5e éd.
Frère Tranquille (anc. *la Duchesse de Nemours*), 7e éd.
La Fille du Juif errant, 6e éd.
Le Château de Velours, 6e éd.
La Louve, 6e éd.
Valentine de Rohan (suite de *la Louve*), 5e éd.
Le Loup blanc, 4e éd.
Romans enfantins, 4e éd.
Le Mendiant noir, 5e éd.
Le Poisson d'or, 4e éd.
Veillées de famille, 5e éd.
Rollan Pied-de-Fer, 4e éd.
Le Régiment des géants, 4e éd.
Chouans et Bleus, 4e éd.
Les Fanfarons du roi, 3e éd.
Le chevalier Ténèbre, 4e éd.
La Première Aventure de Corentin Quimper, 3e éd.
Les Couteaux d'or, 3e éd.
Les Errants de nuit, 3e éd.
Fontaine aux perles, 3e éd.
Corbeille d'histoires (ouvrage inédit), 3e éd.
Les Parvenus, 3e éd.
La Belle Etoile, 2e éd.
La Reine des épées, 3e éd.
Les Compagnons du Silence, 3e éd.
Le Prince Coriolani (suite du précédent), 3e éd.
Une Histoire de revenants, 3e éd.
Roger Bontemps, 3e éd.
La Chasse au roi, 2e éd.
La Cavalière (suite de *la Chasse au roi*).
Le Capitaine Simon. — La Fille de l'émigré, 1 vol.
Le Chevalier de Keramour (anc. *la Bague de chanvre*).

Volumes in-8º illustrés

La Fée des grèves... 5 »
Les Contes de Bretagne 6 »
La Première Aventure de Corentin Quimper.. 6 »
Les Merveilles du Mont-Saint-Michel...... 8 »
Veillées de famille... 8 »

Volumes in-12 à 1 franc

Le Joli Château, drame fantastique en trois actes mêlés de chant, tiré des *Contes de Bretagne*, par MM. Van Dick et F. Heuvelman.
Le Denier du Sacré-Cœur, extrait de *Pierre Blot*. (Se vend au profit de l'Œuvre du Vœu national.)
— *Le même*, édition populaire et de propagande........ » 25

Paris. — E. de Soye et Fils, imp., pl. du Panthéon, 5.

LE LOUP BLANC

PARIS. — E. DE SOYE ET FILS, IMPRIMEURS, 5, PLACE DU PANTHÉON.

ŒUVRES NOUVELLES
DE
PAUL FÉVAL

LE LOUP BLANC

NOUVELLE ÉDITION

PARIS
SOCIÉTÉ GÉNÉRALE DE LIBRAIRIE CATHOLIQUE
VICTOR PALMÉ, DIRECTEUR GÉNÉRAL
76, rue des Saints-Pères, 76

BRUXELLES	GENÈVE
J. ALBANEL, DIRECT. DE LA SUCCURS.	H. TREMBLEY, DIRECT. DE LA SUCCURS.
12, rue des Paroissiens, 12	rue Corraterie, 4

1883

LE LOUP BLANC

PROLOGUE

I

LA CHANSON

Il n'y a pas encore bien longtemps, le voyageur qui allait de Paris à Brest, de la capitale du royaume à la première de nos cités maritimes, s'endormait et s'éveillait deux fois, bercé par les cahots de la diligence, avant d'apercevoir les maigres moissons, les pommiers trapus et les chênes ébranchés de la pauvre Bretagne. Il s'éveillait la première fois dans les fertiles plaines du Perche, tout près de la Beauce, ce paradis des négociants en farine : il se rendormait poursuivi par l'aigrelet parfum du cidre de l'Orne et par le patois nasillard des naturels de la Basse-Normandie. Le lendemain matin, le paysage avait changé ; c'était Vitré, la gothique momie, qui penche ses maisons noires et les ruines chevelues de son château sur la pente raide de sa colline ; c'était l'échiquier de prairies plantées çà et là de saules et d'oseraies où la Vilaine plie et replie en mille détours son étroit ruban d'azur. Le ciel, bleu la veille, était devenu gris ; l'horizon avait perdu son ampleur, l'air avait pris une saveur humide. Au loin, sur la droite, derrière une série de monticules arides et couverts de genêts, on apercevait une ligne noire. C'était la forêt de Rennes.

La forêt de Rennes est bien déchue de sa gloire antique. Les exploitations industrielles ont fait, depuis ce temps, un terrible massacre de ses beaux arbres.

MM. de Rohan, de Montbourcher, de Châteaubriant y couraient le cerf autrefois, en compagnie des seigneurs de Laval, invités tout exprès, et de M. l'intendant royal, dont on se serait passé volontiers. Maintenant, c'est à peine si les commis rougeauds des maîtres de forges y peuvent tuer à l'affût, de temps à autre, quelque chétif lapereau ou un chevreuil étique que le spleen porte à braver cet indigne trépas.

On n'entend plus, sous le couvert, les éclatantes fanfares ; le sabot des nobles chevaux ne frappe plus le gazon des allées ; tout se tait, hormis les marteaux et la toux cyclopéenne de la pompe à feu.

Certains se frottent les mains à l'aspect de ce résultat. Ils disent que les châteaux ne servaient à rien et que les usines font des clous. Nous avons peut-être, à ce sujet, une opinion arrêtée, mais nous la réserverons pour une occasion meilleure.

Quoi qu'il en soit, au lieu de quelques kilomètres

carrés, grevés de coupes accablantes, et dont les trois quarts sont à l'état de taillis, la forêt de Rennes avait, il y a cent cinquante ans, onze bonnes lieues de tour, et des tenues de futaie si haut lancées, si vastes et si bien fourrées de plant à la racine, que les gardes eux-mêmes y perdaient leur chemin.

En fait d'usines, on n'y trouvait que des saboteries dans les « foutcaux » ; et aussi, dans les châtaigneraies, quelques huttes où l'on faisait des cercles pour les tonneaux. Au centre des clairières, dix à douze loges groupées et comme entassées servaient de demeures aux charbonniers. Il y en avait un nombre fort considérable, et, en somme, la population de la forêt passait pour n'être point au-dessous de quatre à cinq mille habitants.

C'était une caste à part, un peuple à demi sauvage, ennemi né de toute innovation, et détestant par instinct et par intérêt tout régime autre que la coutume, laquelle lui accordait tacitement un droit d'usage illimité sur tous les produits de la forêt, sauf le gibier.

De temps immémorial, sabotiers, tonneliers, charbonniers et vanniers avaient pu, non-seulement ignorer jusqu'au nom d'*impôt*, mais encore prendre le bois nécessaire à leur industrie sans indemnité aucune. Dans leur croyance, la forêt était leur légitime patrimoine : ils y étaient nés ; ils avaient le droit imprescriptible d'y vivre et d'y mourir. Quiconque leur contestait ce droit devenait pour eux un oppresseur.

Or ils n'étaient point gens à se laisser opprimer sans résistance.

Louis XIV était mort. Philippe d'Orléans, au mépris

du testament du monarque défunt, tenait la régence. Bien que ce prince, pour qui l'histoire a eu de sévères condamnations, mit volontairement en oubli la grande politique de son maître, cette politique subsistait par sa force propre, partout où des mains malhabiles ou perfides ne prenaient point à tâche de la miner sourdement.

En Bretagne, la longue et vaillante résistance des Etats avait pris fin.

Un intendant de l'impôt avait été installé à Rennes, et le pacte d'union, violemment amendé, ne gardait plus ses fières stipulations en faveur des libertés de la province. Le parti breton était donc vaincu ; la Bretagne se faisait France en définitive : il n'y avait plus de frontière.

Mais autre chose était de consentir une mesure en assemblée parlementaire, autre chose de faire passer cette mesure dans les mœurs d'un peuple dont l'entêtement est devenu proverbial. M. de Pontchartrain, le nouvel intendant royal de l'impôt, avait l'investiture légale de ses fonctions ; il lui restait à exécuter son mandat, ce qui n'était point chose facile.

Partout on accusa les Etats de sa forfaiture ; on résistait partout.

Lors de la conspiration de Cellamare, ce fut en Bretagne que la duchesse du Maine réunit ses plus hardis soldats. Les *Chevaliers de la Mouche à miel* qui se nommaient aussi *les Frères-bretons*, formaient une véritable armée dont les chefs, MM. de Pontcallec, de Talhoët, de Rohan-Polduc et autres eurent la tête tranchée sous le Bouffay de Nantes, en 1718.

Ce fut un rude coup. La conspiration rentra sous terre.

Mais la ligue des Frères bretons, antérieure à la conspiration, et qui, en réalité, n'avait plus d'objet politique, continua d'exister et d'agir quand la conspiration fut morte.

C'est le propre des assemblées secrètes de vivre sous terre. Les Frères bretons refusèrent d'abord l'impôt les armes à la main, puis ils cédèrent à leur tour, mais, tout en cédant, ils vécurent.

Vingt ans après l'époque où se passèrent les événements que nous allons raconter, et qui forment le prologue de notre récit, nous retrouverons leurs traces. Le mystère est dans la nature de l'homme. Les sociétés secrètes meurent cent fois.

En 1719, presque tous les gentilshommes s'étaient retirés de l'association, mais elle subsistait parmi le bas peuple des villes et des campagnes.

— Ce qui restait de *frères* nobles était l'objet d'un véritable culte.

Les châteaux où se retranchaient ces partisans inflexibles de l'indépendance devenaient des centres autour desquels se groupaient les mécontents. Ceux-ci étaient peut-être impuissants déjà pour agir sur une grande échelle, mais leur *opposition* (qu'on nous passe l'anachronisme) se faisait en toute sécurité.

Il eût fallu, pour les réduire, mettre à feu et à sang le pays où ils avaient des attaches innombrables.

D'après ce que nous avons dit de la forêt de Rennes, on doit penser qu'elle était un des plus actifs foyers de la résistance. Sa population, entièrement composée de gens pauvres, ignorants et endurcis aux plus rudes travaux, était dans des conditions singulièrement favorables à cette résistance, dont le fond est une négation pure et simple, soutenue par la force d'inertie. Assez nombreux et assez unis pour combattre si nulle autre ressource ne pouvait être employée, les gens de la forêt attendaient, confiants dans les retraites inaccessibles qu'offrait à chaque pas le pays, confiants surtout dans la connaissance parfaite qu'ils avaient de leur forêt, cet immense et sombre labyrinthe dans les taillis reliaient la campagne de Rennes aux faubourgs de Fougères et de Vitré.

Dans ces trois villes, ils avaient des adhérents. Le premier coup de mousquet tiré sous le couvert devait armer la plèbe déguenillée des basses rues de Rennes, les historiques bourgeois de Vitré, qui portaient encore brassards, hauberts et salades, comme des hommes d'armes du XVe siècle, et les habiles braconniers de Fougères. Avec tout cela, il était raisonnable d'espérer que les sergents de M. de Pontchartrain pourraient ne point avoir beau jeu.

Il y avait au monde un homme qu'ils respectaient tant que si cet homme leur eût dit : Payez l'impôt au roi de France, ils auraient peut-être obéi.

Mais cet homme n'avait garde.

Il était justement, cet homme, l'un des plus obstinés débris de l'Association bretonne, et sa voix retentissait encore de temps à autre dans la salle des Etats, pour protester contre l'envahissement de l'ancien domaine des *Riches ducs* par les gens du Roi de France.

Il avait nom Nicolas Treml de La Tremlays, seigneur

de Boüexis-en-Forêt, et possédait, à une demi-lieue du bourg de Liffré, un domaine qui le faisait suzerain de presque tout le pays.

Son château de la Tremlays était l'un des plus beaux qui fût dans la Haute-Bretagne ; son manoir de Boüexis n'était guère moins magnifique. Il fallait deux heures pour se rendre de l'un à l'autre, et tout le long du chemin on marchait sur la terre de Treml.

M. Nicolas, commme on l'appelait, était un vieillard de grande taille et d'austère physionomie. Ses longs cheveux blancs tombaient en mèches éparses sur le drap grossier de son pourpoint coupé à l'ancienne mode. L'âge n'avait point modéré la fougue de son sang. A le voir droit et ferme sur la selle, lorsqu'il chevauchait sous la futaie, les gens de la forêt se sentaient le cœur gaillard et disaient :

— Tant que vivra notre monsieur, il y aura un Breton dans la Bretagne, et gare aux sangsues de Paris.

Ils disaient vrai. Le patriotisme de Nicolas Treml était aussi indomptable qu'exclusif. La décadence graduelle du parti de l'indépendance, loin de lui être un enseignement, n'avait fait que grandir son obstination. D'année en année, ses collègues des Etats écoutaient avec moins de faveur ses rudes protestations ; mais il protestait toujours, et c'était la main sur la garde de son épée qu'il fulminait ses menaçantes diatribes contre le représentant de la couronne.

Un jour, pendant qu'il parlait, messieurs de la noblesse se prirent à rire et plusieurs voix murmurèrent :

— Décidément, monsieur Nicolas a perdu la tête !

Il s'arrêta tout à coup : une grande pâleur monta jusqu'à son front ; son œil lança un éclair. Il se couvrit et gagna lentement la porte. Sur le seuil il croisa ses bras et envoya au banc de la noblesse un long regard de défi.

— Je remercie Dieu, dit-il d'une voix lente et durement accentuée qui pénétra jusqu'aux extrémités de la salle, je remercie Dieu de n'avoir perdu que la tête, quand messieurs mes amis, eux, ont perdu le cœur.

A ce sanglant outrage vous eussiez vu bondir sur leurs siéges tous ces fiers gentilshommes. Vingt rapières furent à l'instant dégaînés. Nicolas Treml ne bougea pas.

— Laissez là vos épées, reprit-il. Moi aussi, je fus insulté ; pourtant je me retire. Ce n'est point du sang breton qu'il faut à ma colère. Adieu, messieurs. Je prie Dieu que vos enfants oublient leurs pères et se souviennent de leurs aïeux. Je me sépare de vous et je vous renie. Vous avez mis la Bretagne au tombeau ; moi, je mettrai du sang sur le tombeau de la Bretagne. Quand il n'est plus temps de combattre, il est temps encore de se venger et de mourir.

M. de la Tremlays monta sur son bon cheval et prit la route de son domaine.

Ceux qui le rencontrèrent en chemin, ce jour-là, ne purent deviner les pensées qui se pressaient dans son esprit. Robuste de cœur autant que de corps, il savait garder au dedans de lui sa colère. Son front restait calme, son regard errait, vague et indifférent, sur le plat paysage des environs de Rennes.

Lorsqu'il entra sous le couvert de la forêt, le soleil baissait à l'horizon. M. de La Tremlays contempla plus d'une fois avec convoitise les retranchements naturels et imprenables qu'offrait à chaque pas le sol vierge ; il comptait involontairement ces hommes vigoureux et vaillants qui le saluaient de loin avec une respectueuse affection.

— La guerre, pensait-il, pourrait être terrible avec ces soldats et ces retraites.

Il arrêtait son cheval et devenait rêveur. Mais bientôt une idée tyrannique fronçait ses sourcils grisonnants. Il se redressait et son œil brillait d'un sauvage éclat.

— Point de guerre ! disait-il alors. Un duel ! Un seul coup, une seule mort !

Et M. de la Tremlays, enfonçant ses éperons dans les flancs de son cheval, combinait un de ces plans dont l'extravagante hardiesse amène le sourire sur les lèvres des hommes de bon sens, et que le succès peut à peine sanctionner : un plan audacieux, chevaleresque, mais impossible et fou, dont l'idée ne pouvait germer que dans un cerveau de gentilhomme campagnard, ignorant le monde et toisant la prose du présent à la poétique mesure du passé.

Il ne faudrait point pourtant se méprendre et taxer Nicolas Treml de démence, parce que son entreprise dépassait les bornes du possible. Il le savait et son enthousiasme ne lui cachait point la profondeur de l'abîme.

Mais c'est un de ces hommes à cervelle de bronze, qui voient le précipice ouvert et ne s'arrêtent point pour si peu en chemin.

Une seule circonstance eût pu le faire hésiter. La maison de La Tremlays n'avait qu'un héritier direct, Georges Treml, petit-fils du vieux gentilhomme Que deviendrait cet enfant de cinq ans, frappé dans la personne de son aïeul et dépourvu de protecteur naturel, Nicolas Treml supportait impatiemment cette objection que lui faisait sa conscience.

— Si je réussis, pensait-il, Georges aura un héritage de gloire ; si j'échoue, monsieur mon cousin de Vaunoy lui gardera son patrimoine. Vaunoy est un bon chrétien et un loyal gentilhomme.

Comme il prononçait mentalement ces paroles, une voix grêle et lointaine lui apporta le refrain d'une chanson du pays, sorte de complainte dont l'air mélancolique accompagnait le récit du trépas d'Arthur de Bretagne, méchamment mis à mort par son oncle Jean sans Terre.

M. de La Tremlays se sentit venir au cœur un pressentiment funeste en écoutant cela.

— Impossible ! murmura-t-il pourtant ; M. de Vaunoy est un digne parent.

La voix se rapprochait, le chant semblait prendre une nuance d'ironie.

— D'ailleurs, poursuivit le vieux gentilhomme, mon petit Georges est Breton ; son bonheur, comme son sang appartient à la Bretagne.

La voix se tut durant quelques secondes, puis elle éclata tout à coup juste au-dessus de M. de La Tremlays. Celui-ci leva brusquement la tête et aperçut, au haut d'un gigantesque châtaignier dont la couronne, dominant les arbres d'alentour, était vivement frappée par les rayons du soleil couchant, un être d'apparence extraordinaire et presque diabolique. Son corps, ainsi éclairé, rayonnait une sorte de lueur blafarde. Si un voyageur l'eût rencontré dans les forêts du Nouveau-Monde, il ne lui aurait certainement pas accordé le nom d'homme, et l'histoire naturelle de M. de Buffon contiendrait un article de plus : le babouin blanc. Cette créature ressemblait en effet à un énorme singe de couleur blanchâtre, elle sautait d'une branche à l'autre avec une agilité merveilleuse, et à chaque saut, un faisceau de menus roseaux tombait à terre.

Son chant continuait.

Il est à croire que ce n'était pas la première fois que M. de La Tremlays rencontrait ce personnage étrange, car il arrêta son cheval sans manifester la moindre surprise et siffla comme on fait pour appeler un chien.

Le chant cessa aussitôt, et la créature perchée au sommet du châtaignier, dégringolant de branche en branche, tomba aux pieds du vieux seigneur en poussant un grognement amical et respectueux.

C'était bien un homme, et pourtant il était plus extraordinaire encore de près que de loin. Ses jambes nues, couvertes de poils incolores, supportaient gauchement un torse difforme et de beaucoup trop court. Son cou, osseux et planté en biseau sur sa creuse poitrine, était surmonté d'une face anguleuse, aux os de laquelle se collait une peau blême et semée de duvet. Ses cheveux, ses sourcils, sa barbe naissante, tout était blanc, et c'était merveille de voir reluire son œil sanglant au milieu de ce laiteux entourage.

Aucun signe certain, dans toute sa personne, ne pouvait servir à préciser son âge,

Peut-être était-ce un enfant, peut-être était-ce un vieillard.

L'extrême agilité qu'il venait de déployer éloignait également néanmoins ces deux suppositions.

Il fallait la pleine jeunesse pour concentrer tant de vigoureuse souplesse sous cette enveloppe chétive et misérable.

Il se releva d'un bond et vint se planter au milieu du chemin, devant la tête du cheval.

— Comment va ton père, Jean Blanc ? demanda M. de La Tremlays.

— Comment va ton fils, Nicolas Treml ? répondit l'albinos en exécutant une cabriole.

Un nuage couvrit le front du vieillard. Cette brusque question correspondait mystérieusement au sujet de sa rêverie.

— Tu deviens insolent, mon garçon, grommela-t-il. Je suis trop bon envers vous autres vilains, et cela vous donne de l'audace. Fais-moi place, et que je ne t'y prenne plus !

Au lieu d'obéir à cet ordre, prononcé d'un ton sévère, Jean Blanc saisit la bride du cheval et se mit à sourire tranquillement.

— Tu te trompes, monsieur Nicolas, dit-il d'une voix douce et triste. Ce n'est pas avec nous pauvres gens, que tu es trop bon, c'est avec d'autres que tu aimes et qui te détestent.

— Paix ! fou que tu es ! voulut interrompre M. de La Tremlays.

L'albinos ne lâcha point la bride et continua :

— Le père de Jean Blanc va bien. Jean Blanc veillait hier auprès de lui ; auprès de lui il veillera demain. Hier tu veillais sur Georges Treml : veilleras-tu sur lui demain, monsieur Nicolas ?

— Que veux-tu dire ?

— C'est une belle chanson que la chanson d'Arthur de Bretagne... Ecoute : je sais ramper sous le couvert, tout aussi bien que grimper au faîte des châtaigniers. Je t'ai suivi longtemps dans la forêt ; tu causais avec ta conscience ; j'ai compris, et j'ai chanté la chanson d'Arthur.

— Quoi ! s'écria M. de La Tremlays, tu m'as entendu ? tu sais tout ?

— Non, pas tout. Tu as dis trop de folie pour que j'aie pu comprendre. Mais, crois-moi, ne laisse pas notre petit monsieur Georges à la merci d'un cousin. Si tu veux t'en aller bien loin, prends ton petit-fils en croupe : si tu ne le peux pas, tue-le, mais ne l'abandonne pas. Et maintenant je vais couper des branches pour faire des cercles de barrique, monsieur Nicolas. Que Dieu te bénisse !

L'albinos lâcha la bride et grimpa comme un chat le long du tronc noueux d'un châtaignier. La nuit commençait à tomber. Le costume de cet être bizarre, formé de peaux d'agneaux et blanc comme sa personne, se distinguait à travers les branches qu'il franchissait avec une indescriptible prestesse.

M. de La Tremlays se remit en route, tout pensif.

— C'est un pauvre insensé, se disait-il.

Mais son cœur se serrait de plus en plus, et lorsque la voix de Jean Blanc, se faisant de nouveau entendre, lui jeta, par-dessus les têtes touffues de grands chênes, les notes lugubres de la complainte d'Arthur de Bretagne, le vieux gentilhomme eut froid à l'âme et prononça en frémissant le nom de son petit-fils.

II

LE COFFRET DE FER

Quand Nicolas Treml de La Tremlays franchit la grand'porte de son beau château, il faisait nuit noire. Il jeta la bride à ses valets sans mot dire, monta le perron d'un air distrait et se rendit tout droit à la chambre de son petit-fils.

Georges dormait. C'était un joli enfant blanc et rose, dont les cheveux blonds bouclaient gracieusement sur les broderies de l'oreiller. Sans doute un doux songe visitait en ce moment son sommeil, car sa bouche s'entr'ouvrait en un charmant sourire, pendant que ses petites mains s'agitaient et semblaient soutenir une lutte de caresses.

Quand les enfants s'ébattent ainsi en de joyeux rêves, les bonnes gens de Rennes disent qu'ils *rient aux anges ;* pensée charmante et poétique, à coup sûr.

Mais en Bretagne tout ce qui est poétique et charmant tourne bien vite à la mélancolie : on regarde cette joie du sommeil comme un présage de mort. L'enfant *rit aux anges*, parce que les anges de Dieu sont là autour de son chevet, pour emporter son âme au ciel.

Nicolas Treml se pencha sur la couche de son petit-fils. Sa lèvre barbue toucha la joue de l'enfant qui ne s'éveilla point.

— Arthur de Bretagne ! murmura le vieux gentilhomme qui ne pouvait oublier les paroles de Jean Blanc ; si le dernier rejeton de ma race allait être sacrifié !... Mais non cet homme est un fou, et mon cousin de Vaunoy ne ressemble pas plus à l'Anglais Jean sans Terre qu'un chien fidèle ne ressemble à un loup !

Il s'assit auprès du chevet de Georges et rendit son esprit à l'idée fixe qu'il poursuivait.

M. de la Tremlays, puissamment riche et noble, comme nous l'avons dit, avait perdu son fils unique deux ans auparavant. Ce fils, qui avait nom Jacques Treml et qui était père de Georges, avait été de son vivant un homme fort et brave ; Nicolas Treml lui avait inculqué de bonne heure sa haine contre la France, son amour pour la Bretagne, deux sentiments qui, chez lui, affectaient tous les caractères de la passion.

La mort de Jacques fut pour le vieux gentilhomme un coup cruel. Ce n'était pas seulement un fils, c'était l'héritier de ses croyances qui descendait dans la tombe.

Il se sentait vieillir. Aurait-il le temps d'inoculer à Georges sa haine et son amour ?

Les vieux souverains, à qui Dieu retire le fils qui devait continuer leur œuvre politique laborieusement commencée, regardent avec désespoir le berceau du fils de leur fils.

Cet enfant mettra vingt ans à se faire homme, et il ne faut qu'un jour pour voir crouler une dynastie.

Nicolas Treml n'était pas roi, mais il se regardait comme le dernier représentant d'une pensée vaincue qui pouvait à son tour remporter la victoire. Jacques était son bras droit, son successeur, un autre lui-même ; Georges n'était qu'un enfant.

Au lieu d'une arme à l'épreuve, Nicolas Treml n'avait plus qu'un faible roseau dans la main.

Il y avait de par la province de Bretagne une famille pauvre et de noblesse douteuse qui se prétendait branche de Treml et ajoutait ce nom au sien propre. Avant la mort de Jacques, M. de La Tremlays avait intenté à cette famille de Vaunoy un procès, pour la contraindre à se désister de toute prétention au nom de Treml.

Le procès était pendant, et, suivant toute apparence, le parlement de Rennes allait condamner les Vaunoy lorsque Jacques mourut. Ce fatal événement sembla changer subitement les desseins de M. de La Tremlays. Il arrêta l'action pendante au parlement de Rennes et invita Hervé de Vaunoy, l'aîné de la famille, à se rendre aussitôt près de lui. Celui-ci n'eut garde de refuser l'invitation.

Il traversa la forêt monté sur un piètre cheval de labour. Arrivé sur la lisière qui touchait le domaine de

Treml et les futaies de Boüexis, il ôta respectueusement son feutre et salua toutes ces richesses, pendant qu'un sourire relevait les coins de ses lèvres sous les crocs fauves de sa moustache.

Hervé de Vaunoy pouvait avoir alors quarante ans. C'était un petit homme replet, à chevelure roussâtre, dont les exubérants anneaux encadraient un visage souriant et d'expression débonnaire. Ses yeux disparaissaient presque sous les longs poils de ses sourcils ; mais ce qu'on en voyait était fort avenant et cadrait au mieux avec la fraîcheur vermeille de ses joues.

En somme, il avait l'air du meilleur vivant qui fût au monde, et il était impossible de le voir une seule fois sans se dire : Voilà un excellent petit homme !

La seconde fois, on ne disait rien du tout.

La troisième, on pensait à part soi que le petit homme pouvait bien n'être point si bon qu'il voulait le paraître.

Chemin faisant, il inspecta le manoir de Boüexis, qu'il trouva très à son gré, et les fermes, métairies et tenues, qui lui parurent bien en point, et les bois dont il admira cordialement la belle venue. Pendant cela, son sourire vainqueur ne le quittait point. On eût dit que le petit homme se voyait déjà dans l'avenir propriétaire et seigneur de toutes ces belles choses.

Mais ce qui le flatta le plus, ce fut le château de La Tremlays lui-même. A la vue de ce cher édifice qui ouvrait, sur une immense avenue, sa grande porte écussonnée, Hervé de Vaunoy arrêta son cheval de charrette et ne put retenir un cri d'allégresse.

— Saint-Dieu ! murmura-t-il tout ému, notre maison

de Vaunoy tiendrait avec ses étables, écuries et pigeonniers sous le portail de ce noble château. Il faudrait que M. Nicolas Treml, mon cousin, eût l'âme bien dure pour ne point me donner un gîte en quelque coin ; et quand on a pied dans quelque coin, talent et bonne volonté tout le reste y passe !

Il souleva le lourd marteau de la porte et mit de côté son sourire pour prendre un air humble et décemment réservé.

M. de La Tremlays était assis sous le manteau de la haute cheminée dans la salle à manger. A son côté, un grand et beau chien de race sommeillait indolemment. Dans un coin, le petit Georges, âgé de quatre ans alors, jouait sur les genoux de sa nourrice. On annonça Hervé de Vaunoy.

Le vieux seigneur se tourna lentement vers le nouveau venu et le chien, se dressant sur ses quatre pattes, poussa un sourd grognement.

— Paix, Loup ! dit M. de La Tremlays.

Le chien se recoucha sans quitter des yeux le seuil où Hervé se tenait découvert et respectueusement incliné.

M. de la Tremlays continuait d'examiner ce dernier en silence.

Au bout de quelques minutes, il parut prendre tout à coup une résolution et se leva.

— Approchez, monsieur mon cousin, dit-il avec une brusque courtoisie ; vous êtes le bienvenu au château de nos communs ancêtres.

Hervé ne put retenir un mouvement de joie en voyant sa parenté, à laquelle il ne croyait guère lui-même, si tôt et si aisément reconnue. Sur un geste du vieux seigneur, il prit place sous le manteau de la cheminée.

L'entrevue fut courte et décisive.

— J'espère, monsieur de Vaunoy, dit Nicolas Treml, que vous êtes un vrai Breton !

— Oui, Saint-Dieu ! mon cousin, répondit Hervé, un vrai Breton, tout à fait !

— Déterminé à donner sa vie pour le bien de la province ?

— Sa vie et son sang, monsieur mon cousin de La Tremlays ! ses os et sa chair ! Détestant la France, Saint-Dieu ! abhorrant la France, monsieur mon digne parent ! prêt à dévorer la France d'un coup de dent, si elle n'avait qu'une bouchée !

— A la bonne heure ! s'écria Nicolas Treml enchanté. Touchez-là, Vaunoy, mon ami. Nous nous entendrons à merveille, et mon petit-fils Georges aura un père en cas de malheur.

Hervé fut installé le soir même au château de La Tremlays, et, depuis lors, il ne le quitta plus. Georges lui était spécialement confié, et nous devons reconnaître qu'il affectait en toute occasion, pour l'enfant, une tendresse extraordinaire.

Les choses restèrent ainsi durant dix-huit mois. M. de La Tremlays prenait Hervé en confiance. Il le regardait comme un excellent et loyal parent. Les commensaux du château faisaient comme le maître, et Vaunoy avait l'estime de tout le monde.

Il n'y avait que deux personnages auprès desquels Vaunoy n'avait point su trouver grâce : le premier et le plus considérable était Loup, le chien favori de Nicolas Treml ; le second n'était autre que Jean Blanc, l'albinos.

Chaque fois que Vaunoy entrait au salon, Loup fixait sur lui ses rondes prunelles et grognait dans ses soies jusqu'à ce que M. de La Tremlays lui eût imposé péremptoirement silence. Vaunoy avait beau le flatter, il perdait sa peine. Loup, en bon Breton qu'il était, avait la tête dure et ne changeait point volontiers de sentiment.

M. de La Tremlays s'étonnait souvent de l'aversion que Loup montrait à son cousin ; cela lui donnait même parfois à réfléchir, car il tenait Loup pour un chien perspicace et de bon conseil. Mais Vaunoy, d'autre part, était si humble, si serviable, si dévoué !

Et puis, Saint-Dieu ! il détestait si cordialement la France.

Le moyen de concevoir des soupçons contre un homme qui abhorrait ainsi M. le régent ?

Quant à Jean Blanc, sa haine était moins redoutable que celle de Loup. Jean Blanc, en effet, occupait dans l'échelle sociale une position infiniment plus humble. Il était, de son métier tailleur de cercles, passait pour idiot, et n'eût point pu soutenir son vieux père sans l'aide charitable de M. de La Tremlays. Jean Blanc était reçu dans les cuisines du château, parce que l'hospitalité bretonne accueillait hommes, mendiants et animaux avec une égale religion ; mais c'était à grand'peine qu'il conquérait sa place au feu, et il lui fallait exécuter bien des cabrioles pour désarmer le mauvais vouloir du maitre d'hôtel, lors de la distribution des vivres.

— Arrière, méchant mouton blanc ! disait ce chef des valets de Treml. N'as-tu pas honte, gibier de rebut, de demander la pitance d'un chrétien.

Jean, suivant son humeur, hochait la tête en éclatant de rire, ou baissait ses yeux pleins de larmes. Parfois un éclair de raison ou de fierté semblait traverser sa cervelle. Alors la bordure enflammée de ses paupières devenait livide, tandis qu'une tache écarlate se dessinait sur sa joue. C'était l'affaire d'un instant.

L'écuyer Jude prenait alors le parti du pauvre albinos, dont l'apathie naturelle avait déjà triomphé de sa fugitive colère.

— Un peu plus de charité, maître Alain, disait l'écuyer Jude au majordome ; Jean Blanc est le fils de son père, qui était un digne serviteur de Treml. Notre monsieur Nicolas n'entend pas qu'on traite ainsi les bonnes gens de la forêt.

Jude ne mentait point. Nicolas Treml était doux envers ses vassaux ; mais, si accompli que soit le maître, l'insolence, cette gangrène de la valetaille, sait toujours se faire place en quelque coin de l'office.

Alain, le maître d'hôtel, grommelait un juron armoricain et coupait à Jean Blanc un morceau de pain de mauvaise grâce. Celui-ci trempait aussitôt sa soupe, sans rancune apparente, et dévorait avec la plus parfaite égalité d'âme. Quand il avait fini, on lui donnait une seconde écuelle de bouillon bien chaud qu'il portait à son père, Mathieu Blanc, le vieux vannier de la Fosse-aux-Loups.

Cette tranquillité de Jean Blanc était-elle feinte ou réelle ? nous ne saurions trancher cette question d'une manière précise, et parmi ceux qui le connaissaient, les avis étaient partagés. On s'accordait à reconnaître que sa cervelle ne contenait point la somme d'idées raisonnables que comporte l'intelligence de l'homme ; mais était-il sérieusement idiot ?

Tant que durait le jour, il chantait de bizarres refrains sur les couronnes des châtaigniers, ou bien il gambadait le long des chemins. A vêpres, son blême visage grimaçait à faire pâmer de rire chantres, marguilliers et bedeau.

Et pourtant Jean priait dévotement.

Et pourtant Jean soignait son vieux père avec l'attention d'une fille dévouée ; quand Mathieu avait besoin de remèdes, Jean travaillait le double, et plus d'un paysan affirmait l'avoir vu, le soir, agenouillé au chevet du vieillard endormi.

En outre, on le savait capable d'une reconnaissance sans bornes. Il s'était jeté, sans armes, au devant d'un sanglier qui menaçait l'écuyer Jude, son protecteur, et il avait escaladé plus d'une fois les hautes murailles du jardin de La Tremlays, rien que pour baiser, en pleurant de joie, les mains du petit M. Georges, le fils de son bienfaiteur.

Sa tendresse pour l'enfant était poussée jusqu'à la passion, et ceux qui ne croyaient point à l'idiotisme de Jean disaient que sa haine pour M. de Vaunoy venait de ce qu'il le regardait comme un intrus, destiné à frustrer le petit Georges de son héritage.

Ils disaient cela quand ils n'avaient point à dire autre chose de plus intéressant, car, bien entendu, Jean Blanc était un sujet de conversation fort secondaire. A part

Vaunoy qui le craignait vaguement et d'instinct, Jude et M. de La Tremlays qui ne dédaignaient point de causer parfois familièrement avec lui, personne ne s'occupait beaucoup du pauvre albinos.

On admirait sa merveilleuse adresse à tous les exercices du corps, comme on eût admiré l'agilité d'un chevreuil de la forêt. Sa douteuse folie ne l'entourait pas même de ce prestige qui s'attache, dans les contrées demi-sauvages, aux êtres privés de raison. Les gens de la forêt se défiaient de sa démence et ne la trouvaient point de franc aloi.

Quant aux femmes, Jean était pour elles un objet de dégoût ou de moquerie. Elles riaient en apercevant de loin sa face enfarinée que nous ne saurions comparer qu'au masque populaire de nos pierrots ; elles frissonnaient lorsque le soir elles voyaient briller, sous le linceuil de sa chevelure, l'éclat phosphorescent de ses yeux.

Revenons à Nicolas Treml que nous avons laissé méditant au chevet de son petit-fils Georges.

Sans doute le sujet de ses réflexions le captivait bien puissamment ; car pendant de longues heures il demeura immobile et si profondément absorbé qu'on eût pu le prendre pour l'un de ces vieillards de pierre qui dorment autour des tombeaux.

L'horloge du château avait sonné minuit depuis longtemps lorsqu'il secoua sa préoccupation.

Il se leva ; son visage était sombre, mais résolu. Il saisit la lampe qui brûlait auprès de lui et traversa doucement la salle, assourdissant le sonore cliquetis de ses éperons pour ne point troubler le sommeil de Georges.

— Vaunoy est incapable de me trahir, murmura-t-il ; je le crois... sur mon salut, je le crois ! Mais la confiance n'exclut pas la prudence, et il n'y a que Dieu pour sonder jusqu'au fond le cœur des hommes. Je veux prendre mes précautions.

Le vent des nuits courait dans les longs corridors de La Tremlays. Nicolas Treml, abritant de la main la flamme de la lampe, descendit le grand escalier et se rendit à la salle d'armes où reposait Jude Leker, son écuyer.

Il l'éveilla et lui fit signe de le suivre.

Jude obéit aussitôt en silence.

M. de La Tremlays remonta d'un pas rapide les escaliers du château, traversa de nouveau les corridors et fit entrer Jude dans une petite pièce de forme octogone qu'il avait choisie pour sa retraite, au premier étage d'une tourelle.

Lorsque Jude fût entré, M. de La Tremlays ferma la porte à clef.

L'honnête écuyer n'avait point coutume de provoquer la confiance de son maître. Quand Nicolas Treml parlait Jude écoutait avec respect, mais il ne faisait jamais de questions.

Cette fois pourtant, la conduite du vieux seigneur était si étrange, sa physionomie portait le cachet d'une résolution si solennelle, que l'écuyer ne put réprimer sa curiosité.

— Vous n'avez pas votre figure de tous les jours, notre monsieur... commença-t-il.

Nicolas Treml lui imposa silence d'un geste et fit jouer la serrure d'une armoire scellée dans le mur.

De cette armoire, il tira un coffret de fer vide qu'il mit entre les mains de Jude.

Ensuite, prenant, au fond d'un compartiment secret, de pleines poignées d'or il les empila méthodiquement dans le coffret, comptant les pièces une à une.

Cela dura longtemps, car il compta cent mille livres tournois.

Jude n'en pouvait croire ses yeux et se creusait la tête pour deviner le motif de cette conduite extraordinaire.

Quand il y eut dans le coffret cent mille livres bien comptées, Nicolas Treml le ferma d'un double cadenas.

— Demain, dit-il d'une voix basse et calme, tu chargeras cette cassette sur un cheval, sur ton meilleur cheval, et tu iras m'attendre, avant le lever du soleil, à la Fosse-aux-Loups.

Jude s'inclina.

— Avant de partir, reprit M. de La Tremlays, tu prieras monsieur mon cousin de Vaunoy de se rendre auprès de moi. Va !

Jude se dirigea vers la porte.

— Attends ! poursuivit encore Nicolas Treml ; tu t'habilleras comme on fait lorsqu'on ne doit point revenir au logis de longtemps. Tu t'armeras comme pour une bataille où il faut mourir. Tu diras adieu à ceux que tu aimes. As-tu fait ton testament ?

— Non, répondit Jude.

— Tu le feras, continua M. de La Tremlays.

Jude fit un signe d'obéissance et emporta la cassette.

III

LE DÉPOT

Nicolas Treml ne dormit point cette nuit-là. Le lendemain, avant le jour, il entendit dans la cour le pas du cheval de Jude. Presque au même instant la porte de sa chambre s'ouvrit et Hervé de Vaunoy parut sur le seuil. Maître Hervé n'avait plus cet air humble et craintif dont nous l'avons vu s'affubler en entrant au château pour la première fois. Son sourire s'épanouissait maintenant, joyeux, sur sa lèvre. Il portait le front haut et affectait les dehors d'une franchise brusque, à peine tempérée par le respect.

— Saint-Dieu! dit-il en arrivant, vous êtes matinal, monsieur mon très-cher cousin. J'étais encore à mon premier somme lorsqu'on est venu me réveiller de votre part...

Il s'arrêta tout à coup en apercevant le sévère et pâle visage de Nicolas Treml, dont l'œil perçant tombait d'aplomb sur son œil et semblait vouloir descendre jusqu'au fond de sa conscience.

— Qu'y a-t-il? murmura-t-il avec un involontaire effroi.

Nicolas Treml lui montra du doigt un siége; il s'assit.

— Hervé, dit le vieux gentilhomme d'une voix lente et tristement accentuée, quand Dieu m'a repris mon fils, vous étiez un pauvre homme; faible, vous souteniez une lutte inégale contre moi qui suis fort. Vous alliez être écrasé...

— Vous avez été généreux, mon noble cousin, interrompit Vaunoy qui se sentait venir une vague inquiétude.

— Serez-vous reconnaissant? reprit le vieillard.

Vaunoy se leva et lui saisit la main qu'il porta vivement à ses lèvres.

— Saint-Dieu! monsieur, s'écria-t-il, je suis à vous corps et âme!

Nicolas Treml fut quelque temps avant de reprendre la parole. Son regard ne se détachait point de Vaunoy.

— Je crois, dit-il enfin; je veux vous croire. Aussi bien, il n'est plus temps d'hésiter; ma résolution est prise. Écoutez.

M. de La Tremlays s'assit auprès de Vaunoy et poursuivit :

— Je vais partir pour ne point revenir peut-être... ne m'interrompez pas... Ma route sera longue, et au bout de la route je trouverai un abîme. La Providence protége-t-elle encore le pays breton? Mon espoir est faible, et ma ferme croyance est que je vais à la mort.

— A la mort? répéta Vaunoy sans comprendre.

— A la mort! s'écria le vieillard dont un soudain enthousiasme illumina le visage ; n'avez vous jamais désiré mourir pour la Bretagne, vous monsieur de Vaunoy?

—Saint Dieu! mon cousin il est à croire que cette idée a pu me venir une fois ou l'autre, répondit Hervé à tout hasard.

— Mourir pour la Bretagne! mourir pour une mère opprimée, monsieur, n'est-ce pas là le devoir d'un gentilhomme et d'un Breton?

— Si fait, ah! Saint-Dieu, je crois bien! mais...

—Le temps presse, interrompit Nicolas Treml, et mon projet n'est point d'entrer dans d'inutiles explications. Quand je ne serai plus là, Georges aura besoin d'un appui.

—Je lui en servirai.

— D'un père...

— Ne vous dois-je pas la reconnaissance d'un fils? déclama pathétiquement Vaunoy.

— Vous l'aimez bien, n'est-ce pas, Hervé, ce pauvre enfant que je vous lègue? Vous lui apprendrez à aimer la Bretagne, à détester l'étranger. Vous me remplacerez.

Vaunoy fit le geste d'essuyer une larme.

— Oui, reprit le vieillard en refoulant son émotion au dedans de lui-même, vous êtes bon et loyal, j'ai confiance en vous et ma dernière heure sera tranquille.

Il se leva, traversa la salle d'un pas ferme et ouvrit un meuble scellé à ses armes.

2*

— Voici un acte olographe, continua-t-il, que j'ai rédigé cette nuit, et qui vous confère la pleine propriété de tous les domaines de Treml.

Vaunoy sauta sur son siége. Ses yeux éblouis virent des millions d'étincelles. Tout son sang se précipita vers sa joue. M. de La Tremlays, occupé à déplier le parchemin, ne prit point garde à ce mouvement de trop franche allégresse.

Il continua.

— Sans vous mettre dans mon secret, qui appartient à la Bretagne, je puis vous dire que mon entreprise m'expose à une accusation de lèse-majesté. Ce crime, car ils nomment cela un crime! entraîne non-seulement la mort, mais la confiscation de tous les biens de l'accusé. Il faut que l'héritage de Georges Treml soit à l'abri de cette chance, et je vous ai choisi pour dépositaire de la fortune de mon petit-fils.

Vaunoy n'eut point la force de répondre, tant sa cervelle était bouleversée par cet événement inattendu. Il mit seulement la main sur son cœur et darda au plafond son regard hypocrite.

— Acceptez-vous? demanda Nicolas Treml.

— Si j'accepte! s'écria Vaunoy retrouvant à propos la parole. Ah! mon cousin, voici donc venu l'occasion de vous témoigner ma gratitude! Si j'accepte! Saint-Dieu! vous me le demandez!

Il prit à deux mains celles du vieillard.

— Merci, merci, mon noble cousin! continua-t-il avec effusion; je prends le ciel à témoin que votre confiance est bien placée!

Loup, le chien favori de M. de La Tremlays, interrompit à ce moment Vaunoy par un grognement sourd et prolongé. Ensuite il quitta le coussin où il avait passé la nuit et vint se placer entre son maître et Hervé, sur lequel il fixa ses yeux fauves.

Vaunoy recula instinctivement.

— Loup et Jean Blanc ! pensa le vieillard qui n'était pas pour rien Breton de bonne race et gardait au fond de son cœur cette corde qui vibre si aisément dans les poitrines armoricaines, la superstition. C'est singulier ! le chien et l'innocent se rencontrent pour détester monsieur mon cousin !

Il hésita un instant, et fut tenté peut-être de serrer le parchemin, mais la voix de ce qu'il appelait son devoir le poussait en avant. Il écarta du pied Loup avec rudesse et remit l'acte entre les mains de Vaunoy.

— Dieu vous voit, dit-il, et Dieu punit les traîtres. Vous voici souverain maître de la destinée de Treml.

Le chien, comme s'il eût compris ce que ces paroles avaient de solennel, s'affaissa sur son coussin en hurlant plaintivement.

— Et maintenant, monsieur de Vaunoy, reprit Nicolas Treml, non par défiance de vous, mais parce que tout homme est mortel et que vous pourriez quitter ce monde sans avoir le temps de vous reconnaître, je vous demande une garantie.

— Tout ce que vous voudrez mon cousin.

— Écrivez donc, dit le vieillard en lui désignant la table où l'attendaient encore plume et parchemins.

Vaunoy s'assit, Treml dicta :

« Moi, Hervé de Vaunoy, je m'engage à remettre le domaine de La Tremlays, celui de Boüexis-en-Forêt et leurs dépendances à tout descendant direct de Nicolas Treml qui me présentera cet écrit... »

— Monsieur mon cousin, interrompit Vaunoy, ceci pourrait donner des armes au fisc. Si vous êtes condamnée coupable de lèse-majesté, cet acte sera naturellement suspect.

— Ecrivez toujours, ordonna Nicolas Treml.

Et il continua de dicter.

«... Cet écrit, accompagné de la somme de cent mille livres, prix de la vente desdits domaines et dépendances. »

— Comme cela, monsieur, reprit le vieillard, le fisc n'aura rien à reprendre. Cent mille livres forment un prix sérieux quoique bien au-dessous de la valeur des domaines.

Vaunoy demeura pensif. Au bout de quelques secondes, il déplia le parchemin que lui avait remis d'abord M. de La Tremlays. C'était un acte de vente en due forme. La ligne de ses sourcils, qui s'était légèrement plissée, se détendit tout à coup à cette vue.

— Allons, dit-il, tout est pour le mieux, puisque telle est votre volonté. Dieu m'est témoin que je souhaite du fond du cœur que ces paperasses deviennent bientôt inutiles par votre heureux retour.

— Souhaitez-le, mon cousin, dit le vieillard en hochant la tête, mais ne l'espérez pas. Veuillez signer et parapher votre engagement.

Vaunoy signa et parapha. Puis chacun des deux cousins mit son parchemin dans sa poche.

— Je pense reprit Vaunoy après un long silence pendant lequel Nicolas Treml s'était replongé dans sa rêverie, je pense que ces préparatifs n'annoncent point un départ subit?

Il pensait tout le contraire et ne se trompait point.

Sa voix éveilla en sursaut M. de La Tremlays qui se leva, repoussa violemment son siége et passa la main sur son front avec une sorte d'égarement.

— Il est temps! murmura-t-il d'une voix étouffée. vous m'avez rappelé mon devoir. Je vais partir.

— Déjà!

— On m'attend, et je suis en retard. Allez, Vaunoy, faites seller mon cheval. Je vais dire adieu à la maison de mon père et embrasser pour la dernière fois l'enfant de mon fils.

Vaunoy baissa la tête avec toutes les marques extérieures d'une sincère affliction et gagna les écuries.

Nicolas Treml ceignit la grande épée de ses aïeux, vaillant acier damassé par la rouille et qui avait fendu plus d'un crâne anglais au temps des guerres nationales. Il couvrit ses épaules d'un manteau et posa son feutre sur les mèches de ses cheveux blancs.

Entre sa chambre et la retraite où reposait Georges, son petit-fils, se trouvait le grand salon d'apparat. C'était une vaste salle aux lambris de chêne noir sculptés, dont les panneaux étaient séparés par des colonnettes en demi-relief à corniches dorées.

Dans chaque panneau pendait un portrait de famille au-dessus duquel était peint un écusson à quartiers.

Nicolas Treml traversa cette salle d'un pas lent et pénible. Son visage portait l'empreinte d'une austère douleur. Il s'arrêta devant les derniers portraits qui étaient ceux de son père et de sa mère défunts et se mit à genoux.

— Adieu, madame ma mère, murmura-t-il ; adieu, mon respecté père. Je vais mourir comme vous avez vécu, pour la Bretagne !

Comme il se relevait, un rayon de soleil levant, perçant les vitraux de la salle, fit scintiller les dorures et mit un reflet de vie sur tous ces raides visages de chevaliers. On eût dit que les nobles dames souriaient et respiraient le séculaire parfum de leur inévitable bouquet de roses ; on eût dit que les fiers seigneurs mettaient, plus superbes, leurs poings gantés de buffes sur leurs hanches bardées de fer. en écoutant la voix de ce Breton qui parlait encore de mourir pour la Bretagne.

Avant de quitter la salle, Nicolas Treml se découvrit et salua les vingt générations d'aïeux qui applaudissaient à son sacrifice.

Le petit Georges dormait, mais ce sommeil matinal était léger. Le contact de la bouche de son aïeul suffit pour clore son rêve. Il s'éveilla dans un charmant sourire et jeta ses bras autour du cou du vieillard.

M. de La Tremlays avait dit adieu sans faiblir aux images vénérées de ses ancêtres, mais il n'en fut pas ainsi à la vue de cet enfant, seul espoir de sa race, qui allait être orphelin et qui souriait doucement comme à l'aurore d'un jour de bonheur.

— Que Dieu te protége, mon cher fils, murmura-t-il, pendant qu'une larme furtive mouillait le bord de sa paupière ; qu'il fasse de toi un gentilhomme. Puisses-tu ressembler à tes pères, qui étaient pieux, vaillants — et libres !

Il déposa un dernier baiser sur le front de l'enfant et s'enfuit parce que l'émotion brisait son courage.

Dans la cour, Hervé de Vaunoy tenait le cheval sellé par la bride. Ce modèle des cousins voulut à toute force faire la conduite à M. de La Tremlays jusqu'au bout de son avenue. Quant à Loup, on fut obligé de le mettre à la chaîne pour l'empêcher de suivre son maître.

Au bout de l'avenue, M. de La Tremlays arrêta son cheval et tendit la main à Vaunoy.

— Retournez au château, dit-il ; nul ne doit savoir où se dirigent mes pas.

— Adieu donc, monsieur mon excellent ami ! sanglota Vaunoy. Mon cœur se fend à prononcer ces tristes paroles.

—Adieu ! dit brusquement le vieillard. Souvenez-vous de vos promesses et priez pour moi.

Il piqua des deux. Le galop de son cheval s'étouffa bientôt sur la mousse de la forêt.

Hervé de Vaunoy, resté seul, garda pendant quelques instants son visage contristé, puis il frappa bruyamment ses mains l'une contre l'autre en éclatant de rire.

— Saint Dieu ! dit-il, on m'a donné place en un petit coin, j'avais talent et bonne volonté, tout le reste y a passé. Bon voyage, monsieur mon digne parent ! soyez tranquille ! nous accomplirons pour le mieux nos promesses, et vos domaines iront en bonnes mains !

Il rentra au château la tête haute et le feutre sur l'oreille. En passant près de Loup, il frappa rudement le pauvre chien du pommeau de son épée en disant :

— Ainsi traiterai-je quiconque ne pliera point devant moi.

Ce jour-là, les serviteurs de Treml oublièrent de chanter les joyeux noëls à la veillée. Il y avait autour du château comme une atmosphère de malheur, et chacun pressentait un événement funeste.

M. Nicolas enfila au galop les sentiers tortueux de la forêt. Au lieu de suivre les routes tracées, il s'enfonçait comme à plaisir dans les plus épais fourrés.

A mesure qu'il avançait, l'aspect du paysage devenait plus sombre, la nature plus sauvage. De gigantesques ronces s'élançaient d'arbre en arbre comme les lianes des forêts vierges du Nouveau-Monde.

Çà et là, au milieu de quelque clairière où croissaient la bruyère, l'ajonc et l'aride genêt, une misérable cabane fumait et animait le tableau d'une vie mélancolique.

Après une demi-lieue faite à franc étrier, le vieux gentilhomme fut obligé de ralentir sa course. La forêt devenait réellement impraticable. Il attacha son cheval au tronc d'un chêne près duquel paissait déjà la monture de son écuyer Jude, qui ne devait pas être loin, et se fraya un passage dans le taillis.

Quelques minutes après, il rejoignait son fidèle serviteur, qui l'attendait, assis sur le coffret de fer.

IV

LA FOSSE-AUX-LOUPS

A une demi-heure de chemin de la lisière orientale de la forêt de Rennes, loin de tout village et au centre des plus épais fourrés, se trouve un ravin profond dont la pente raide et rocheuse est plantée d'arbres qui s'étagent, mêlés çà et là d'épais buissons de houx et de touffes d'ajoncs qui atteignent une hauteur extraordinaire.

Un mince filet d'eau coule pendant la saison pluvieuse au fond du ravin ; l'été, toute trace d'humidité disparaît et le lit du ruisseau est marqué seulement par la ligne verte que trace l'herbe croissant au milieu de la mousse desséchée.

Ce ravin court du nord au sud. L'un de ses bords, celui qui regarde l'orient, est occupé par une futaie de chênes ; l'autre s'élève presque à pic, boisé vers sa base, puis ras et nu comme une lande, jusqu'à une hauteur considérable. La tête chauve du roc y perce à chaque pas entre les touffes de bruyères. De larges crevasses s'ouvrent çà et là, bordées d'ormeaux nains et de prunelliers au noir feuillage.

Au XVIIIe siècle, l'aspect de ce paysage était plus sombre encore qu'aujourd'hui. Le sommet de la rampe que nous venons de décrire portait deux tours de maçonnerie qui avaient dû servir autrefois de moulins à vent. Ces tours avaient leurs murailles lézardées et menaçaient ruine complète depuis longtemps. Tout à l'entour, l'herbe disparaissait sous les décombres.

A quelques pas, sur la droite, le sol se montrait tourmenté et gardait des traces d'antiques travaux. Çà et là on découvrait des tranchées profondes dont les lèvres, arrondies par le temps, avaient dû être coupées à pic autrefois et correspondre à quelque puits de carrière ou de mine. De l'autre côté de la montée, des pans de murailles annonçaient que des constructions considérables avaient existé en ce lieu.

Tous ces restes d'anciens édifices étaient de beaucoup antérieurs aux moulins à vent, qui pourtant eux aussi s'affaissaient de vieillesse. Pour remonter à leur origine et se rendre raison de leur destination évidemment industrielle, il eût fallu traverser le moyen-âge entier, et se guider peut être jusqu'aux temps plus civilisés de la domination romaine.

Or nous pouvons affirmer que, dans la forêt de Rennes, au commencement du XVIIIe siècle, le nombre des savants archéologues ou antiquaires était extraordinairement limité.

Précisément en face et au-dessous des moulins à vent

en ruines, le ravin se rétrécissait tout à coup, de telle façon que les grands arbres, penchés sur les deux rampes, rejoignaient leurs épais branchages et formaient une voûte impénétrable. Cet immense berceau avait nom, dans le pays, la Fosse-aux-Loups.

Point n'est besoin de dire au lecteur l'origine probable de ce nom.

Le voyageur égaré qui traversait par hasard ce site sauvage, dont les lugubres teintes, transportées sur la toile, formeraient une décoration merveilleusement assortie pour certains de nos drames de boulevard ; le voyageur, dis-je, n'apercevait, de prime aspect, nulle trace du voisinage ou de la présence des hommes. Partout la solitude, partout le silence, rompu seulement par ces mille bruits qui s'entendent là où la nature est livrée à elle-même.

On aurait pu se croire au milieu d'un désert.

Néanmoins un examen plus attentif eût fait découvrir, demi-cachée par un bouquet de frênes, une petite loge de terre battue, couverte en chaume, et dont l'unique ouverture était garnie de lambeaux de serpillière faisant l'office de carreaux. Cette loge s'appuyait à l'une des deux tours. Son apparence misérable, loin d'égayer le paysage, jetait sur tout ce qui l'entourait un reflet de détresse et d'abandon.

C'était, comme nous l'avons vu, à la Fosse-aux-Loups que Nicolas Treml avait donné rendez-vous à Jude, son écuyer. Le bon serviteur était à son poste avant le jour.

Pendant qu'il attend patiemment son maître, assis sur les cent mille livres qui représentent, à cette heure, l'opulent domaine de Treml, nous soulèverons le lambeau de toile servant de porte à la pauvre loge couverte en chaume, et nous introduirons à l'intérieur un regard curieux.

La loge était composée d'une seule chambre. Ses meubles consistaient en un grabat et deux escabelles. Au lieu de plancher, le sol nu et humide ; au lieu de plafond, le revers de la couverture, c'est-à-dire le chaume, supporté par des gaules qui servaient de solives. Dans un coin un peu de paille, et sur la paille un homme endormi.

Sur le grabat un autre homme veillait : c'était un vieillard que l'âge et la maladie avaient réduit à une extrême faiblesse. Il souffrait, et ses deux mains qui serraient sa poitrine semblaient vouloir étouffer une plainte.

L'homme qui gisait sur le grabat et celui qui dormait sur la paille avaient entre eux une ressemblance frappante. Leurs traits étaient également pâles et comme effacés ; tous deux avaient des chevelures de neige. C'était évidemment le père et le fils ; mais l'âge avait blanchi la chevelure du vieillard, tandis que le jeune homme, créature monstrueuse, avait apporté en naissant ce signe ordinaire de la décrépitude.

C'était Jean Blanc, l'albinos.

Une douleur plus aiguë arracha au vieillard un cri plaintif. Jean bondit sur la paille froissée de sa couche et fut sur pied en un instant. Il s'approcha du grabat et prit la main de son père qu'il pressa silencieusement contre son cœur.

— J'ai soif, dit Mathieu Blanc.

Jean prit une écuelle fêlée où restaient quelques gouttes de breuvage, et la tendit à son père qui but avec avidité.

— J'ai encore soif, murmura le vieillard après avoir bu ; bien soif.

Jean parcourut des yeux la cabane. Il n'y avait rien.

— Je vais travailler, père, s'écria-t-il en s'élançant vers sa cognée ; j'ai dormi trop longtemps. J'apporterai du remède.

Le vieux Mathieu se retourna péniblement sur sa couche ; mais au moment où Jean allait franchir le seuil il le rappela.

— Reste, dit-il ; je souffre trop quand je suis seul.

Jean déposa aussitôt sa cognée et revint vers le lit.

— Je resterai père, répondit-il. Quand vous aurez sommeil, je courrai jusqu'au château et je demanderai ce qu'il faut à Nicolas Treml, qui ne refuse jamais.

— Jamais ! prononça lentement Mathieu. Celui-là est un gentilhomme : il n'oublie point son serviteur qui n'a plus de bras pour travailler ou se battre. Il ne méprise point l'enfant parce qu'il a les cheveux d'une autre couleur que ceux des hommes. Que Dieu le bénisse !

— Que Dieu le sauve ! dit Jean.

Mathieu se souleva sur son séant et regarda son fils en face.

— Jean, mon gars, reprit-il avec effort, ma mémoire est faible, parce que je suis bien vieux. Mais pourtant je crois me souvenir... Ne m'as-tu pas dit que le fils de Nicolas Treml est en grave péril ?

— Voici deux ans qu'il est trépassé, mon père.

— C'est vrai. Ma mémoire est faible. Le fils de son fils alors ? le dernier rejeton de Treml ?

— Je vous l'ai dit, mon père.

— Quel danger, enfant ? quel danger ? s'écria le vieillard avec une soudaine exaltation. Ne puis-je point le secourir ?

Jean laissa tomber un triste regard sur le corps épuisé de son père.

— Priez, dit-il, moi j'agirai. Hier, du haut d'un arbre dont j'ébranchais la couronne, j'ai aperçu au loin Nicolas Treml qui revenait de Rennes où sont assemblés les États.

— C'est une noble et vaillante assemblée, Jean !

— Elle était ainsi autrefois, mon père. Je descendis sur la route afin de saluer notre monsieur, suivant ma coutume ; mais sa préoccupation était si grande qu'il passa près de moi sans me voir. Je le suivis. Il causait avec lui-même et j'entendais ses paroles.

— Que disait-il ?

Les traits de l'albinos se contractèrent tout à coup, et une irrésistible convulsion fit jouer tous les muscles de sa face. Il éclata de rire.

— Que disait-il ? répéta le vieillard.

Jean, au lieu de répondre, se prit à gambader par la chambre en chantant un monotone refrain du pays.

Son père fit un geste de muette douleur et se retourna vers la muraille, comme s'il eût été habitué à ces tristes scènes de folie.

Il en était ainsi. Jean, sans être idiot, comme le croyaient les bonnes gens de la forêt, avait de fréquents dérangements d'esprit qui lui laissaient une lassitude morale et une mélancolie habituelles. Sa laideur physique et la faiblesse de ses facultés faisaient de lui un être à part ; il le savait, il se sentait inférieur à ses grossiers compagnons, que son intelligence dominait pourtant à ses heures lucides.

Il cachait avec soin cette intelligence, se tenant à l'écart, et affectait d'étranges manies qu'il plaçait comme une barrière entre lui et la foule.

Moitié maniaque, moitié misanthrope, il était tantôt bouffon volontaire, tantôt réellement insensé.

A son père seulement, pauvre vieillard qui s'éteignait dans sa misère, Jean Blanc se montrait sans voile et découvrait les trésors de tendresse filiale qui étaient au fond de son cœur.

Quant à Nicolas Treml, l'albinos avait pour lui un dévouement sans bornes, mais entre eux la distance était trop grande. Jean Blanc, le tailleur de cercles, le malheureux à qui Dieu avait refusé jusqu'à l'apparence humaine, portait en son âme une indomptable fierté. Il se tenait à distance ; il bornait lui-même les bienfaits du châtelain, et n'acceptait que le strict nécessaire. M. de La Tremlays, d'ailleurs, exclusivement occupé de ses idées de résistance aux empiétements de la couronne, ignorait jusqu'à quel point son vieux serviteur Mathieu était dénué de ressources. Il avait dit, une fois pour toutes, à son maître d'hôtel de ne jamais rien refuser au fils de Mathieu, et se reposait du reste sur cet homme.

Alain, le maître d'hôtel, détestait Jean Blanc et remplissait mal, à son égard, les généreuses intentions de son maître ; mais Jean Blanc n'avait garde de se plaindre. Quand il rencontrait par hasard M. de La Tremlays dans les sentiers de la forêt, il lui parlait de Georges qu'il aimait avec passion, et enveloppait de mystérieuses paraboles l'expression des soupçons qu'il avait conçus contre Hervé de Vaunoy.

Ces entrevues avaient un caractère étrange. Le seigneur et le vilain se traitaient d'égal à égal, parce que le premier prenait en pitié sincère le second, et que celui-ci, dévoué, mais orgueilleux outre mesure, trouvait un bizarre plaisir à s'envelopper de sa folie comme d'un manteau qui lui permettait de jeter bas tout cérémonial.

Jean Blanc resta une demi-heure à peu près en proie à son accès de délire. Il sautait et grommelait entre ses dents :

— Je suis le mouton blanc, le mouton !

Et il riait un rire amer, tout plein de sarcastique souffrance.

Au plus fort de son accès, il s'arrêta tout à coup ; son œil enflammé s'éteignit ; son transport tomba. Il passa vivement sa tête à la fenêtre et jeta son regard avide dans la direction de la Fosse-aux-Loups.

A ce moment, Nicolas Treml et son écuyer Jude sortaient du ravin et remontaient la rampe opposée. Jean se précipita au-dehors, mais pendant qu'il gagnait la porte le maître et le serviteur avaient disparu derrière les grands arbres.

Voici ce qui s'était passé entre eux :

V

LE CREUX D'UN CHÊNE

Au centre de la Fosse-aux-Loups s'élevait un chêne de dimensions colossales. Il étageait ses hautes et noueuses racines sur le plan incliné de la rampe ; ses branches, grosses comme des arbres ordinaires, radiaient en tous sens et formaient en quelque sorte la clef de la voûte de verdure qui recouvrait cette partie du ravin.

Il courait dans le pays sur cet arbre géant et sur les deux tours qui couronnaient la rampe méridionale du ravin divers bruits traditionnels. On disait, entre autres choses, que l'arbre s'élevait directement au-dessus d'un vaste souterrain dont l'entrée devait se trouver dans les fondations de l'une des deux tours, ou bien encore sur le versant opposé de la montée, au milieu des tranchées et pans de murailles dont nous avons parlé.

Personne, et c'est bien là le caractère propre de l'apathie bretonne, n'avait songé jamais à vérifier cet on-dit ; à cause de cela, tout le monde était persuadé de son exactitude.

Les opinions étaient seulement partagées sur l'origine de ces souterrains, que, de mémoire d'homme, nul n'avait explorés. Les uns prétendaient que c'étaient tout simplement d'anciens puits d'où l'on retirait autrefois du minerai de fer ; les autres, repoussant cette hypothèse trop simple, affirmaient que ces caves sans limites couraient en tous sens sous la forêt et rejoignaient celles du manoir de Boüexis, où la tradition plaçait un des centres de résistance au contrat d'Union, du temps de la bonne duchesse Anne, cette princesse si populaire en Bretagne, dont les actes sont maudits et dont la mémoire est adorée.

Dans cette seconde hypothèse, le souterrain aurait été un refuge ou un lieu d'assemblée pour les premiers conjurés qui, dans la Haute-Bretagne, portèrent le nom de Frères bretons, sous le règne de Louis XII.

Quoi qu'il en soit, quiconque eût douté de l'existence de ces caves aurait été regardé comme un ignorant ou un insensé.

Aucune trace n'accusait néanmoins leur voisinage, et il fallait qu'elles fussent situées à une grande profondeur, car le chêne atteignait presque le fond du ravin, et ses racines devaient percer au loin le sol.

La circonférence du tronc était énorme, et bien que nul signe de décrépitude ne se montrât dans son vivace feuillage le vieil arbre, complétement dépourvu de moelle et de cœur, ne se soutenait plus que par l'aubier et l'écorce.

Deux larges trous donnaient passage à l'intérieur, qui formait une véritable salle où dix hommes auraient pu s'asseoir à l'aise.

Ce fut au pied de ce chêne que M. de La Tremlays rejoignit son écuyer.

Nicolas Treml était soucieux. Les pensées qui se pressaient dans son cœur se reflétaient sur son austère visage. Jude était vêtu et armé comme pour un long voyage. A l'approche de son maître, il se leva et montra du doigt le coffret de fer.

— C'est bien, dit Nicolas Treml.

Il se mit à genoux près du coffret dont il fit jouer la serrure. Puis, tirant de son sein le parchemin signé par Hervé de Vaunoy, il le cacha sous les pièces d'or.

— Comme cela, murmurait-il en refermant le coffre, pauvres ou riches, les Treml pourront réclamer leur héritage, et la trahison sera vaincue... si trahison il y a.

Jude ne comprenait point et demeurait immobile, prêt à exécuter un ordre, quel qu'il fût, mais ne se souciant point de le devancer.

Jude était un homme de robuste taille et de visage durement accentué. Ses pommettes anguleuses saillaient brusquement hors du contour de sa joue et donnaient à ses traits ce caractère de rudesse que présente souvent le type breton.

Il portait les cheveux longs et sa barbe grisonnante s'enroulait en épais collier autour de son cou.

Son costume, de même que celui de M. Nicolas, eût été fort à la mode cent ans auparavant, et, à la longueur démesurée de sa rapière à garde de fer, on pouvait croire que le temps des chevaliers errants et des hauberts d'acier n'était point passé depuis des siècles.

C'est que, en Bretagne, le temps ne vole point, il marche ; ses ailes se détrempent et s'alourdissent au brumeux contact de l'atmosphère armoricaine. Les coutumes enchérissent sur le temps ; elles restent immobiles. Il y a encore, au moment où nous écrivons ces lignes, entre Paris et telle ville du pays de Léon, de la Cornouaille ou de l'évêché de Rennes, la même distance qui existe entre le moyen-âge et notre ère, entre la résine et le gaz, entre le coche et la vapeur, — mais aussi entre la croyance et le doute, entre la poésie et la prose, entre les flèches à jour d'une cathédrale et les toits bâtards des temples de l'argent.

Au moral, Jude était une de ces honnêtes natures façonnées à la soumission passive, et qui ont, dès l'enfance, inféodé leur vouloir à une volonté suzeraine. Jude obéissait ; c'était son rôle et sa vocation ; mais son obéissance était dévouement et non point servilité. On ne conçoit plus guère de nos jours ces contrats tacites et irrévocables qui faisaient du maître et du serviteur un seul tout, possédant deux forces d'hommes au service d'une volonté unique.

Domesticité emporte l'idée d'abjection, et, juste ou non, cette idée pèse sur toute une classe de notre société ; mais, à ces époques où le vasselage organisé remontait du serf au souverain par tous les échelons d'un système complet et sans lacunes, le valet était à son seigneur ce que son seigneur était au roi. Il y avait proportion, par conséquent comparaison, et toute comparaison exclut le dédain.

En des temps plus éloignés de nous et lorsque la chevalerie était encore une vérité, les fils de preux ne chaussaient point les éperons de plein droit ; il leur fallait porter la lance d'autrui avant de mettre une devise à leur écu, et c'était par les épreuves d'une domesticité véritable qu'ils devaient passer pour arriver au titre le plus splendide dont jamais vaillant homme ait été revêtu : celui de chevalier.

Or, comme nous l'avons dit, les mœurs sont stationnaires en Bretagne et les souvenirs vivaces. Au commencement du siècle qui vit compiler l'encyclopédie et dressa un piédestal à Voltaire, les rites féodaux n'étaient point oubliés en Bretagne, au « pays des pierres et des mers ». Les gentilshommes, qui ne perdaient jamais de vue les cheminées de leurs manoirs, n'avaient pu changer de peau au contact des idées nouvelles. Les vassaux étaient des vassaux dans toute la force du mot, c'est-à-dire des termes de la grande progression féodale.

Les valets étaient des « petits vassaux [1] ».

On ne doit point s'étonner si nous faisons une différence entre Jude et un serviteur à gages de notre époque. Nous restons dans la vérité. Jude tout disposé qu'il était à obéir passivement et sans discussion, gardait entière sa dignité d'homme. Son obéissance avait la même source, sinon la même portée, que le dévouement d'un haut baron à la personne du roi.

Lorsque M. de La Tremlays eut refermé le coffret à double tour, il jeta autour de lui un regard inquiet.

— Sommes-nous seuls, demanda-t-il à voix basse, bien seuls ?

[1] Valet, — vaslet (vasselet).

Jude fit une minutieuse battue dans les buissons environnants.

— Nous sommes seuls, répondit-il.

— C'est que, poursuivit le vieux gentilhomme en plaçant sa main étendue sur le coffret de fer, la vie et la fortune de Treml sont là-dedans, mon homme. Voici mon secret, l'espoir de ma race, la compensation de mon sacrifice, et mon plus cher ami courrait danger de mort s'il me surprenait ici à cette heure.

— Dois-je me retirer ? demanda Jude.

— Non, tu es à moi et tu es moi. Je sais que tu mourrais avant de trahir.

Jude mit la main sur son cœur.

— Vous êtes seul, répéta-t-il.

M. de La Tremlays jeta un second regard aux taillis d'alentour. Puis il leva les yeux vers la rampe.

— Qu'est-ce que cela? dit-il en apercevant derrière les tours ruinées la loge de Mathieu Blanc.

— Ce n'est rien, répondit Jude. Le mouton blanc dort et son père se meurt.

Un nuage passa sur le front du vieux gentilhomme.

— Jean Blanc ! murmura-t-il.

Le souvenir de la scène de la veille traversa son esprit comme un mauvais présage.

— Le pauvre gars, dit Jude, n'est point aimé de maître Alain. Dieu sait ce qu'il deviendra en notre absence !

Nicolas Treml tendit sa bourse à Jude qui comprit et la lança comme une fronde par-dessus les arbres. La bourse, adroitement dirigée, alla tomber juste au seuil de la loge,

— Et maintenant, à l'ouvrage, dit le vieux gentilhomme.

Avec l'aide de Jude, il porta le coffret de fer dans le creux du chêne. Ce lieu servait de magasin à Jean Blanc et contenait ses outils en même temps que plusieurs bottes de branches de châtaigniers prêtes à être fendues.

Jude prit un pic et commença à creuser.

Après une heure d'un travail qui fut rude à cause de la nature du sol, tout veiné de racines, le coffret fut enfoui et recouvert de terre. Jude foula le sol et rétablit si adroitement les choses dans leur état primitif qu'il eût fallu trahison préalable pour soupçonner que la terre eût été remuée.

Le soleil montait et jetait déjà ses rayons par-dessus les cimes.

— En route ! dit Nicolas Treml. Le chemin est long et j'ai grande hâte.

Le maître et le serviteur remontèrent la rampe à pas précipités.

Ce fut à ce moment que Jean sortit de la loge et les aperçut. Doué comme il l'était d'une agilité merveilleuse, il bondit le long de la descente et atteignit bientôt l'endroit du fourré où M. de La Tremlays avait disparu. Mais il tâtonna dans le taillis, et lorsqu'il arriva dans la route frayée il entendit au loin le galop de deux chevaux.

Il s'élança de nouveau. Les chevaux allaient comme le vent ; quoi qu'il put faire, il ne gagnait point de terrain. Alors, par une inspiration soudaine, il gravit un chêne avec la prestesse d'un écureuil et gagna le sommet en quelques secondes. Il put voir alors les deux chevaux qui couraient dans la direction de Fougères.

— Monsieur Nicolas ! cria-t-il d'une voix désespérée.

Le vieux gentilhomme se retourna, mais il ne s'arrêta point.

Jean Blanc se fit un porte-voix de ses deux mains et entonna le chant d'Arthur de Bretagne.

Un instant il put croire que ce naïf expédient produirait l'effet qu'il en attendait.

Nicolas Treml s'arrêta indécis, mais bientôt, passant la main sur son front comme pour chasser une dernière hésitation, il enfonça ses éperons dans le ventre de son cheval.

Jean Blanc descendit et regagna silencieusement la Fosse-aux-Loups.

Auprès du seuil de la loge, il vit briller un objet aux rayons du soleil. C'était la bourse du vieux seigneur.

Une larme vint dans les yeux de Jean Blanc.

— Dieu le conduise ! murmura-t-il. Il est bon, il croit bien faire.

Il s'assit sur le seuil et demeura pensif.

— Pauvre petit monsieur Georges ! dit-il après un long silence ; seul, aux mains de ce Vaunoy qui ne croit pas en Dieu !

Il fit encore une pause, puis il ajouta :

— Ils m'appellent le mouton blanc... Je suis le mouton et cet homme est le loup : mauvaise bataille ! le loup a ses dents : si les dents me poussaient... le mouton se ferait loup pour défendre ou venger ceux qu'il aime. Qui vivra verra !

VI

LE VOYAGE

La dernière voix que Nicolas Treml entendit sur ses domaines fut celle de Jean Blanc, dont le chant mélancolique le saluait au départ comme un menaçant augure. Il fallut au vieux gentilhomme toute sa force d'âme et cette obstination qui est le propre du caractère breton pour vaincre les tristesses qui vinrent assaillir son cœur.

Il repoussa loin de lui l'image de Georges et continua sa route.

Il ne voulait point que l'on connût son itinéraire, car, après avoir fait deux lieues dans la direction du Coüesnon et de la mer, il revint brusquement sur ses pas, tourna Vitré dont la noire citadelle absorbait les rayons du soleil de midi, et gagna le chemin de Laval, en laissant sur sa droite les belles prairies où serpente le ruisseau qui s'appelle déjà la Vilaine.

Entre Laval et Vitré, un peu au-dessous du bourg d'Ernée, qui joua, quatre-vingts ans plus tard, un grand rôle dans les guerres de la chouannerie, s'élevaient, sur un petit tertre, deux tronçons de poteaux dont les têtes avaient été coupées.

Ces deux poteaux se dressaient à six toises l'un de l'autre, séparés par deux tranchées entre lesquelles on voyait encore les débris vermoulus d'une barrière.

Nicolas Treml arrêta son cheval et se découvrit. Jude Leker l'imita.

— Quelques pas encore, dit M. de La Tremlays, et nous serons sur la terre ennemie, la terre de France. Pendant que nos pieds touchent encore le sol de la patrie, il nous faut dire un *Ave* à Notre-Dame de Mi-forêt.

Tous deux récitèrent l'oraison latine.

— Autrefois, reprit le vieux gentilhomme, ces poteaux avaient une tête. Celui-ci portait l'écusson d'hermine timbré d'une couronne ducale. L'autre portait d'azur à trois fleurs de lis d'or. De ce côté-ci de la barrière, il y avait un homme d'armes breton ; de l'autre, un homme d'armes français. Les soldats se regardaient en face ; les emblèmes se dressaient fièrement à longueur de lance : Dreux et Valois étaient égaux.

— C'était un glorieux temps, monsieur Nicolas ! soupira Jude.

— Dreux n'est plus, continua Treml dont la voix tremblait, et la Bretagne est une province française. Mais Dieu est juste ; il rendra mon bras fort. Marchons !

Ils franchirent l'ancienne limite des deux États et continuèrent leur route en silence.

Le voyage fut long. Ils virent d'abord Laval, ancien fief de La Trémoille ; Mayenne, qui donna son nom au plus gros des ligueurs ; Alençon, qui fut l'apanage des fils de France.

Dans chacune de ces villes ils s'arrêtaient le temps de faire reposer leurs chevaux. Puis ils repartaient en hâte.

— Où allons-nous ? se demandait parfois Jude Leker.

Mais il ne faisait point cette question tout haut. S'il plaisait à Nicolas Treml de taire le but de ce voyage, ce n'était point à lui, Jude, qu'il appartenait de surprendre ce secret.

Son incertitude ne devait pas durer longtemps désormais. Ils traversèrent Mortagne, puis Verneuil, puis Dreux, et, le matin du sixième jour, ils franchirent la grille dorée du parc de Versailles.

Versailles était abandonné déjà, mais ses blancs perrons de marbre avaient encore le brillant éclat des jours de sa gloire.

Statues, colonnades, urnes antiques et riches frontons gardaient leur splendeur du dernier règne. Il y avait si peu de temps que durait le veuvage de la cité royale ! Le sable des allées ne conservait-il pas encore les traces des mules de satin et des hauts talons vermillonnés ?

N'y avait-il pas encore des fleurs dans les vases, des strophes gravées sur l'écorce des arbres, des jets de cristal dans la bouche souriante des naïades de bronze ?

Hélas ! le veuvage a continué trop longtemps ; les fleurs se sont flétries ; bronzes et marbres ont pris l'austère beauté des œuvres d'un autre âge ; il n'y a plus ni chants, ni joies. C'est au passé qu'il faut dire avec le poète, pleurant les grandeurs de la monarchie :

> Oh ! que Versailles était superbe
> Dans ces jours purs de tout affront,
> Où les prospérités en gerbe
> S'épanouissaient sur son front !
> Là tout faste était sans mesure,
> Là chaque arbre avait sa parure,
> Là chaque homme avait sa dorure ;
> Tout du maître suivait la loi ;
> Comme au même but vont cent routes,
> Là les grandeurs abondaient toutes :
> L'Olympe ne pendait aux voûtes
> Que pour compléter le grand roi.

Nicolas Treml et son ecuyer n'étaient point gens, il faut le dire, à s'occuper beaucoup de sculptures ou de jets d'eau. Ils jetèrent chemin faisant un regard distrait sur tous ces dieux de pierre qui souriaient, jouaient de la flûte ou dansaient couronnés de raisins, puis ils passèrent.

Après avoir marché quelques heures encore, ils trouvèrent la Seine.

— Paris est-il encore bien loin ? demanda Nicolas Treml à un bourgeois qui, monté sur son bidet, tenait le bas de la chaussée.

Le bourgeois se retourna et tendit son bras vers l'est. M. de La Tremlays, suivant ce geste, aperçut à l'horizon un point lumineux. C'était l'or tout neuf du dôme des Invalides qui lui renvoyait les rayons du soleil levant.

— Courage, ami ! dit il à Jude, voici le terme de notre pèlerinage.

Jude répondit :

— C'est bien.

Si les chevaux avaient su parler, ils auraient sans doute manifesté leur satisfaction d'une manière plus explicite.

En entrant dans la ville, Nicolas Treml se fit indiquer le palais du régent et piqua des deux pour y arriver plus vite. Une sorte de fièvre semblait s'être emparée de lui. Jude le suivait pas à pas. La figure du bon serviteur trahissait cette fois une curiosité puissante. Par le fait, que pouvait vouloir au régent M. de La Tremlays ?

Ce dernier descendit de cheval à la porte du Palais-Royal. Il voulut entrer ; les valets lui barrèrent le passage.

— Allez dire à Philippe d'Orléans, dit-il, que Nicolas Treml veut l'entretenir.

Les valets regardèrent le costume gothique du vieux gentilhomme qui disparaissait littéralement sous une épaisse couche de poussière, et tournèrent le dos en éclatant de rire.

Le plus courtois d'entre eux répondit du bout des lèvres :

— S. A. R. est à son château de Villers-Cotterets.

M. de La Tremlays se remit en selle.

— Quelqu'un de vous, dit-il, veut-il me conduire à ce château ?

La livrée du régent redoubla ses rires dédaigneux.

— Mon brave homme, s'écria-t-on, les gens de votre sorte ne sont point admis au château de Villers-Cotterets.

— C'est le paysan du Danube ! chuchota un valet de pied.

— C'est plutôt, répliqua un coureur, le Juif-Errant qui aura volé sur sa route un domestique et une haridelle !

— C'est don Quichotte !

— C'est M. de La Palisse !

Jude mit la main sur la garde de sa grande épée, mais son maître le retint d'un geste et tourna bride : l'insulte qui vient de trop bas s'arrête en chemin et n'est point entendue.

M. de La Tremlays fit halte dans une hôtellerie qui portait pour enseigne les armes de Bretagne. Sans prendre le temps de se débotter, il manda le maître et lui ordonna de trouver un guide qui pût le conduire sur l'heure à Villers Cotterets.

L'étonnement de Jude était au comble. Sa curiosité, refoulée, l'étouffait. Enfin, n'y pouvant plus tenir, il prit la parole.

— Monsieur Nicolas, dit-il timidement, vous avez donc grand désir de voir ce Philippe d'Orléans ?

— Tu me le demandes ! s'écria Nicolas Treml avec énergie.

Cette réponse porta la surprise de Jude au-delà de toutes bornes.

— Que je meure ! murmura-t-il en se parlant à lui-même, si je sais ce que notre monsieur peut vouloir au régent !

Nicolas Treml entendit, saisit le bras de son écuyer et dit :

— Je veux le tuer !

Jude se reprocha de n'avoir point deviné une chose si naturelle.

— A la bonne heure ! dit-il ; c'est bien.

Et il reprit sa tranquillité habituelle.

A ce moment, l'hôte reparut avec un guide.

VII

LA FORET DE VILLERS-COTTERETS

La magnifique maison de plaisance du régent Philippe d'Orléans avait ce jour-là un aspect plus joyeux encore que d'habitude. On voyait les palfreniers s'empresser autour des carrosses attelés. Les chevaux de selle piaffaient et se démenaient comme pour appeler leurs maîtres, et toute une armée de pages, coureurs et laquais à brillantes livrées encombrait les abords du perron.

Le régent était encore à table. Dès que le repas fut fini, courtisans et belles dames descendirent, à flots de velours et de satin, le grand perron du château. Aussitôt les carrosses s'émaillèrent de gracieux visages, les chevaux de selle dansèrent sous leurs cavaliers, et la grande porte de la cour s'ouvrit.

Par extraordinaire, Philippe d'Orléans n'avait pas pris place dans son carrosse. Il essayait un magnifique cheval que lui avait envoyé la reine Anne d'Angleterre, présent qu'il appréciait surtout à cause de son origine britannique, car le régent était Anglais de cœur.

Tous les historiens s'accordent à dire que Philippe d'Orléans avait un fort beau visage ; ses portraits d'ailleurs en font foi. Quand il voulait bien mettre de côté ses allures abandonnées, on reconnaissait en lui le descendant des rois, et il pouvait faire figure de prince.

Ce jour-là, se trouvant d'humeur gaillarde, il se mit en selle avec aisance, et tout aussitôt la cavalcade s'ébranla.

Entre la sauvage forêt de Rennes et les massifs artistement percés de Villers-Cotterets, il y avait plein contraste. C'étaient bien encore ici de grands bois à l'opaque ombrage, des chênes haut lancés, des couverts à égarer une armée, mais la main de l'homme se faisait partout sentir.

Il fait bon pour une terre être domaine de prince. Lorsque la main du maitre peut ne point ménager l'or, la nature se façonne et s'embellit sans rien perdre de son agreste splendeur. Tantôt les larges allées se déroulaient en méandres capricieux et ménagés comme à plaisir, tantôt elles alignaient à perte de vue leurs doubles rangées de troncs sveltes et semblaient une immense colonnade supportant une voûte de verdure.

Entre les deux paysages, il faut le dire, l'avantage ne restait point à la Bretagne.

La forêt de Villers-Cotterets fourmille de sites admirables. En descendant les ombreux sentiers qui mènent à la vallée, on songe au paradis terrestre ; lorsqu'on regagne les hauteurs, l'horizon s'étend et acquiert cette largeur qui manque presque toujours aux paysages bretons.

Et d'ailleurs la pauvre forêt de Rennes ne saurait opposer que quelques gentilhommières inconnues ou le clocher ignoré d'une église de village au royal château bâti par les Valois et à la noble abbaye de Prémontré.

Il y avait une heure que la cavalcade avait quitté l'avenue de Villers-Cotterets ; elle avançait lentement : les gentilshommes caracolaient aux portières des carrosses qui roulaient sans bruit sur le gazon des allées. Philippe d'Orléans causait avec Mme de Carnavalet par la portière.

Tout à coup, à un détour de la route, deux cavaliers apparurent et se posèrent au milieu du chemin, de manière à barrer le passage.

C'étaient deux hommes de haute taille et d'athlétique carrure. Leur costume, qui ne ressemblait en rien à celui de l'époque, était gris de poussière.

Le plus vieux de ces deux inconnus se tourna vers un paysan monté sur un bidet qui lui servait de guide et se tenait à distance respectueuse, et lui demanda tout haut :

— Lequel de ces gens est le duc d'Orléans ?

Le paysan montra du doigt le prince et s'enfuit.

L'inconnu poussa droit au régent qui recula instinctivement et porta la main à son épée. Les courtisans, un instant paralysés par la surprise, se jetèrent au-devant de leur maître.

Quelques dames songèrent d'abord à s'évanouir, mais

elles reprirent leurs sens, parce que la scène promettait d'être curieuse.

— Qui êtes-vous ? demanda le régent après le premier moment de silence.

— Je suis Nicolas Treml de La Tremlays, seigneur de Boüexis-en-Forêt, répondit le nouveau venu.

— Et que voulez-vous ?

— Me battre en combat singulier contre le régent de France !

Ces étranges paroles furent prononcées d'un ton grave et ferme, exempt de toute fanfaronnade.

Les courtisans se regardèrent. Un muet sourire vint à leurs lèvres. Les dames étaient puissamment intéressées : elles contemplaient cela comme on suit une représentation dramatique.

C'était en effet un spectacle singulier et fait pour étonner que ces deux hommes, débris d'un autre siècle, mais débris vigoureux, menaçants, intrépides, au milieu de ces visages fardés, que ces longues épées à garde de fer parmi ces rapières de parade, — que ces pourpoints de gros drap, sans rubans ni broderies, au milieu de tout cet or et de tout ce velours.

On eût dit que la Bretagne du XVe siècle sortait du tombeau et venait demander raison de la conquête aux arrière-neveux des conquérants.

Philippe d'Orléans avait senti d'abord un mouvement d'inquiétude, mais dix gentilshommes le séparaient maintenant du vieux breton. Il oublia sa passagère frayeur.

— Ce bonhomme est fou, dit-il en riant ; il fera peur à nos dames. Qu'on le chasse !

L'ordre était explicite, mais la rapière de M. Nicolas était longue. Les gentilshommes ne se pressaient point d'attaquer.

Le vieux Breton ôta lentement son gant de peau de buffle qui pouvait bien peser une demi-livre.

— Il faut en finir ! murmura le régent avec impatience.

— Il faut en finir ! répéta gravement Nicolas Treml. On m'avait dit que le sang de Bourbon était un sang héroïque ; mais la renommée est menteuse, je le vois, ou bien la branche aînée a gardé tout entier l'héritage de vaillance, Philippe d'Orléans, régent de France, pour la seconde fois, moi, gentilhomme comme toi, je te provoque au combat !

Ce disant, M. de La Tremlays dégaîna.

MM. les courtisans en firent autant. Les dames trouvaient que la comédie marchait à souhait.

— Soyez témoins ! reprit Nicolas Treml d'une voix haute et solennelle ; ne pouvant accuser le roi qui est un enfant, j'accuse le régent de France de tenir en servage la province de Bretagne, laquelle est libre de droit. Pour prouver la vérité de mon dire, j'offre le combat à outrance et sans merci. Si Dieu permet que je succombe, la Bretagne n'aura perdu qu'un de ses enfants. Si je suis vainqueur, elle recouvrera ses légitimes priviléges.

— Un combat en champ clos ! murmuraient ces messieurs qui commençaient à s'amuser de l'aventure. Un jugement de Dieu entre Son Altesse Royale et M. Nicolas ! l'idée vaut quelque chose !

Le régent ne riait plus.

Quant aux dames, saisies par le côté romanesque de l'aventure, elles admiraient maintenant l'austère visage du vieillard et prenaient peut-être parti pour sa barbe blanche.

Mme la duchesse de Berry dit à l'oreille de Riom qui était à la portière :

— Quel beau vieux fou !

— Eh bien ! reprit encore Nicolas Treml dont l'œil s'allumait d'indignation, régent de France, vous ne répondez pas !

Un silence suivit ces paroles. Chacun eut le pressentiment d'un événement extraordinaire. Au moment où le régent ouvrait la bouche pour ordonner définitivement à sa suite d'écarter le vieux Breton, celui-ci le prévint et se tourna vers son écuyer.

— Fais ranger ces gens ! dit-il froidement.

Jude poussa son robuste cheval au milieu du flot des courtisans qui, refoulés avec une irrésistible vigueur, se rejetèrent à droite et à gauche.

Durant une seconde, — une seule, — Philippe d'Orléans et Nicolas Treml se trouvèrent face à face. Ce court espace de temps suffit au vieillard qui, levant son massif gant de buffle, en frappa le régent de France en plein visage et cria d'une voix retentissante :

— Pour la Bretagne !

Trente épées menacèrent au même instant sa poitrine. Les dames purent s'évanouir. — Le dénouement surpassait toute attente.

En recevant ce sanglant outrage, Philippe d'Orléans avait pâli. Il mit l'épée à la main comme le dernier de ses gentilshommes et se précipita vers l'agresseur.

Mais il s'arrêta en chemin. La colère avait peu de prise sur cette nature où la tête dominait complètement le cœur. Il revint vers les princesses pour calmer leur frayeur.

Pendant cela, un combat inégal et dont l'issue ne pouvait rester douteuse s'était engagé entre les deux Bretons et la suite de Son Altesse Royale. Ces messieurs de la suite du régent qui, pour être de joyeux compagnons, n'en étaient pas moins de galants hommes, essayaient de désarmer leurs adversaires et non point de les tuer. Au bout de quelques minutes, Nicolas Treml, renversé de cheval, fut pris et lié à un arbre.

Il ne prononça plus une parole, et resta, tête haute, devant son vainqueur.

Jude avait encore son épée, il était entouré de tous côtés, mais non pas vaincu.

M. de La Tremlays, jugeant inutile de prolonger la bataille, lui fit de loin un signe. Aussitôt Jude jeta son arme au pied de ses adversaires, qui s'emparèrent de lui sur-le-champ.

A ce moment, une douleur amère et soudaine se refléta sur les traits du vieux gentilhomme qui, jusqu'alors, avait gardé l'apparence d'un calme stoïque. Un souvenir venait de traverser son âme ; il avait vu Georges qui souriait dans son berceau.

Jusqu'à cette heure, son extravagant espoir l'avait soutenu. Il avait cru forcer le régent à descendre dans l'arène et à jouer contre lui, l'épée à la main, les destinées de la Bretagne.

C'était simple et naturel à son sens. Il n'avait pas

même supposé qu'il faudrait en venir au dernier outrage. Maintenant il comprenait. La fièvre était passée.

Comme il arrive toujours après une défaite, mille pensées sinistres se pressaient dans son cerveau. Il sentait naître en lui un doute touchant la loyauté de son parent, Hervé de Vaunoy ; et ce doute, à peine conçu, grandissait, grandissait jusqu'à devenir terrible comme une certitude. Il croyait entendre la voix lointaine du pauvre fendeur de cercles, et cette voix lui disait la ruine de sa race.

Il jeta un regard découragé vers Jude, et se repentit de lui avoir fait rendre son épée.

— Reprends ton arme, mon homme, cria-t-il. Passe sur le corps de ces valets et va-t'en veiller sur l'enfant.

Jude obéit comme toujours. Un puissant effort le dégagea des mains qui le retenaient, mais la foule s'était augmentée ; les valets et les palefreniers avaient rejoint la cour. Jude fut terrassé. En tombant, il tourna vers son maître ses yeux pleins d'une respectueuse tristesse.

— Je n'ai pas pu ? murmura-t-il comme s'il eût voulu excuser une désobéissance.

Nicolas Treml courba la tête.

— Pauvre berceau ! dit-il ; que Dieu ne punisse que moi et prenne l'enfant en pitié !

Le régent donna le signal du retour.

Tout le long de la route, il se montra d'une fort aimable gaieté. Il n'était pas méchant. Seulement, en montant le perron du château, il se pencha à l'oreille d'un de ses conseillers et prononça le mot Bastille ; le conseiller s'inclina.

C'était l'arrêt de Nicolas Treml et de l'honnête Jude, son écuyer.

VIII

TUTELLE

Quelques heures après l'étrange bataille que nous avons rapportée, M. de La Tremlays et son écuyer furent enfermés à la Bastille.

Il est permis de croire que le vieux Breton fit des réflexions assez tristes lorsqu'il franchit le seuil de la forteresse. Quant à Jude, on peut affirmer qu'il ne réfléchit pas du tout.

Quelles que fussent ses angoisses secrètes, Nicolas Treml était trop fier et trop fort pour les laisser paraître sur son visage. Il monta en silence les noirs escaliers de la Bastille, et entra dans son cachot comme il entrait jadis au grand salon du château de la Tremlays, le front haut et la tête calme.

Mais, une fois seul, le vieux gentilhomme donna cours à son désespoir. Il s'accusa d'avoir abandonné Georges, et maudit presque son patriotisme inutile. Son entreprise lui apparaissait maintenant sous son véritable jour. La vue de la cour avait changé ses idées. Il comprenait, mais trop tard, que sa tentative, qui eût été téméraire au temps de la chevalerie, devenait, au XVIII° siècle, un acte de véritable extravagance.

Sa douleur et ses regrets eussent été bien plus amers encore s'il avait pu voir ce qui se passait dans son château de la Tremlays. Hervé de Vaunoy, en effet, ne faisait point les choses à demi. Quelques mots échappés à Nicolas Treml, dans la dernière conversation qu'ils avaient eue ensemble, avaient mis Hervé sur la voie, et il devinait à peu près le but du voyage de son parent.

Ce lui en était assez pour conjecturer le reste, car il connaissait l'indomptable rancune du vieux Breton.

Il laissa passer une semaine. Au bout de ce terme, il regarda le retour de Nicolas Treml comme étant pour le moins fort problématique, et agit en conséquence. La majeure partie des vieux serviteurs du château fut congédiée, Vaunoy ne garda que ceux qu'il avait su concilier dès longtemps, et Alain, le maître d'hôtel, qui était un peu son confident.

Vaunoy avait totalement changé de caractère. Depuis deux ans, il rêvait nuit et jour la possession du riche domaine de Treml, et voilà que tout à coup ce rêve s'était accompli. Pauvre hier et ne possédant que son manteau râpé de gentillâtre, il s'éveillait aujourd'hui aussi riche que pas un membre de la haute noblesse bretonne.

Il y avait de quoi mettre une cervelle d'ambitieux à l'envers, et celle de Vaunoy fit la culbute.

Il est vrai que, à bien prendre, cette opulence n'avait

rien de réel. Entre les mains d'Hervé, le château avec ses dépendances n'était qu'un dépôt, et son rôle celui d'un fidéicommissaire...

Mais, pour qui sait conduire sa barque, ce rôle de fidéicommissaire peut mener loin. Tout homme est mortel ; le pupille est soumis à cette foule de hasards déplorables qui menacent notre pauvre humanité : on meurt de la fièvre, du croup ; on meurt pour ne point manger assez ou pour manger trop ; on est croqué par le loup, même ailleurs que dans les contes de Perrault; on se noie ; que sais-je !

Plus tard, il y a les duels, les chûtes de cheval et autres aventures.

A cause de tout cela, le pupille d'un fidéicommissaire bien appris atteint rarement sa majorité.

Or M. de Vaunoy était un homme fort capable. Seulement, comme il était impatient outre mesure de jouir sans contrôle, il ne fit point grand fond sur ces éventualités que nous venons d'énumérer. Le petit Georges, à la rigueur, pouvait sortir victorieux de toutes ces épreuves, et M. de Vaunoy entendait ne point courir les chances de ce jeu périlleux.

Le Breton est bon et généreux d'ordinaire, mais quand il se met à être mauvais, les traîtres du mélodrame sont des anges auprès de lui : rien ne lui coûte, et les moyens qu'il emploie alors sont d'une brutalité diabolique.

Le lecteur en pourra juger sous peu.

Vaunoy continua de traiter Georges comme le fils chéri et respecté de son seigneur. Il voulait se faire un appui de l'affection de l'enfant pour le cas redoutable où M. de La Tremlays fût revenu inopinément quelque jour. Un mois, deux mois se passèrent. Hervé avait fait maison nette de tout ce qui portait amour au vieux sang de Treml. Néanmoins il y avait un fidèle serviteur qu'il n'avait point pu chasser : c'était Loup, le chien favori de M. Nicolas.

En vain les nouveaux valets, armés de fouets, avaient poursuivi Loup jusqu'à une grande distance dans la forêt, il revenait toujours. Au moment où Hervé le croyait bien loin, il le retrouvait, le soir, assis auprès du berceau de Georges endormi. Le chien veillait, et nous ne pouvons point affirmer que, sans la présence de ce vaillant gardien, l'héritier de Treml eût passé ses nuits sans péril, car M. de Vaunoy jetait souvent d'étranges regards sur la couche où reposait son jeune cousin.

Loup n'était pas seul à veiller sur le petit Georges : un autre protecteur couvrait l'enfant de sa mystérieuse vigilance. Avec la bourse de Nicolas Treml, Jean Blanc avait soulagé les souffrances de son père. Il ne travaillait plus : le jour, il dormait ou rôdait autour du château ; la nuit, il montait dans l'un des arbres du parc, dont les longues branches venaient frôler les fenêtres de la chambre où dormait Georges, et là il faisait sentinelle jusqu'au matin.

Hervé l'avait bien menacé parfois du fusil de son veneur, mais Jean Blanc savait courir sur la verte couronne des arbres comme un matelot dans les agrès de son navire. Il ne craignait point les balles, seulement, il se garait, ne voulant point mourir, puisqu'il avait dit: *Qui vivra verra !*

Pour voir, il voulait vivre.

IX

L'ÉTANG DE LA TREMLAYS

Il y avait six mois que Nicolas Treml était parti. Personne ne savait en Bretagne ce qu'il était devenu. Les gens de la forêt le regrettaient parce qu'il était bon maître, et priaient Dieu pour le repos de son âme.

Un soir d'automne, Hervé de Vauncy jeta sa canardière sur son épaule et prit le petit Georges par la main. En cet équipage, il se dirigea vers l'étang de la Tremlays. Loup marchait sur ses talons ; Vaunoy suivait du coin de l'œil le fidèle animal, et ce regard annonçait des dispositions qui n'étaient rien moins que bienveillantes.

Georges courait dans l'herbe ou cueillait les fleurs d'or des genêts. Ses cheveux blonds flottaient au vent du soir. Il était gracieux et charmant comme la joie de l'enfance.

L'étang de la Tremlays est situé à l'ouest et à un

quart de lieue du château. Sa forme est celle d'un vaste trapèze dont trois côtés appuient leur bordures d'aunes à de grands taillis, tandis que le quatrième, coupé en talus escarpé, porte à son sommet un bouquet de futaie.

Du point central de ce talus, qui surplombe par suite d'éboulements anciens, s'élance presque horizontalement le tronc robuste et rabougri d'un chêne noir dont les longues branches pendent au-dessus de l'eau et couvrent le quart de la largeur de l'étang.

C'est vis-à-vis de ce chêne et à quelques toises de ses dernières branches que la pièce d'eau atteint sa plus grande profondeur. Le reste est fond de vase où croissent des moissons de joncs et de roseaux que peuplent vers le commencement de l'hiver des myriades d'oiseaux aquatiques.

Sur la rive occidentale de l'étang de la Tremlays s'assied maintenant une petite bourgade avec chapelle et moulin ; mais, à l'époque où se passe notre histoire, ce lieu était complétement désert, et il était bien rare qu'un passant vînt troubler les silencieux ébats des sarcelles ou des tanches.

M. de Vaunoy ouvrit le cadenas d'un petit bateau, plaça Georges sur l'un des bancs et quitta la rive, Loup, sans y être invité, franchit d'un bond la distance et s'installa aux pieds de l'enfant.

Après quelques coups de rame qui le portèrent au milieu de l'étang, M. de Vaunoy arma sa canardière et jeta autour de lui un regard de chasseur novice. Un plongeon montra sa tête noire entre les roseaux : Hervé fit feu.

La détonation fit tressaillir Loup ; l'odeur de la poudre dilata ses narines. Il se dressa sur ses quatres pattes et darda son regard dans la direction des roseaux.

— Cherche là... cherche ! dit doucement M. de Vaunoy.

Vous savez l'histoire de la chatte métamorphosée en femme. Une souris se montre, et Minette de courir à quatre pattes. Loup, excité dans son instinct, bondit hors du bateau, laissant Georges, effrayé du bruit, sur son banc.

— Cherche là... cherche ! répéta M. de Vaunoy qui rechargeait vivement sa canardière.

Le chien cherchait, mais il n'avait garde de trouver le plongeon dont la santé n'avait aucunement souffert.

M. de Vaunoy épaula de nouveau sa canardière.

— Regarde donc quel grand chêne, Georges ! dit-il.

Pendant que l'enfant était retourné, le coup partit. Loup poussa un hurlement plaintif, et se coucha, mort, dans les roseaux.

— J'ai vu derrière les feuilles du chêne, dit l'enfant, une grande figure blanche qui nous regardait.

Vaunoy jeta vivement les yeux vers l'arbre, mais il n'aperçut rien.

— Regarde encore ! dit-il d'une voix pateline.

Puis il grommela entre ses dents :

— Cette fois, le maudit chien ne reviendra pas !

— Tiens ! s'écria Georges, voilà encore la figure blanche ?

Vaunoy était dans l'un de ces instants où l'homme a

peur de son ombre. La nuit tombait rapidement. Il compta du regard les feuilles du chêne noir, et n'aperçut rien encore. L'enfant s'était trompé.

La main d'Hervé tremblait néanmoins pendant qu'il déposait sa canardière au fond du bateau pour prendre les rames. Il se dirigea lentement vers le point de l'étang qui fait face au grand chêne. En cet endroit, l'eau tranquille et plus sombre annonçait une grande profondeur. Vaunoy cessa de ramer. Il appuya sa tête sur sa main. Sa respiration était oppressée, des gouttes de sueur coulaient sur son front.

Quand il se redressa, la nuit était tout à fait venue. A deux ou trois reprises, il étendit sa main vers Georges, et chaque fois sa main retomba. Enfin il fit sur lui-même un violent effort :

— Eh bien ! dit-il d'une voix étouffée, ne vois-tu plus la grande figure blanche ?

L'enfant tourna la tête.

— Si, répondit-il, la voilà !

Pendant qu'il parlait encore, Vaunoy le saisit par derrière et le précipita dans l'étang.

Au même instant, une longue forme blanche se montra en effet dans le feuillage du chêne, mais Vaunoy ne put la voir, occupé qu'il était à fuir vers le bord à force de rames.

La lune qui se levait jeta ses premiers rayons par-dessus les taillis et vint éclairer le pâle visage de Jean Blanc.

Au moment où Vaunoy atteignait la rive, l'albinos se laissa glisser le long d'une branche flexible qui pliait sous son poids et retombait au ras de l'eau. A l'aide de ses pieds, il imprima un mouvement de fronde à ce balancier, puis, ouvrant les mains tout à coup, il se trouva lancé tout près de l'endroit où Georges avait disparu.

Vaunoy entendit sans doute le bruit de sa chute ; mais, plein de cette superstitieuse terreur qui suit et venge le crime, il se boucha les oreilles et s'enfuit éperdu.

Quelques secondes après, Jean Blanc revint à la surface, ramenant l'enfant évanoui.

Le pauvre visage de l'albinos avait une expression d'allégresse délirante lorsqu'il toucha le bord. Il prit sa course, serra convulsivement l'enfant dans ses bras, et ne s'arrêta que lorsqu'il eut mis une large distance entre lui et le château de la Tremlays.

— J'étais là, disait-il en riant ; je savais qu'on ferait du mal au petit monsieur ! Maintenant il est à moi : je l'ai gagné ! J'étais là pour que le fort ne tuât point le faible, comme dans la chanson d'Arthur de Bretagne.

Ceux qui connaissaient le pauvre Jean Blanc eussent vu dans ces paroles entrecoupées le symptôme précurseur de l'un de ses accès. Lui-même sentait vaguement l'approche d'une tempête intellectuelle, car sa joie tomba tout à coup. Il fit halte au milieu de l'une des routes de la forêt, et déposa Georges sur le gazon d'un talus.

L'atmosphère était froide. Une abondante rosée descendait du faîte des arbres à demi dépouillés de leurs feuilles. Georges restait sans mouvement : ses membres étaient raides et glacés. Une pâleur mortelle couvrait son joli visage.

— Il faut qu'il s'éveille ! grommelait Jean Blanc en

tâchant de le réchauffer sur son sein ; il le faut. Sainte Vierge, réveillez-le !

Ce disant, il se dépouillait de son justaucorps de peaux de moutons, et s'en servait pour envelopper le corps transi de l'enfant. Sa poitrine haletait, ses yeux devenaient hagards. Il luttait contre l'accès qui envahissait ses chancelantes facultés.

Par un dernier éclair d'intelligence, il ôta de sa poitrine une médaille de cuivre qui portait l'image de Notre-Dame de Mi-Forêt. Il la passa d'un main frémissante au cou de l'enfant toujours inanimé.

— Sainte Vierge, cria-t-il dans sa foi désolée, moi, je ne peux plus ! Il a maintenant votre sainte médaille : il est à vous, réveillez-le ! Si vous l'éveillez, bonne Mère de Dieu, je fais vœu...

Un irrésistible rire interrompit cette ardente invocation. Aussitôt après, il tomba en convulsion, puis emporté par sa fièvre folle, il se jeta, tête baissée, gambadant, au plus épais du fourré.

L'enfant, évanoui, resta à la garde de Notre-Dame.

L'accès de Jean-Blanc fut long, parce que l'émotion qui l'avait provoqué avait été puissante ; pendant plus d'une heure, il courut les taillis en répétant son étrange refrain :

— Je suis le mouton blanc... le mouton !

Au bout de ce temps, sa fièvre se calma. Il sentit revenir ses idées, et le souvenir de Georges emplit tout à coup son cœur.

Il s'élança, passant par-dessus tout obstacle, et, retrouvant sa route par instinct, en quelques minutes il atteignit l'allée où il avait laissé l'enfant.

Son cœur battit de joie, car un rayon de lune, glissant au travers des branches, éclairait un objet blanc sur le talus.

— Georges ! cria-t-il.

Georges ne répondit pont.

Jean Blanc franchit en deux bonds la distance qui le séparait du talus et tomba sur ses genoux.

— Georges ! dit-il encore.

Et comme l'objet blanc restait immobile, Jean le toucha. C'était son justaucorps de peau.

L'enfant avait disparu.

FIN DU PROLOGUE.

X

LA VEILLÉE

Vingt ans de plus pèsent un poids bien lourd sur la tête d'un homme ; mais, pour l'ensemble des choses créées, mis à part l'homme lui-même, c'est-à-dire pour la portion la plus grande, la plus durable, la plus vivante de la nature, vingt ans passent comme un souffle de brise, qui effleure et n'entame point.

Vingt ans écoulés ont rendu méconnaissables les personnages de notre récit ; l'enfant s'est fait homme, l'homme est devenu vieillard, le vieillard a cessé de vivre.

Mais le beau château de la Tremlays s'élève toujours, droit et robuste, au bout de son avenue de grands chênes. Si quelques arbres sont morts dans la forêt, d'autres jaillissent du sol et s'élancent, pleins de sève, vers le beau soleil qui chauffe la voûte de feuillage. La Fosse-aux-Loups a gardé ses sombres ombrages et le chêne creux soutient vaillamment le pesant fardeau de ses branches colossales. Les deux moulins chancellent et menacent ruine comme autrefois, et c'est à peine si l'on aperçoit que la pauvre loge de Mathieu Blanc s'est affaissée au ras du sol, tant le détail est mince et peu digne d'attention.

Quant à l'étang de la Tremlays, ce sont toujours les mêmes eaux dormantes et la même moisson de roseaux sous lesquels blanchissent dans la vase les ossements de Loup, le fidèle chien de Nicolas Treml.

Nous sommes à l'automne de l'année 1740, et il y a veillée dans les cuisines de M. Hervé de Vaunoy de La Tremlays, seigneur de Boüexis-en-Forêt.

La cuisine est une grande pièce carrée, percée de quatre fenêtres hautes. Une porte de chêne, garnie de fer, ouvre ses deux battants vis-à-vis de la vaste cheminée dont le manteau en forme de toiture, peut abriter une compagnie raisonnablement nombreuse. Cinq ou six bûches brûlent dans l'âtre et mêlent leur rouge lumière à la lueur crépitante de deux résines.

Sur la table massive qui occupe le milieu de la pièce, une rangée de *pichets* (cruches), méthodiquement alignés, exhale une bonne odeur de cidre dur. Des pommes de terre rôtissent sous les cendres, et une demi-douzaine de quartiers de lard montrent, des deux côtés de la crémaillère, leur couenne recouverte de suie.

Nous faisons grâce aux lecteurs des fourneaux, casseroles, cuillers à pots, marmites, écumoires, etc.

Il y a une quinzaine de personnes assises sous le manteau de la cheminée. La plupart sont serviteurs ou servantes de Vaunoy ; deux ou trois sont étrangères et reçoivent l'hospitalité.

Pour ne point faire défaut à la galanterie française, nous parlerons d'abord des femmes.

Sur cette escabelle à trois pieds et si près du feu que la pointe de ses sabots se charbonne, est assise la dame Goton Réhou, femme de charge de la Tremlays. Elle fut si l'on en croit la chronique de la forêt, une joyeuse commère ; mais cela date de quarante ans, et, à l'heure qu'il est, elle fume une pipe courte noircie par un long usage, avec toute la gravité qui convient à une personne de son importance.

Auprès d'elle, et s'éloignant graduellement du foyer, siégent les servantes du château : la fille de basse-cour, la pigeonnière, la trayeuse de vaches, et même la femme de chambre de Mlle Alix de Vaunoy. Cette dernière déroge sans nul doute en semblable compagnie, mais il faut tuer le temps.

De l'autre côté de la cheminée sont rangés les garçons.

C'est d'abord André, le garde ; Simonnet, le maître du pressoir ; Corentin, l'homme de la charrue, et beaucoup d'autres encore dont l'énumération serait longue et superflue.

Dans l'âtre même, et juste en face de la dame Goton Réhou, est assis un homme de la forêt, hôte de la Tremlays pour quelques heures. Cet homme mérite une description particulière.

Il est charbonnier, cela se voit. Une couche épaisse de noir couvre son visage et s'éclaircit seulement quelque peu aux angles saillants de la face, comme il arrive aux masques de bronze. Ses yeux, dont la paupière, est enflammée, semblent craindre l'éclat ardent du foyer et s'abritent derrière sa main noircie, du reste vêtu comme les gens de la forêt : bonnet de laine mêlée, veste longue en forme de paletot échancré, culottes courtes, bas bleus et souliers à boucles de fer.

Il est de taille problématique. Assis, il semble petit, mais lorsqu'il se lève pour saisir un pichet et boire à même, ses longues jambes l'exhaussent tout à coup. Dans l'attitude de son corps, il y a plus de souplesse que de force. Quant à son âge, nul ne saurait le dire. Depuis quinze ans, le charbonnier Pelo Rouan court la forêt. Tel on l'a vu la première fois, tel on le voit encore.

Nos personnages ainsi posés, nous écouterons leur conversation, car nous sommes fort dépaysés dans ce château où nous n'avons pas mis le pied depuis vingt ans.

Renée, la fille de chambre de Mlle Alix de Vaunoy, cause avec Yvon, le valet des chiens, lequel raccommode son fouet et tresse une *coutisse* (mèche), que Mirault, Gerfault, Renault, etc., sentiront plus d'une fois sur leurs flancs savamment amaigris. André, le garde, frotte d'huile le ressort de son fusil à pierre. Corentin taille un battoir pour Anne, la surintendante des vaches ; l'entretien n'a rien encore de général.

Mais six heures ont sonné à la cloche fêlée du beffroi. Le vieux Simonnet, maître du pressoir, a récité dévotement les versets de l'*Angelus*. Un silence de quelques minutes s'est fait, pendant lequel tout le monde a prié.

Quand ce silence eut duré suffisamment à son gré, dame Goton fit un signe de croix final et secoua les cendres de sa pipe avec précaution.

— Les jours s'en vont petissant ! dit-elle.

Chacun reconnut implicitement la justesse infinie de cette observation.

— Vienne la fin du mois, poursuivit la vieille femme de charge, et nous aurons la résine allumée pour dire l'*Angelus* le matin et le soir.

— Ça, c'est la vérité ! appuya Simonnet.

Et tous répétèrent avec conviction :

— Les jours s'en vont petissant, c'est la vérité !

Dame Goton savoura un instant l'approbation générale.

— Maître Simonnet, reprit-elle ensuite, si c'est un effet de votre complaisance, passez-moi le pichet ; ma pauvre langue brûle.

Au lieu d'un pichet, on en passa dix, et tout le monde s'abreuva copieusement.

— Fameux et droit en goût ! s'écria la vieille femme en promenant voluptueusement sa langue sur ses lèvres après avoir bu ; tout ce qu'on peut demander, c'est que le cidre de l'automne qui vient vaille celui de l'autre année, pas vrai ?

C'était là encore une de ces propositions dont le succès n'est point douteux. Tout le monde répondit affirmativement, et le maître de pressoir but un second coup pour prouver la sincérité de son opinion.

— Quant à ce qui est de l'an prochain, dit-il, on ne sait pas ce qu'on ne sait pas. Il cherra bien du bois mort dans la forêt d'ici l'autre automne ; d'ici l'autre automne, bien de l'eau passera sous le pont de Noyal, et notre monsieur dit que le temps qui court est un temps de péril.

Renée cessa de causer avec Yvon et releva la tête avec inquiétude.

— Est-ce qu'on craint une attaque des *Loups?* murmura-t-elle.

A cette question, on eût pu voir le charbonnier fermer à demi les yeux et jeter à la ronde un fugitif regard.

— Les Loups! répéta Simonnet en frappant son poing sur la table. Si j'étais seulement dans la peau de M. le lieutenant du roi, on ne les craindrait pas longtemps, les maudits brigands! Dire qu'ils ont brûlé mon beau pressoir de Boüexis-en-Forêt!

— Volé mes vaches! ajouta la trayeuse.

— Dévasté mon chenil! dit Yvon.

— Braconné plus de gibier que n'en chasse en trois ans notre monsieur! exclama le garde.

— Tué mes poules!

— Foulé mes guérets!

— Brisé mes espaliers! crièrent en chœur les divers fonctionnaires de la Tremlays.

La dame Goton bourrait gravement sa pipe et ne disait rien, Pelo Rouan, le charbonnier, semblait dormir, adossé contre la paroi de la cheminée.

— Oh! les maudits brigands! reprit le chœur au milieu duquel on distinguait la voix flûtée et suraiguë de la fille de chambre.

Goton alluma sa pipe et lança trois redoutables bouffées.

— Il y a vingt ans, murmura-t-elle, le maître de la Tremlays s'appelait M. Nicolas. Ceux que vous nommez les Loups étaient des agneaux alors. C'est la misère qui a aiguisé leurs dents.

Un murmure désapprobateur suivit ces paroles.

— Les Treml étaient de bons maîtres, dit Simonnet avec le même embarras qu'aurait un vieux courtisan parlant d'un roi déchu au sein d'une cour nouvelle, on ne peut pas dire le contraire ; mais les Loups sont des bandits, et il n'y a que vous, dame Goton, pour prendre leur défense.

Un imperceptible sourire plissa la lèvre de Pelo Rouan. La vieille releva sa tête chenue avec dignité.

— Maître Simonnet, répondit-elle, je ne défends point les Loups, qui savent bien se défendre eux-mêmes. Je dis que ce sont des Bretons, voilà tout, et que certaines gens sont plus vaillants au coin du feu que sous le couvert !

Le sourire du charbonnier se renforça et les serviteurs du château restèrent penauds sous cette accusation de couardise faite ainsi à brûle-pourpoint.

— Patience ! patience ! dit enfin Simonnet. Il doit nous arriver de Paris un brave officier du roi pour prendre le commandement des sergents de Rennes et protéger le passage des deniers de l'impôt à travers la forêt. Ces Loups damnés ont tué le dernier capitaine.

— Gare au nouveau ! interrompit dame Goton.

— On dirait que vous souhaitez un malheur ! s'écria aigrement Renée, la fille de chambre.

— Ma mie, répondit Goton avec autorité, je suis vieille et je regrette l'ancien temps où nos dames ne prenaient point pour chambrières des mijaurées de Normandie. Laissez les Bretons répondre aux Bretons !

Renée devint rouge et ne parla plus. La conversation allait mourir ou changer d'objet, lorsque Pelo Rouan, qui avait sans doute des raisons pour cela, frotta ses yeux comme un homme qui s'éveille et dit :

— Ai-je rêvé, maître Simonnet ? n'avez-vous point dit que nous allons avoir un nouveau capitaine pour mettre à la raison les Loups que le ciel confonde ?

— J'ai dit cela, mon homme, et c'est la vérité. Tant que les Loups n'ont fait que piller M. de Vaunoy, la cour de Paris n'y a point vu de mal, mais les hardis brigands sont allés, comme chacun sait, jusqu'à Rennes, attaquer en plein jour l'hôtel de M. l'intendant. Ils interceptent l'impôt.

— Quel dommage ! interrompit l'incorrigible Goton qui renforça son sarcastique sourire. Voler les voleurs !

— Ce sont de fiers gueux ! dit Pelo Rouan avec simplicité ; mais savez-vous quand arrive cet officier du roi dont vous parlez, maître Simonnet ?

— On l'attend, mon homme.

Pelo Rouan se leva, prit un pichet qu'il porta à ses lèvres et dit avec une bonhomie où la vieille Goton crut découvrir une pointe de raillerie :

— A la santé du nouveau capitaine !

— A sa santé ! répondirent les serviteurs de la Trémlays.

XI.

FLEUR-DES-GENÊTS

Pelo Rouan, avant de poser son pichet sur la table, ajouta, comme complément de son toast :

— Et à la confusion du Loup Blanc et de ses louveteaux.

— A la bonne heure ! dit la vieille Goton lorsque chacun eut applaudi à ce souhait charitable ; Pelo Rouan est un pauvre homme de la forêt. Il y a pour lui courage à maudire tout haut le Loup Blanc, qui est fort et puissant, et dont mille bras exécutent les ordres car tout à l'heure il va prendre son bâton de houx et affronter la nuit qui est le domaine des Loups : à la bonne heure ! Je ne veux point de mal à Pelo Rouan.

— Merci, dame ! prononça lentement le charbonnier ; moi, je vous veux du bien.

C'était un homme étrange que ce Pelo Rouan. Pendant qu'il parlait ainsi, son regard fixe couvrait Goton.

et la ligne rouge de ses paupières clignotait à la lumière du feu.

Il y avait dans ce regard une gratitude plus grande que ne le méritait à coup sûr l'observation de la vieille femme de charge.

Du reste, et nous devons le dire tout d'abord, la plupart des actions de cet homme étaient difficiles à expliquer. On croyait deviner chez lui parfois une marche lente et systématique vers un but mystérieux, mais on ne tardait pas à perdre sa trace, et l'espionnage le plus fin comme le plus obstiné eût été dérouté par sa conduite.

Nul ne songeait d'ailleurs à l'espionner. A quoi bon l'eût-on fait? Ses fréquentes visites à la maison de M. de Vaunoy, ennemi personnel et acharné des Loups éloignaient toute idée de connivence avec ces derniers, et cette connivence seule aurait pu donner quelque force à un homme si bas placé dans l'échelle sociale.

Il y avait quinze ou seize ans que Pelo (Pierre) Rouan était venu s'établir dans la forêt de Rennes. Il avait amené avec lui une petite fille au berceau qu'il appelait Marie. Solitaire d'habitude et paraissant fuir la société de ses pareils, il s'était bâti une loge à l'endroit le plus désert de la forêt, avait creusé un four souterrain et faisait depuis lors ce qu'il fallait de charbon pour soutenir son existence et celle de sa fille.

Marie avait pris la taille d'une femme. En grandissant, elle était devenu bien belle, mais elle l'ignorait. Beaucoup prétendront que ces derniers mots renferment une impossibilité flagrante : nous soutenons néanmoins notre dire.

Marie, enfant de la solitude, n'avait de hardiesse que contre le danger. La vue de l'homme la troublait, et l'effrayait. Lorsque la trompe de chasse criait dans les allées, Marie faisait comme les biches ; elle se cachait dans les buissons.

Jamais elle ne mettait de bouquets dans un panier verni pour les porter au château, avec des pommes, des œufs et de la crême, comme cela se pratique de nos jours au théâtre national de l'Opéra-Comique. Elle ne dansait ni *sur la fougère* ni même *sous la coudrette* ; en un mot, ce n'était en aucune façon une rosière de Mme de Genlis, se mirant dans le cristal des fontaines, ni une ingénue de M. Marmontel, raisonnant l'Etre suprême, la nature et le reste. Ces braves poètes n'ont jamais vu la campagne qu'à Courbevoie !

C'était une fille de la forêt, simple, pure, demi-sauvage, mais portant en elle le germe de tout ce qui est noble, gracieux, poétique et bon.

Elle aimait à prier Dieu, car une foi profonde remplissait cette âme angélique qui ne soupçonnait pas le mal.

L'expression générale de son visage était un mélange d'exquise gentillesse et de sensibilité exaltée. Elle avait de grands yeux bleus pensifs et doux, dont le sourire échauffait l'âme comme un rayon de soleil. Sa joue pâle l'encadrait d'un double flot de boucles dorées, qui ondoyaient à chaque mouvement de sa tête et se jouaient sur ses épaules modestement couvertes. La nuance de cette chevelure eût embarrassé un peintre, parce que les couleurs dont peut disposer l'art humain sont parfois impuissantes. Cette nuance, dans un tableau, semblerait terne ; ses candides reflets affadiraient le regard ; elle ne repousserait point assez la teinte de la peau.

Mais cela prouve seulement que l'homme n'a su dérober que la moitié de la palette céleste. Chez Marie, c'était un charme de plus : ses traits fins, mais hardiment modelés, apparaissaient suaves et comme voilés sous cette indécise auréole. Cela faisait l'effet de ce nuage mystique, aux rayons naïvement adoucis, que les peintres du moyen-âge donnaient pour ornement au front divin de la Mère de Dieu.

Marie était sauvage comme son père. Lorsqu'elle ne restait point dans la loge, occupée à tresser des paniers de chèvrefeuille que Pelo Rouan vendait aux foires de Saint-Aubin-du-Cormier, Marie errait, seule et rêveuse, dans les sentiers perdus de la forêt.

Souvent le voyageur s'arrêtait pour écouter une voix pure, et semblable à la voix des anges, qui chantait la complainte d'Arthur de Bretagne, dont nous avons parlé dans la première partie de ce récit. Ceux qui se souvenaient du pauvre Jean Blanc songeaient à lui en entendant son refrain favori ; la plupart savouraient la musique sans évoquer la mémoire de l'albinos, car bien d'autres que lui répétaient ce refrain qui berce les enfants dans toutes les loges du pays de Rennes.

Du reste, on entendait toujours Marie comme on écoute le rossignol, sans la voir. Dès qu'elle apercevait un étranger, son instinct de timidité farouche la portait à fuir. On voyait le taillis s'agiter comme au passage d'un faon, puis plus rien. Marie était alerte et vive. On eût couru longtemps avant de l'atteindre.

Quelques-uns cependant l'avaient vue et le bruit de sa beauté sans rivale s'était répandu dans le pays. On fut du temps avant de savoir son nom, car Pelo Rouan ne souffrait guère de questions, surtout lorsqu'il s'agissait de sa fille, et Marie devenait muette dès qu'un homme lui adressait la parole. A cause de cette ignorance, et par un reste de cette chevaleresque poésie qui a fleuri si longtemps sur la terre de Bretagne, on choisissait pour désigner Marie les noms des plus charmantes fleurs.

Les jeunes gens de la forêt parlaient d'elle d'autant plus souvent que son existence était plus mystérieuse. A la longue, la coutume effeuilla cette guirlande de jolis sobriquets. Un seul resta, qui faisait allusion à la couleur des cheveux de Marie :

On l'appela *Fleur-des-Genêts*.

Pelo Rouan laissait à sa fille une liberté entière, dont celle-ci usait tout naturellement et comme on respire, sans savoir qu'il en pût être autrement. D'ailleurs le charbonnier, quand même il l'aurait voulu, n'aurait point pu surveiller fort attentivement la jeune fille, car il faisait de longues et fréquentes absences.

Le motif de ces absences était un secret, même pour Marie.

Parfois, durant des semaines, le four de Pelo Rouan restait froid, mais quand il revenait il travaillait le double et réparait le temps perdu.

Personne n'était admis dans la loge. On venait chercher Pelo Rouan de temps en temps la nuit. Dans ces circonstances, ceux qui avaient besoin du charbonnier, pour des causes que nous ne saurions dire, frappaient à la porte d'une certaine façon.

Pelo sortait alors. Marie, habituée à ce manége, ne prenait pas garde.

Un jour, pourtant, un étranger avait franchi le seuil de la loge inhospitalière : il soutenait les pas de Fleur-des-Genêts bien chancelante et bien effrayée, parce que des soudards de France qui venaient de Paris et allaient à Rennes l'avaient poursuivie dans les futaies. Son compagnon était un loyal jeune homme au visage doux et bon. Il l'avait protégée. Sa première pensée fut de remercier Dieu du plus profond de son cœur, en même temps qu'elle lui adressait une fervente prière pour son sauveur.

Depuis ce jour, quand Fleur-des-Genêts rencontrait l'étranger, elle allait à lui sans frayeur et ils échangeaient quelques mots purs et naïfs comme l'entretien de deux enfants.

Puis l'étranger partit, laissant son souvenir dans le cœur de Marie. Les gens de la forêt la rencontrèrent de nouveau dans les taillis. Elle allait lentement, la tête penchée, et chantait bien mélancoliquement la complainte d'Arthur de Bretagne.

Pelo Rouan ne l'interrogeait point parce qu'il connaissait la cause de sa tristesse.

Cependant la veillée continuait dans la cuisine du château de La Tremlays. Après avoir porté la santé qui ouvre ce chapitre, Pelo prit son bâton de houx, comme l'avait annoncé la vieille femme de charge ; mais au lieu de partir, il secoua lentement sa pipe et se planta, le dos au feu, en face de maître Simonnet.

— Et sait-on son nom ? dit-il en jouant l'indifférence.

— Le nom de qui ?

— Du nouveau capitaine.

— Notre monsieur le sait peut-être, répondit Simonnet.

— Au fait, ce doit être un bon serviteur du roi, c'est le principal. Il logera au château ?

— Ou chez l'intendant royal.

Pelo Rouan sembla hésiter au moment de faire une nouvelle question.

— C'est juste, dit-il enfin, c'est à qui recevra ce brave officier et les bons soldats de la maréchaussée.

A ces mots, il se dirigea vers la porte. En passant auprès d'Yvon, il lui serra furtivement la main et adressa à Corentin un regard d'intelligence.

— Bonsoir, maître Simonnet et toute la maisonnée ! dit-il.

Comme il mettait la main sur le loquet, un fort coup de marteau retentit frappé à la porte extérieure. Pelo resta.

Quelques minutes après, deux hommes, enveloppés de manteaux, furent introduits. Les larges bords de leurs feutres cachaient presque entièrement leurs visages. Cependant, à un mouvement que fit l'un d'eux, la lumière du foyer vint éclairer partiellement ses traits.

Pelo Rouan recula à son aspect, et, au lieu de sortir, il se glissa prestement dans une embrasure.

XII

DANS LA FORÊT.

Les nouveaux venus étaient tous deux de haute taille et d'apparence robuste. Celui dont Pelo Rouan avait aperçu la figure était dans toute la force de la jeunesse, beau de visage et merveilleusement tourné. L'autre avait sous son feutre une chevelure grise, et plus de soixante ans sur les épaules.

— Qui que vous soyez, dit Simonnet employant la digne formule armoricaine, vous êtes les bienvenus. Que demandez-vous ?

Le plus jeune des deux étrangers rejeta son manteau sur le coude, et montra l'uniforme de capitaine des soldats de la maréchaussée.

— Je veux parler à M. Hervé de Vaunoy, répondit-il.

— Le nouveau capitaine ! chuchotèrent les serviteurs de la Tremlays.

Renée, la servante normande de Mlle Alix, arrangea

aussitôt les plis de sa robe ; les autres femmes, moins bien apprises, se bornèrent à rougir immodérément.

Quant à Pelo Rouan, il gagna la porte sans bruit, après avoir échangé un second regard d'intelligence avec Yvon et Corentin.

— Ah! c'est lui qui est le nouveau capitaine ? murmura-t-il lentement d'un air pensif.

Puis il s'enfonça dans les sentiers de la forêt.

Maître Simonnet prit un maintien grave et solennel, pour remplir convenablement son office d'introducteur aux lieu et place de maître Alain, le majordome, qui se faisait vieux et dormait d'ordinaire à cette heure, ivre d'eau-de-vie.

Il mit le bonnet à la main et précéda les nouveaux venus dans le salon de réception où se tenaient Hervé de Vaunoy et sa famille.

Pendant qu'il traverse le vestibule et la grande salle, nous rétrograderons de quelques heures et nous prendrons nos deux étrangers au moment où ils quittent la bonne ville de Vitré pour entrer dans la forêt. Outre que c'est un moyen fort simple de faire leur connaissance, nous assisterons ainsi avec eux à quelques petits incidents qu'il nous importe de ne point passer sous silence.

Comme le lecteur a pu le conjecturer, le vieillard à barbe grise remplissait auprès du jeune capitaine l'office du valet. C'était un homme à visage honnête et austère ; sa taille légèrement voûtée annonçait seule la fatigue ou la souffrance, car son front restait sans rides, et son regard serein exprimait la tranquillité d'âme la plus parfaite.

Quant au capitaine, il y avait sous sa fine moustache noire retroussée un sourire insouciant et fin ; dans ses yeux, une hardiesse indomptable, une gaieté franche et comme un reflet de cordiale loyauté. On eût trouvé difficilement une taille plus élégante que la sienne, une pose plus gaillarde sur son cheval isabelle, et une plus gracieuse façon de porter son belliqueux uniforme. Il avait de vingt-cinq à vingt-sept ans.

Le valet s'appelait Jude Leker ; le maître avait nom Didier tout court.

Le bon écuyer de Nicolas Treml n'avait point changé beaucoup au long de ces vingt années. La souffrance avait glissé sur son cœur comme le temps sur la dure peau de son visage. Il se tenait encore ferme sur son cheval, et il n'eût point fait bon recevoir un coup de la rapière plus moderne qui avait remplacé sa longue épée à garde de fer.

Il pouvait être deux heures après midi quand Didier et Jude dépassèrent les premiers arbres de la forêt. Le pâle soleil d'automne se jouait dans le feuillage jaunissant, et le sabot des chevaux s'enfonçait à chaque pas dans la molle litière que novembre étend au pied des arbres. Jude semblait respirer avec délices une atmosphère connue ; il saluait chaque vieux tronc d'un regard ami et presque filial. Il y avait vingt ans que Jude n'avait vu la forêt de Rennes.

Tout en marchant, le maître et le serviteur poursuivaient une conversation commencée.

— C'était, ma foi ! un vaillant vieillard que ce M. Nicolas ! s'écria Didier interrompant un long récit que lui faisait Jude ; j'aime son gant de buffle qui pesait une livre, et j'aurais voulu voir la pauvre mine que dut faire M. le Régent.

— Le Régent nous mit à la Bastille ! répondit Jude avec un soupir.

— C'était, en conscience, le moins qu'il pût faire, mon garçon !

— Nicolas Treml, que Dieu sauve son âme ! était déjà bien vieux, et puis il pensait sans cesse à l'enfant.

— Quel enfant ? interrompit Didier.

— Georges Treml, qui doit être, à l'heure qu'il est, un hardi soldat, s'il a gardé dans ses veines une goutte du bon sang de ses pères.

L'histoire languissait. Didier bâilla. Jude poursuivit :

— Il pensait donc à l'enfant qui était au pays sans protecteur et sans appui. Vieillesse et chagrin, c'est trop à la fois, mon jeune monsieur, et pourtant Nicolas Treml mit longtemps à mourir ! Il descendit en terre, voici trois ans passés, et me légua le petit M. Georges.

— Et qu'est devenu ce Georges ?

— Dieu le sait ! Moi, je fus mis en liberté deux ans après la mort de mon maître. Je n'avais point d'argent, et si la Providence ne m'eût pas envoyé sur votre chemin au moment où vous cherchiez un valet pour le voyage, je ne sais comment j'aurais regagné la Bretagne. Ma chère, ma noble Bretagne ! répéta Jude avec des larmes de joie dans les yeux.

Didier s'arrêta et lui tendit la main.

— Tu es un honnête cœur, mon garçon, dit-il ; je t'aime pour ton attachement au souvenir de ton vieux maître, et pour l'amour que tu as gardé à ton pays. Si tu veux, tu ne me quitteras plus.

Jude toucha respectueusement la main que lui offrait le capitaine.

— Je le voudrais, murmura-t-il en secouant la tête, sur ma parole je le voudrais, car il y a en vous quelque chose qui rappelle la franche loyauté de Treml. Mais je suis à l'enfant et je suis Breton : ne m'avez-vous point dit que vous venez pour anéantir les derniers restes de la résistance bretonne ?

— Si fait ! quelques centaines de fous furieux. Quand la rébellion se sent faible, vois-tu, elle tourne au brigandage : je viens pour punir des bandits.

Jude réprima un geste de colère.

— De mon temps, murmura-t-il, messieurs de la Frérie bretonne ne méritaient point ce nom.

— C'est vrai : ceux dont tu parles n'étaient que des maniaques entêtés ; mais les *Frères bretons* sont devenus les *Loups*.

— Les Loups ? répéta Jude sans comprendre.

— Ils ont eux-mêmes choisi ce sauvage sobriquet. Ce n'est pas la Bretagne, ce sont les Loups que je viens combattre de par l'ordre du roi.

Jude ne fut probablement point persuadé par cette subtile distinction, car il se borna à répondre :

— Je ne sais pas ce que font les Loups, mais ils sont Bretons et vous êtes Français !

— N'en parlons plus ! s'écria gaiement le capitaine. Quant à la question de savoir si je suis Français ou non, c'est plus que je ne puis dire. Bois un coup, mon garçon !

Il tendit sa gourde de voyage à Jude qui, cette fois, n'eut aucune objection à soulever.

— Et maintenant, reprit le capitaine, orientons-nous : voici un sentier qui doit mener à Saint-Aubin-du-Cormier.

— C'est ma route, répondit Jude, et nous allons nous séparer ici... car vous allez à Rennes, je pense?

— Je vais au château de la Tremlays!

Jude devint pensif.

— Vous êtes déjà venu dans le pays, dit-il après un silence, car vous le connaissez aussi bien que moi. Peut-être n'est-ce pas la première fois que vous allez au château de la Tremlays?

— Peut-être, répéta le capitaine qui sembla éviter une réponse plus catégorique.

— Si vous y êtes allé, continua Jude dont tous les traits exprimaient une curiosité puissante, vous avez dû voir un jeune homme... un beau jeune homme : l'héritier de ces nobles domaines, l'unique rejeton d'une race qui est vieille comme la Bretagne!

— Tu le nommes?

— Georges Treml.

Ce fut au tour du capitaine de s'étonner. Pour la première fois, il rapprocha ce nom de Treml de celui du château et il comprit que le vieux gentilhomme, dont il venait d'entendre la chevaleresque histoire, était l'ancien maître de la Tremlays.

— Je n'ai jamais vu ce jeune homme, répondit-il.

6*

XIII

LE CAPITAINE DIDIER

Jude demeura un instant comme atterré.

— Mon Dieu ! pensait-il, qu'ont-ils fait de notre petit monsieur ?

Le capitaine était devenu rêveur. Peut-être connaissait-il assez M. de Vaunoy pour qu'un doute s'élevât dans son esprit touchant le sort de l'héritier de Treml.

— Ma tâche est tracée, reprit Jude ; je la remplirai, monsieur, ajouta-t-il d'une voix que son émotion rendait solennelle ; je vous adjure, par votre titre de gentilhomme, de me prêter votre aide.

Un triste sourire vint à la lèvre du capitaine.

— Gentilhomme ! dit-il.

— Par votre mère !... voulut continuer Jude.

— Ma mère ! dit encore le capitaine. Allons, **mon garçon**, tu tombes mal. Que viens-tu me parler de titres et de mère ?... Mais je suis officier du roi, et cela vaut noblesse : tu auras mon aide, pour l'amour de Dieu.

— Merci ! merci ! s'écria Jude. En revanche, moi, je suis à vous, monsieur ; à vous de tout cœur et tant qu'il vous plaira. Maintenant, veuillez vous détourner quelque peu de votre route ; nous reviendrons ensemble au château.

Le capitaine suivit Jude aussitôt. Ils marchèrent un quart d'heure le long du chemin qui mène au bourg de Saint-Aubin-du-Cormier, puis Jude, tournant à gauche, s'enfonça tout à coup dans un épais taillis. Au bout d'une centaine de pas, Didier arrêta son cheval.

— Où me mènes-tu ? demanda-t-il.

— Au lieu où Nicolas Treml, mon maître, partant pour la cour de Paris, a enfoui l'espoir et la fortune de sa race.

— Tu as donc grande confiance en moi ?

Jude hésita un instant.

— Je vous confierais ma vie, dit-il enfin, mais le trésor de Treml n'est point à moi. Vous avez raison : mieux vaut que je sois seul à garder ce secret.

— Et mieux vaut, ajouta Didier, que je ne m'enfonce point trop dans ce fourré, au-delà duquel est la retraite des Loups. Ils pourraient me mordre, mon garçon. Va, tu me retrouveras ici.

Jude descendit de cheval et s'engagea, à pied, dans l'épais taillis où nous avons vu autrefois cheminer Nicolas Treml lorsqu'il portait en poche l'acte signé par son cousin Hervé de Vaunoy.

Resté seul, le jeune capitaine mit aussi pied à terre, s'étendit sur le gazon et donna son âme à la rêverie,

Ses méditations furent douces. Officier de fortune et parvenu, son mérite aidant, à un poste que ses pareils n'atteignaient point avant d'avoir vu blanchir leur moustache et tomber leurs cheveux, il avait désormais devant lui un avenir couleur de rose. Sa mission en Bretagne n'était pas sans importance, et il espérait réduire aisément cette poignée d'hommes intrépides, mais simples et grossiers, qui s'opposaient encore à la levée de l'impôt, molestaient les sujets soumis du roi et poussaient parfois leur insolente audace jusqu'à mettre la main sur les fonds du gouvernement.

A part cet intérêt politique, son arrivée dans le pays de Rennes avait pour lui un intérêt particulier, dont nous ne ferons point mystère au lecteur. Ce n'était pas la première fois que Didier venait en Bretagne. L'année précédente, il avait passé six mois à Rennes, en qualité de gentilhomme [1] de M. le comte de Toulouse, gouverneur de la province, lequel l'avait fait entrer depuis dans les gardes-françaises, d'où il était sorti avec son grade actuel.

Beau de visage et de tournure, prompt à l'amitié, mais étourdi et léger, il avait été bien près une fois de choisir la compagne de sa vie.

Pendant son séjour à Rennes, dans la maison du prince gouverneur, il avait été de pair à compagnon avec les fils des premières familles de la province. Il était de toutes les fêtes de messieurs des États, et dans ce

---

[1] Gentilhomme, en ce sens, n'impliquait pas toujours idée de noblesse. Racine, Voltaire lui-même, ont été gentilshommes des rois de France.

monde des gens du roi, sa position lui attirait une faveur à laquelle ne nuisait point sa bonne mine.

A cette époque, la reine des salons dans la capitale bretonne était Mlle Alix de Vaunoy de La Tremlays, noble créature dont le charmant visage était moins parfait que l'esprit, et dont l'esprit ne valait point encore le cœur. Didier l'avait vue au palais même du prince gouverneur qui, pendant son séjour dans la province, tenait une véritable cour. Il s'était senti attiré vers elle.

Alix, de son côté, n'avait point dissimulé le plaisir que lui causait cette recherche. Le monde avait remarqué leur naissante et mutuelle sympathie.

M. de Vaunoy seul semblait ne s'en point apercevoir ou y prêter volontairement les mains, ce qui surprenait fort chacun.

On savait en effet que Vaunoy avait pour l'établissement de sa fille unique des prétentions fort élevées, et qui ne s'attaquaient à rien moins que M. de Béchameil, marquis de Nointel, intendant royal de l'impôt et l'un des plus opulents financiers qui fussent alors en Europe.

Nonobstant cela, Vaunoy, qui avait d'abord regardé le jeune officier de fortune avec un dédain tout particulier, l'attira bientôt chez lui et lui fit fête tout autant qu'aux héritiers des plus puissantes maisons.

Si ce n'eût point été là une circonstance positivement insignifiante pour le public, on aurait pu remarquer que ce changement étrange avait coïncidé avec l'acquisition que fit Vaunoy d'un certain Lapierre, valet du prince gouverneur.

Mais il n'était point probable, en vérité, que cette révolution d'antichambre eût pu influer en rien sur la conduite ultérieure du riche maître de la Tremlays.

Quoi qu'il en soit, un soir que Didier sortait de l'hôtel de Vaunoy, le cœur tout plein d'espérances, il fut attaqué dans la rue par trois estafiers qui le poussèrent rudement. Il n'avait que son épée de bal, mais il s'en servit comme il faut ; les trois estafiers en furent pour leurs peines et les horions qu'ils reçurent.

Didier, blessé, rentra au palais du gouvernement ; l'affaire n'eut point de suite, parce que le comte de Toulouse quitta Rennes quelques jours après.

Mais ce n'était pas là le seul souvenir du capitaine Didier. Il en avait un autre beaucoup plus humble, qui restait plus avant peut-être dans son cœur. C'était une blonde fille de la forêt dont nous avons déjà prononcé le nom.

En ce moment encore, couché sur l'herbe et bercé par ses méditations, il ne songeait point à Mlle de Vaunoy, et c'était la pure et gracieuse image de Fleur-des-Genêts qui souriait au fond de sa pensée.

Il rêvait, et ne s'en rendait point compte, à cette douce et chaste tendresse qui avait embelli quelques jours de sa vie quand il était encore presque adolescent. Les Loups, l'impôt, la bataille prochaine, rien de tout cela pour lui n'existait en ce moment. Les arbres de la vieille forêt lui parlaient de sa vision d'autrefois.

— Si elle venait ! murmura-t-il en glissant son regard dans les sombres profondeurs des taillis.

Ce qui pouvait lui venir le plus probablement, c'était la balle de quelque Loup, car il avait jeté sous lui son manteau, et les broderies de son uniforme brillaient maintenant sans voile.

Mais il y a un Dieu pour les capitaines qui rêvent. Une voix douce et lointaine encore sembla répondre à son aspiration. Il tendit l'oreille. La voix approchait. Elle chantait la complainte d'Arthur de Bretagne.

Didier écoutait avec délices cette voix et cette mélodie connues. A mesure que la voix approchait, les paroles devenaient plus distinctes. Fleur-des-Genêts chantait ce passage de la complainte populaire où Constance de Bretagne commence à désespérer de revoir son malheureux fils. Nous traduisons le patois des paysans d'Ille-et-Vilaine.

Marie disait :

> Elle attendait, car pauvre mère
> Longtemps espère,
> Elle attendait, le cœur marri,
> Son fils chéri.
> Elle mettait son âme entière
> Dans sa prière
> Et disait : « Rends-moi mon enfant !
> Dieu tout-puissant ! »

Marie n'était plus qu'à quelques pas de Didier, mais ils ne se voyaient point encore, tant le taillis était épais. Le capitaine retenait son souffle.

Marie poursuivit, répétant, suivant l'usage, les deux derniers vers en guise de refrain :

> Et disait : « Rends-moi mon enfant !
> Dieu tout-puissant !
> Arthur ! Arthur ! Hélas ! absence
> Brise espérance :
> Le faible est au pouvoir du fort
> Jusqu'à la mort ! »

Le caractère de ce chant est une mélancolie tendre et si profonde que le ménétrier qui le dit à un rustique auditoire est certain d'avance d'un succès de larmes. Il semblait que la pauvre Marie rapportât à elle-même le sens des deux derniers vers, car le chant tomba de ses lèvres comme un harmonieux gémissement.

— Fleur-des-Genêts ! murmura Didier.

Elle entendit et perça d'un bond le fourré.

Lorsqu'elle aperçut enfin le capitaine, ses genoux fléchirent ; elle s'affaissa sur elle-même en levant ses grands yeux bleus au ciel, et son cœur s'élança vers Dieu.

Cette âme candide et virginale ignorait les artifices du mensonge ; elle lui raconta ses craintes et ses espérances et combien elle avait prié pour son retour ; ainsi se prolongea longtemps, avec tout le charme et la naïveté de l'innocence, cet entretien touchant qui devait avoir une influence décisive sur leur destinée.

XIV

OU LE LOUP BLANC MONTRE LE BOUT DE SON MUSEAU

Pendant cela, Jude Leker essayait de trouver son chemin dans le taillis. Il eut d'abord grand'peine à s'orienter, car nul sentier ne traversait l'épaisseur du fourré ; mais au bout d'une centaine de pas, il vit avec surprise qu'une multitude de petites routes se croisaient en tous sens et semblaient néanmoins converger vers un centre commun.

Il suivit un de ces sentiers, et arriva bientôt au bord de ce sauvage ravin que nous connaissons déjà sous le nom de la *Fosse-aux-Loups*.

A part ces routes qui n'existaient point autrefois et qui annonçaient très-positivement le voisinage d'un lieu de réunion où de nombreux habitués se rendaient de différents côtés, rien n'était changé dans le sombre aspect du paysage. Le même silence régnait autour de la même solitude.

Jude descendit les bords du ravin en se retenant aux branches et atteignit le fond où s'élevait le chêne creux. La physionomie du bon écuyer était triste et grave. Il songeait sans doute que la dernière fois qu'il avait visité ce lieu, c'était en compagnie de son maître défunt.

Il songeait aussi que le creux du chêne pouvait avoir été dépositaire infidèle. Or la fortune de Treml avait été mise tout entière entre ces noueuses racines qui déchiraient le sol.

Avant de pénétrer dans l'intérieur de l'arbre, Jude examina les alentours avec soin ; il fouilla du regard chaque buisson, chaque touffe de bruyère, et dut se convaincre qu'il était bien seul.

Cet examen lui fit découvrir, derrière l'une des tours en ruines, un petit monceau de décombres, à la place où s'élevait jadis la cabane de Mathieu Blanc.

— C'étaient de bons serviteurs de Treml, murmurat-il en se découvrant, que Dieu ait leur âme !

Dans l'intérieur de l'arbre, il trouva quelques débris de cercles, et presque tous les ustensiles de Jean Blanc, mais rouillés et dans un état qui ne permettait point de croire qu'on s'en fût servi depuis peu.

Jude prit une pioche et se mit aussitôt en besogne.

Pendant qu'il travaillait, un imperceptible mouvement se fit dans les buissons et deux têtes d'hommes, masquées à l'aide d'un carré de peau de loup, se montrèrent.

Une troisième tête, masquée de blanc, sortit au même instant d'une haute touffe d'ajoncs qui touchait presque le chêne où travaillait Jude.

Les trois hommes, porteurs de ce déguisement étrange, échangèrent rapidement un signe d'intelligence.

Le signe du masque blanc fut un ordre, sans doute, car les deux autres rentrèrent immédiatement dans leurs cachettes.

Le masque blanc se coucha sans bruit à plat ventre et se mit à ramper vers l'arbre. Il franchit lentement la distance qui l'en séparait, puis il se dressa de manière à fourrer sa tête dans l'une des ouvertures que le temps avait pratiquées au tronc creux du vieux chêne.

Son masque le gênait pour voir ; il l'arracha et découvrit un visage tout noirci de charbon et de fumée : le visage de Pelo Rouan, le charbonnier.

Jude travaillait toujours et ne se doutait point qu'un regard curieux suivait chacun de ses mouvements.

Au bout de quelques minutes, la pioche rebondit sur un corps dur et sonore. Jude se hâta de déblayer le trou et retira bientôt le coffret de fer que Nicolas Treml avait enfoui autrefois en cet endroit. Après l'avoir examiné un instant avec inquiétude pour voir s'il n'avait point été visité en son absence, Jude sortit une clef de la poche de son pourpoint.

A ce moment, Pelo Rouan se mit à ramper et rentra sans bruit dans sa cachette.

Ce fut pour lui un coup de fortune, car Jude, sur le point d'ouvrir le coffret, se ravisa et fit le tour du chêne, jetant à la ronde son regard inquiet. Il ne vit personne, regagna le creux de l'arbre et fit jouer la serrure du coffret de fer.

Tout y était, intact comme au jour du dépôt : or et parchemin. Le bon Jude ne put retenir une exclamation de joie, en songeant que, avec cela, Georges Treml, fût-il réduit à mendier son pain, n'aurait qu'un mot à dire pour recouvrer son héritage intact.

Mais une expression de tristesse remplaça bientôt son joyeux sourire : où était Georges Treml !

Le capitaine Didier, son nouveau maître avait reçu l'hospitalité au château, et il ne savait même pas qu'il existât une créature humaine du nom de Georges Treml.

Donc, non-seulement Georges n'était plus là, mais on ne parlait même plus de lui.

Jude aurait voulu déjà être au château pour s'informer du sort de l'enfant. Il plaça le coffret dans le trou, qu'il combla de nouveau en ayant soin d'effacer de son mieux les traces de la fouille, puis il gravit la rampe du ravin.

Pelo Rouan le suivit de l'œil pendant qu'il s'éloignait.

— C'est bien Jude ! murmura-t-il, Jude l'écuyer du vieux Nicolas Treml ! il n'emporte pas le coffret ; je verrai cette nuit ce qu'il peut contenir. En attendant, il ne faut point que nos gens soupçonnent ce mystère, car ils pourraient revenir avant moi.

Jude avait disparu. Les deux hommes à masques fauves quittèrent le fourré et s'élancèrent vers le chêne. Ils remuèrent les outils, visitèrent chaque repli de l'écorce et ne trouvèrent rien.

Ces deux hommes étaient des *Loups*.

Ils s'approchèrent de la touffe d'ajoncs.

— Maître, dirent-ils en soulevant leurs bonnets ? qu'avez-vous vu!

Pelo Rouan haussa les épaules.

— C'est grand dommage que vous n'habitiez point la bonne ville de Vitré, dit-il. Vous êtes curieux comme des vieilles femmes, et vous feriez d'excellents bourgeois. J'ai vu un rustre déterrer deux douzaines d'écus de six livres qu'il avait enfouies en ce lieu.

Les deux Loups se regardèrent.

— Cela fait plus de deux cents piécettes de douze sous à la fleur de lis, grommela l'un d'eux, et il y en a peut-êtres d'autres.

— Cherchez, dit Pelo Rouan avec une indifférence affectée. Moi, je vais veiller à votre place.

Les deux Loups hésitèrent un instant, mais ce ne fut pas long. Ils touchèrent de nouveau leurs bonnets et regagnèrent leurs postes.

Pelo Rouan remit son masque en peau de mouton.

— C'est bien, dit-il ; mais souvenez-vous de ceci : quand je suis là, mes yeux veillent avec les vôtres, je puis pardonner un instant de négligence. Quand je m'éloigne, la négligence devient trahison, et vous savez comment je punis les traîtres. On a vu des soldats de la maréchaussée dans la forêt, et peut-être en ce moment même des yeux ennemis interrogent les profondeurs de ce ravin. La moindre imprudence peut livrer le secret de notre retraite. Prenez garde !

Le charbonnier prononça ces mots d'une voix brève et impérieuse. Les deux Loups répondirent humblement :

— Maître, nous veillerons.

Pelo Rouan ôta les pistolets qui pendaient à sa ceinture et les cacha sous ses vêtements.

— Je vais au château, continua-t-il, afin d'apprendre ce que nous devons craindre des gens du roi. Je reviendrai cette nuit.

A ces mots, il gravit la montée d'un pas rapide et disparut derrière les arbres de la forêt.

— Le Loup Blanc et le diable, murmura l'une des sentinelles, il n'y a qu'eux deux pour courir ainsi. Guyot?

— Francin?

— J'aurais pourtant voulu voir là-bas dans le creux du chêne.

— Moi aussi, mais... Si on fouillait, il verrait. Je m'entends.

— La terre est pourtant fraîchement remuée...

— Il verrait, je te dis ! Et nous savons ses ordres.

— C'est la vérité? Quand il a parlé, ça suffit.

En conséquence de quoi, les deux Loups se résignèrent à faire bonne garde.

Jude Leker, lui, reprenait le chemin qui devait le conduire vers son capitaine. Il traversa le taillis d'un pas plus leste et le cœur plus content que la première fois. Une de ces inquiétudes était au moins calmée et il avait désormais en main de quoi racheter les riches domaines de la maison de Treml.

Quand il arriva au lieu où il avait laissé Didier, celui-ci était seul.

— Tu n'as pas perdu de temps, mon garçon, dit-il gaiement. Je ne t'attendais pas si vite.

Jude prit cela pour un reproche adressé à sa lenteur et se confondit en excuses.

— Allons ! s'écria le capitaine qui sauta en selle sans toucher l'étrier, j'aurai dormi, sans doute, et fait un beau rêve, car je veux mourir si j'étais pressé de te voir arriver. A propos, et le trésor de Treml ?

— Dieu l'a tenu en sa garde, répondit Jude.

— Tant mieux ! Au château, maintenant, à moins qu'il ne te reste quelque mystérieuse expédition à accomplir.

Il est rare qu'un Breton de la vieille roche sympathise complétement avec cette gaieté insouciante et communicative qui est le fond du caractère français. Cette recrudescence soudaine de bonne humeur mit l'honnête Jude à la gêne, d'autant plus qu'il était occupé lui-même de pensées graves.

Il suivit quelque temps en silence le jeune capitaine qui fredonnait et semblait vouloir passer en revue tous les ponts-neufs anciens et nouveaux chantés au théâtre de la foire.

Enfin Jude poussa son cheval et prit la parole.

— Monsieur, dit-il, mon devoir est lourd et mon esprit borné. Je compte sur l'aide que vous m'avez promise.

— Et tu as raison, mon garçon ; tout ce que je pourrai faire, je le ferai. Voyons, explique-moi un peu ce que tu attends de moi.

— D'abord, répondit Jude, bien que vingt ans se soient écoulés depuis que j'ai mis le pied pour la dernière fois au château de la Tremlays, il pourrait s'y trouver quelqu'un pour me reconnaître, et j'ai intérêt à me cacher. Je voudrais donc n'y point entrer avant la nuit venue.

— Soit, le temps est beau ; nous attendrons dans la forêt. Mais l'expédient me semble médiocrement ingénieux, par la raison qu'il y a résines et lampes au château de M. de Vaunoy.

— C'est vrai, murmura dolemment le pauvre Jude ; je n'avais point songé à cela.

Le capitaine reprit en souriant :

— Il y a moyen d'arranger la chose, mon garçon. Nous arriverons enveloppés dans nos manteaux de voyage, et je trouverai bien quelque prétexte pour te protéger contre les regards indiscrets. Après ?

— Après ? répéta Jude fort embarrassé ; après, je tâcherai de savoir... de manière ou d'autre... ce qu'est devenu le petit monsieur.

— C'est cela, nous tâcherons.

La nuit vint : nos deux voyageurs furent introduits au château, comme nous l'avons vu, et Simonnet, le maître du pressoir, se chargea de les annoncer aux maîtres

M. Hervé de Vaunoy et sa fille Alix étaient au salon, en compagnie de Mlle Olive de Vaunoy, sœur cadette d'Hervé, et de M. Béchameil, marquis de Nointel, intendant royal de l'impôt.

Le capitaine était attendu depuis quelques jours déjà, bien qu'on ignorât le nom du nouveau titulaire. Dès que maître Simonnet eut prononcé le mot *capitaine*, tous ces personnages se levèrent et dardèrent leurs regards vers la porte avec une curiosité plus ou moins prononcée.

Le capitaine entra, suivi de Jude qui se tint aux environs du seuil, le nez dans le manteau. Didier s'avança le feutre sous le bras, la mine haute, et se portant comme il convenait à un homme rompu aux belles façons de la cour.

Son aspect parut étonner grandement tout le monde, ce qu'il dut déchiffrer en caractères lisibles, quoique différents, sur les quatre physionomies présentes.

Mlle Olive se pinça les lèvres en jouant vigoureusement de l'éventail.

Alix pâlit et s'appuya au bras de son fauteuil.

M. de Vaunoy laissa percer un tic nerveux sous son patelin sourire.

Enfin M. Béchameil, marquis de Nointel, exécuta la plus piteuse grimace qui se puisse voir sur visage de financier désagréablement surpris.

XV

PORTRAITS

Didier s'inclina profondément devant les dames, salua un peu moins bas Hervé de Vaunoy, et presque point M. l'intendant royal.

Vaunoy renforça aussitôt son benin sourire et fit trois pas au-devant du capitaine.

— Saint-Dieu ! mon jeune ami, s'écria-t-il du ton le plus cordial, soyez trois fois le bienvenu ? Quelque chose me disait que je vous reverrais bientôt officier du roi. Touchez là, mon capitaine ! Saint-Dieu ! touchez-là !

Didier se prêta de fort bonne grâce à cet affectueux accueil. Quand il eut baisé la main des deux dames, savoir : celle d'Alix en silence, et celle de mademoiselle Olive de Vaunoy en lui faisant quelque compliment banal, il prit place auprès du maître de la Tremlays.

— L'ordre de Sa Majesté, dit-il, me donnait à choisir entre l'hospitalité de M. le marquis de Nointel et la vôtre. J'ai pensé qu'il ne vous déplairait point de me recevoir pendant quelques jours.

— Saint-Dieu ! s'écria Vaunoy, mon jeune compagnon, ce qui m'eût déplu, c'eût été le contraire.

— Je vous rends grâce, et pour mettre à profit votre bonne volonté je vous demande la permission de faire conduire sur-le-champ mon valet à la chambre qu'on me destine.

Mlle Olive agita une sonnette d'argent placée près d'elle sur la cheminée.

— Auparavant, votre valet boira bien le coup du soir avec Alain, mon maître d'hôtel, dit Hervé de Vaunoy.

A ce nom d'Alain, Jude devint blême derrière le collet de son manteau.

— Mon valet est malade, répondit le capitaine ; ce qu'il lui faut, c'est un bon lit et le repos.

— A votre volonté, mon jeune ami.

Un domestique entra, appelé par le coup de sonnette de Mlle Olive.

— Préparez un lit à ce bon garçon, dit M. de Vaunoy, et traitez-le en tout comme le serviteur d'un homme que j'honore et que j'aime.

Didier s'inclina ; Jude, toujours enveloppé dans son manteau, sortit sur les pas du domestique qui, malgré sa bonne envie, ne put apercevoir ses traits.

Nous connaissons de longue date M. Hervé de Vaunoy, maître actuel de La Tremlays et de Boüexis-en-Forêt. Ces vingt années n'avaient point assez changé son visage dodu, rouge et souriant pour qu'il soit besoin de parfaire une nouvelle description de sa personne.

Mlle Olive de Vaunoy, sa sœur, était une longue et sèche fille, qui avait été fort laide au temps de sa jeunesse. L'âge, incapable d'embellir, efface du moins les différences excessives qui séparent la beauté de la laideur. A cinquante ans, ce qui reste d'une femme laide est bien près de ressembler à ce qui reste d'une jolie femme.

L'expression du visage peut seul rétablir des catégories.

Celui de Mlle Olive n'exprimait rien, si ce n'est une préciosité majuscule, d'obstinées prétentions à la gentillesse, et une incomparable pruderie.

Elle était vêtue d'ailleurs à la dernière mode, portant corsage long, en cœur, avec des hanches immodérément rembourrées, cheveux crépés à outrance et poudrés, éventail que nous nommerions aujourd'hui rococo, et mules de cuir mordoré à talons évidés comme l'âme d'une poulie.

La mode n'invente jamais rien. Après cent cinquante ans, ces précieux talons nous sont revenus, plus élevés, plus évidés et non moins ridicules.

La joue de Mlle Olive était tigrée de mouches de formes très variées, et un trait de vernis noir lui faisait des sourcils admirablement arqués.

Nous passons sous silence le carmin étendu en couche épaisse sur ses lèvres, le vermillon délicatement passé sur ses pommettes et l'enfantin sourire qui ajoutait, à tant de séductions diverses, un charme précisément extraordinaire.

Alix ne ressemblait point à son père, et encore moins à sa tante. Elle était grande, et néanmoins sa taille, exquise dans ses proportions, gardait une grâce pleine de noblesse. Son front large avait, sous les noirs bandeaux de ses cheveux sans poudre, une expression de fière pudeur qu'adoucissait le rayon de son grand œil bleu. Son regard était sérieux et non point triste, et de même que les pures lignes de sa bouche annonçaient une nature pensive plutôt que mélancolique.

C'était le type parfait de la femme, vigoureuse dans sa grâce, alliant la sensibilité vraie à la fermeté digne et haute, sachant souffrir, capable de dévouement jusqu'à l'héroïsme.

Hervé de Vaunoy s'était marié un an après le départ de Nicolas Treml. Sa femme était morte au bout de l'autre année. Alix était le seul fruit de cette union. Elle avait dix-huit ans.

Il nous reste à parler de M. l'intendant royal de l'impôt.

Antinoüs Béchameil, marquis de Nointel, était un fort bel homme de quarante ans et quelque chose de plus. Il avait du ventre, mais pas trop, le teint fleuri et la joue rebondie. Son menton ne dépassait pas trois étages, et chacun s'accordait à trouver son gras de jambe irréprochable.

Au moral, il prenait du tabac d'Espagne dans une boîte d'or si bien émaillée que toutes les marquises y inséraient leurs jolis doigts avec délices. Son habit de cour avait des boutons de diamant dont chacun valait vingt mille livres. Il avait des façons de secouer la dentelle de son jabot et de relever la pointe de sa rapière jusqu'à la hauteur de l'épaule qui n'appartenaient qu'à lui, et sa mémoire suffisamment cultivée, lui permettait de placer çà et là des bons mots d'occasion qui n'avaient jamais cours que depuis six semaines.

Il possédait en outre un appétit incomparable, auquel il sacrifiait un estomac à l'épreuve.

En somme, ce n'était pas un personnage beaucoup plus grotesque que la plupart des nobles financiers de son temps. Il admettait Dieu, récemment inventé par le jeune M. de Voltaire, à l'usage des manants, mais n'en voulait point pour lui-même, pensant que la nature suffit à produire les truffes, le poisson, le gibier et le champagne.

M. le marquis de Nointel avait en Bretagne de nombreuses et importantes occupations. D'abord il courtisait Mlle Alix de Vaunoy, dont il voulait faire sa femme à tout prix. M. de Vaunoy ne demandait pas mieux, mais Alix semblait être d'une opinion diamétralement opposée, et c'était pitié de voir M. Béchameil perdre ses galanteries, ses madrigaux improvisés de mémoire, et surtout les merveilles de sa cuisine dont l'excellence est historique, auprès de la fière Bretonne.

Il ne se décourageait pas cependant et redoublait chaque jour ses efforts incessamment inutiles.

M. le marquis de Nointel était, en outre, comme nous l'avons pu dire déjà, intendant royal de l'impôt. Cette charge, qu'il ne faudrait en aucune façon comparer à la banque gouvernementale de nos receveurs généraux, nécessitait, en Bretagne surtout, une terrible dépense d'activité. La province, en effet, manquait à la fois d'argent et de bonne volonté pour acquitter les lourdes tailles qui pesaient depuis peu sur elle.

En troisième lieu, — et c'était, à coup sûr, l'emploi auquel il tenait le plus, — Béchameil avait la haute main sur toutes preuves nobles dans l'étendue de la province. Ce droit d'investigations était pour ainsi dire inhérent à la charge d'intendant, puisque les gentilshommes n'étaient pas sujets à l'impôt, et qu'ainsi, sous fausse couleur de noblesse, nombre de roturiers auraient pu se soustraire aux tailles.

M. Béchameil tenait ce droit à titre plus explicite encore. Il avait affermé en effet, moyennant une somme considérable payée annnuellement à la couronne, la vérification des titres, actes et diplômes, et en vertu de ce contrat, il profitait seul des amendes prononcées sur son instance par le parlement breton contre tout vilain qui prenait état de gentilhomme.

En conséquence, il avait intérêt à trouver des usurpateurs en quantité. Aussi ne se faisait-il point faute de bouleverser les chartriers des familles et se montrait-il si âpre à la curée que les seigneurs ralliés au roi eux-mêmes avaient sa personne en fort mauvaise odeur. Mais on le craignait plus encore qu'on ne le détestait.

Par le fait, en une province comme la Bretagne, pays de bonne foi et d'usage, où beaucoup de gentilshommes, forts de leur possession d'état immémoriale, n'avaient ni titres ni parchemins, le pouvoir de M. Béchameil avait une portée terrible. Pauvre d'esprit, avide et étroit de cœur, rompu aux façons mondaines, n'ayant d'autre bienveillance que cette courtoisie tout extérieure qui vaut à ses adeptes le nom sans signification d'excellent homme, l'intendant de l'impôt était juste assez sot pour faire un impitoyable tyran.

Une seule chose pouvait le fléchir : l'argent.

Quiconque lui donnait de la main à la main le montant de l'amende et quelques milliers de livres en sus par forme d'épingles était sûr de n'être point inquiété, quelle que fût d'ailleurs la témérité de ses prétentions : pour dix mille écus, il eût laissé le titre de duc au rejeton d'un laquais.

Mais quand on n'avait point d'argent, par contre, il fallait, pour sortir de ses griffes, un droit bien irrécusable, et les Mémoires du temps ont relaté plusieurs exemples de gens de qualité réduits par lui à l'état de roture [1].

On doit penser que M. de Vaunoy, lequel n'avait point par devers lui des papiers de famille fort en règle, avait tremblé d'abord devant un pareil homme.

Les méchantes langues prétendaient qu'il avait commencé par financer de bonne grâce, ce qui était toujours un excellent moyen. Mais, dans la position de Vaunoy, cela ne suffisait pas. Substitué par une vente aux droits des Treml, dont il portait le nom et dont il avait pris jusqu'aux armes pour en écarteler son douteux écusson, il avait trop à craindre pour ne pas chercher tous les moyens de se concilier son juge.

Un retrait de noblesse lui eût fait perdre à la fois ses titres, auxquels il tenait beaucoup, et ses biens auxquels

---

[1] Nous citerons seulement un cadet de l'illustre et héroïque maison de Coëtlogon, qui fut injustement débouté sur l'instance de Béchameil.

il tenait davantage, car c'était son état de gentilhomme et sa parenté qui lui avaient donné qualité pour acheter le domaine de Treml.

Heureusement pour lui, Béchameil fit les trois quarts du chemin. Ce gros homme se jeta pour ainsi dire dans ses bras, en ne faisant point mystère du grand désir qu'il avait d'obtenir la main d'Alix. .

C'était un coup de fortune, et Vaunoy en sut profiter. Béchameil et lui se lièrent, et, bien que l'intendant royal fût de fait le plus fort, il se laissa vite dominer par l'adresse supérieure de son nouvel ami.

Il va sans dire que Béchameil reçut promesse formelle d'être l'époux d'Alix, ce qui n'empêcha point Vaunoy de favoriser sous main la très-innocente intimité qui s'était établie à Rennes entre la jeune fille et Didier. Vaunoy avait sans doute ses raisons pour cela.

Pendant le séjour de Didier à Rennes, Béchameil n'avait point été sans s'apercevoir des soins que le jeune protégé du comte de Toulouse rendait à Alix. Ceci nous explique la grimace du gros et galant financier à la vue de son jeune rival. Quant à Mlle Olive, si elle avait agité son éventail, c'est qu'il avait coûté cher et qu'elle en voulait montrer les peintures.

Le repas est toujours l'acte le plus important de l'hospitalité bretonne. Au bout de quelques instants, maître Alain, le majordome, décoré de sa chaîne d'argent officielle et les yeux rouges encore de son somme bachique, ouvrit les deux battants de la porte pour annoncer le souper.

— Demain nous parlerons d'affaires, dit gaiement M. de Vaunoy. Maintenant, à table!

— A table ! répéta Béchameil à qui ce mot rendit une partie de sa sérénité.

Alix se leva, et, d'instinct, offrit sa main à Didier. Ce fut M. Béchameil qui la prit. Le capitaine à dessein ou faute de mieux, se contenta des doigts osseux de Mlle Olive.

Nous ne raconterons point le souper, pressé que nous sommes d'arriver à des événements de plus haut intérêt. Nous dirons seulement que M. de Vaunoy, tout en portant à diverses reprises la santé de son jeune ami, le capitaine Didier, échangea plus d'un regard équivoque avec maître Alain, auquel même, vers la fin du repas, il donna un ordre à voix basse.

Maître Alain transmit cet ordre à un valet de mine peu avenante que Vaunoy avait débauché l'année précédente à Mgr le gouverneur de la province, et qui avait nom Lapierre. Nous avons déjà fait mention de lui.

Pendant cela, Béchameil faisait sa cour accoutumée. Alix ne l'écoutait point et tournait de temps en temps son regard triste et surpris vers le capitaine qui causait fort assidûment avec Mlle Olive. Celle-ci le trouvait fort bien élevé. Elle avait la même opinion de tous ceux qui voulaient bien l'écouter ou faire semblant.

Après le repas, Hervé de Vaunoy conduisit lui-même le capitaine jusqu'à la porte de sa chambre à coucher et lui souhaita la bonne nuit. Jude était debout encore. Il arpentait la chambre à pas lents, plongé dans de profondes méditations.

— Eh bien ! lui dit son maître, es-tu content de moi ? T'ai-je épargné les regards indiscrets ?

— Monsieur, je vous remercie, répondit Jude.

— As-tu appris quelque chose ?

— Rien sur l'enfant, et c'est d'un triste augure ! Mais je sais que dame Goton Rehou, qui fût la nourrice du petit monsieur, est maintenant femme de charge au château.

— Elle te donnera des nouvelles.

— Je sais aussi que j'aurai de la peine à me cacher longtemps, car j'ai vu la figure d'un ennemi : Alain l'ancien maître d'hôtel de Treml.

— Je t'en offre autant, mon garçon ; j'ai aperçu le visage d'un drôle qui fut le valet de M. de Toulouse, gouverneur de Bretagne, mon noble protecteur, et que je soupçonne fort de n'avoir point été étranger à certaine alerte nocturne qui me valut l'an dernier un coup d'épée. Mais nous débrouillerons tout cela. En attendant, dormons !

— Dormez, répondit Jude.

Le capitaine se jeta sur son lit. Jude continua de veiller.

XVI

LE CONSEIL PRIVÉ DE M. DE VAUNOY

Tout reposait au château, ou du moins c'était l'heure propice.

Le capitaine Didier dormait, rêvant peut-être de l'humble fille de la forêt qui avait ranimé en lui les souvenirs de l'adolescence, le premier, le plus pur battement de son cœur. Nous ne saurions dire pourtant qu'il eût revu sans émotion aucune cette belle Alix de Vaunoy qui avait autrefois accepté sa recherche, mais notre Didier était un loyal enfant et il n'avait qu'une foi.

Béchameil dégustait en songe un blanc-manger. Mademoiselle Olive bâtissait un superbe château en Espagne où elle se voyait la dame d'un gentil officier de Sa Majesté le roi Louis XV, à qui la fée protectrice des vieilles demoiselles l'avait unie en légitime mariage.

Parmi ceux qui veillaient, nous citerons Jude d'abord ;

le bon écuyer arpentait sa chambre et demandait à son honnête cervelle un moyen de retrouver le fils de Treml.

Alix, de son côté, cherchait en vain le sommeil et combattait la fièvre, car elle avait souffert ce soir. Elle ne voulait point interroger son cœur et son cœur parlait en dépit d'elle : elle se souvenait. Elle avait cru autrefois qu'on la payait de retour. Jusqu'alors elle n'avait vu d'autre obstacle entre elle et le bonheur que son devoir ou la volonté de son père. Maintenant, c'était un abîme qui s'ouvrait devant elle : Didier l'avait oubliée.

Enfin, dans l'appartement privé de M. de Vaunoy, dont la double porte était fermée avec soin, trois hommes étaient réunis et tenaient conseil. C'étaient M. de Vaunoy lui-même, Alain, son maître d'hôtel, et le valet Lapierre.

Alain était maintenant un vieillard. Sa rude physionomie, sur laquelle l'ivresse de chaque jour avait laissé d'ignobles traces, n'avait d'autre expression qu'une dureté stupide et impitoyable.

Lapierre pouvait avoir de quarante-cinq à cinquante ans. Son visage ne portait point le caractère breton. Il était en effet originaire de la partie méridionale de l'Anjou. Jusqu'à l'âge de vingt-cinq ans, il avait exercé çà et là la respectable et triple profession de marchand de vulnéraire, avaleur de sabres et sauteur de corde.

A cette époque, il parvint à entrer comme valet de pied dans la maison de Mgr de Toulouse, qui n'était point encore gouverneur de Bretagne.

Lapierre avait alors avec lui un jeune enfant qui n'était point son fils et dont il se servait pour attirer le public à ses parades. L'enfant était beau ; le comte de Toulouse le prit en affection et en fit son page ; puis, au bout de quelques années, le mit au nombre des gentilshommes de sa maison.

Lapierre, resté valet, conçut une véritable rancune contre l'enfant autrefois son esclave et maintenant son supérieur. Lors du séjour à Rennes du prince gouverneur de Bretagne, il se présenta chez Vaunoy et lui demanda un entretien particulier. Cette conférence fut longue et Vaunoy changea plus d'une fois de couleur aux paroles de l'ancien saltimbanque.

Lapierre, avant de sortir, reçut une bourse bien garnie, et, peu de jours après, Vaunoy le prit à son service.

A dater de ce moment, le nouveau maître de la Tremlays commença à faire un grand accueil au jeune page Didier, ce qui donna de furieux accès de jalousie à Antinoüs Béchameil, marquis de Nointel.

Ce fut peu de semaines après que Didier fut traîtreusement attaqué de nuit dans les rues de Rennes.

Il était plus de minuit. Hervé de Vaunoy allait et venait avec agitation, tandis que ses deux serviteurs se tenaient commodément assis auprès du foyer. Lapierre se balançait, en équilibre sur l'un des pieds de sa chaise, avec une adresse qui se ressentait de son métier ; maître Alain caressait sous sa jaquette le ventre aimé de certaine bouteille de fer-blanc, large, carrée, toujours pleine d'eau-de-vie, à laquelle il guettait l'occasion de dire deux mots, et semblait combattre le sommeil.

— Saint-Dieu ! Saint-Dieu ! Saint-Dieu ! s'écria par

trois fois M. de Vaunoy qui frappa violemment du pied et s'arrêta juste en face de ses acolytes.

Maître Alain sauta comme on fait quand on s'éveille en sursaut. Lapierre ne perdit pas l'équilibre.

— Vous étiez trois contre un ! reprit Vaunoy dont la colère allait croissant ; c'était la nuit : trois bonnes rapières, la nuit, contre une épée de bal ! et vous l'avez manqué !

— J'aurais voulu vous y voir ! murmura pesamment Alain ; le jeune drôle se débattait comme un diable. Je veux mourir si je ne sentis pas dix fois le vent de son arme sous ma moustache. D'ailleurs c'est une vieille histoire !

— Moi, je sentis son arme de plus près, dit Lapierre qui écarta le col de sa chemise pour montrer une cicatrice triangulaire ; et Joachin, notre pauvre compagnon, la sentit mieux encore que moi, car il resta sur la place. Je prie Dieu qu'il ait son âme.

— Ainsi soit-il ! grommela maître Alain.

— Je prie le diable qu'il prenne la vôtre ! s'écria Vaunoy. Tu as eu peur, maître Alain et toi, Lapierre, méchant bateleur, tu t'es enfui avec ton égratignure !

— Il aurait fallu faire comme Joachin, n'est-ce pas ? demanda le maître d'hôtel avec un commencement d'aigreur ; oui, je sais bien que vous nous aimeriez mieux morts que vivants, notre monsieur...

— Tais-toi ! interrompit Hervé qui haussa les épaules.

Alain obéit de mauvaise grâce, et M. de Vaunoy reprit sa promenade enragée, frappant du pied, serrant les poings et murmurant, sur tous les tons son juron favori.

Les deux valets échangèrent un regard.

— Ça va lui coûter deux louis d'or, dit tout bas Lapierre.

Maître Alain saisit ce moment pour avaler une rasade, en faisant un signe de tête affirmatif, et tous deux se prirent à sourire sournoisement comme des gens sûrs de leur fait.

Au bout de quelques minutes, Vaunoy s'arrêta en effet subitement et mit la main à sa poche.

— Saint-Dieu ! dit-il en reprenant son patelin sourire, je crois que je me suis fâché, mes dignes amis. La colère est un péché ; j'en veux faire pénitence, et voici pour boire à ma santé, mes enfants.

Il tira deux louis de sa bourse. Les deux valets prirent et la paix fut faite.

— Raisonnons maintenant, poursuivit Vaunoy. Comment sortir d'embarras ?

— Quand j'étais médecin ambulant, répondit Lapierre, et qu'une dose de mon élixir ne suffisait pas, j'en donnais une seconde.

— C'est cela ! s'écria le majordome à qui la bouteille carrée donnait de l'éloquence : il faut doubler la dose : nous étions trois : nous nous mettrons six.

— Et cette fois je réponds de la cure, ajouta l'ex-bateleur.

Vaunoy secoua la tête.

— Impossible, dit-il.

— Pourquoi cela ?

— Parce qu'il se méfie. D'ailleurs les temps sont changés. Autrefois, c'était un jeune fou, courant les aventures, et sa mort n'eût point excité de soupçon. Je n'étais pas chargé de la police des rues de Rennes. Maintenant, c'est un officier du roi ; il est mon hôte pour le bien de l'État. Son séjour à la Tremlays a quelque chose d'officiel : la sainte hospitalité, mes enfants, défend formellement de tuer un hôte... à moins qu'on ne le puisse faire en toute sécurité.

Alain et Lapierre firent à cette bonne plaisanterie un accueil très-flatteur.

— Il faut trouver autre chose, continua M. de Vaunoy.

Maître Alain se creusa la cervelle ; Lapierre fit semblant de chercher.

— Eh bien ? demanda Hervé au bout de quelques minutes.

— Je ne trouve rien, dit le majordome.

— Rien, répéta Lapierre ; si ce n'est peut-être... mais le poison ne vous sourit pas plus que le poignard, sans doute ?

— Encore moins, mon enfant, Saint-Dieu ! c'est une malheureuse affaire. D'un jour à l'autre, le hasard peut lui révéler ce qu'il ne faut point qu'il sache. Et qui me dit d'ailleurs qu'il ne sait rien ? Quelle chambre lui a-t-on donnée ?

— La chambre de la nourrice, répondit Alain. Vous l'avez conduit jusqu'à la porte.

Vaunoy devint pâle.

— La chambre de la nourrice, répéta-t-il en frémissant ; la chambre où était autrefois le berceau ! et je n'ai pas pris garde !

— Bah ! fit Lapierre, une chambre ressemble à une autre chambre... Après si longtemps !

8

— C'est évident, appuya le majordome qui dormait aux trois quarts.

Ceci ne parut point rassurer M. de Vaunoy qui reprit avec inquiétude :

— Et ce valet malade ? Il semblait avoir intérêt à se cacher. Quel homme est-ce !

— Quant à cela, repartit Lapierre, c'est plus que je ne saurais dire. Il tenait son manteau sur ses yeux, et je n'ai pas même pu voir le bout de son nez.

— C'est étrange ! murmura Vaunoy porté comme toutes les âmes bourrelées à voir l'événement le plus ordinaire sous un menaçant aspect ; je n'aime pas cette affectation de mystère. Je voudrais savoir quel est cet homme ; je voudrais...

— Demain il fera jour, interrompit philosophiquement l'ancien saltimbanque.

— Cette nuit ! tout de suite ! s'écria Vaunoy d'une voix brève et comme égarée. Quelque chose me dit que la présence de cet homme est un danger ou un malheur ! Suivez-moi !

Lapierre fut tenté de répondre que, selon toute apparence, le capitaine et son valet dormaient tous deux à cette heure avancée de la nuit ; mais Vaunoy avait parlé d'un ton qui n'admettait point de réplique.

Les deux serviteurs se levèrent. Vaunoy ouvrit sans bruit la porte de son appartement, et tous trois s'engagèrent dans le corridor qui régnait d'une aile à l'autre.

Après avoir fait quelques pas, Hervé s'arrêta et pressa fortement le bras de son majordome.

— Ils ne dorment pas ; dit-il à voix basse en montrant

un petit point lumineux qui brillait dans l'ombre à l'autre bout du corridor.

C'était en effet de la chambre occupée par le capitaine que partait cette lueur.

— Que peuvent-ils faire à cette heure ? reprit Vaunoy ; s'ils s'entretiennent, nous écouterons. Quelque mot viendra bien éteindre où légitimer ma frayeur. Et si j'ai raison de craindre, s'il sait tout ou seulement s'il soupçonne, Saint-Dieu ! sa mission ne le sauvera pas !

Ils continuèrent de se glisser le long des murailles. Le majordome, qui s'était complétement éveillé, marchait le premier.

En arrivant auprès de la porte du capitaine, il colla son œil à la serrure.

Jude était agenouillé au chevet de son lit et priait, la tête entre ses deux mains. Maître Alain ne pouvait voir son visage.

Au bout de quelques secondes, le vieil écuyer termina sa prière et se redressa. La lumière tomba d'aplomb sur son visage.

Maître Alain se rejeta violemment en arrière.

— Je connais cet homme, dit-il.

Vaunoy le repoussa et mit à son tour son œil à la serrure ; mais il ne vit plus que la mèche rouge et fumeuse de la résine que Jude avait éteinte avant de se jeter sur son lit.

— Saint-Dieu ! gronda-t-il en se relevant. Tu le connais, dis-tu ? qui est-ce ?

Maître Alain se pressait le front, cherchant à rappeler ses souvenirs.

— Je le connais, je l'ai vu ; dit-il enfin, mais où ? Je ne sais. Mais quand? Il doit y avoir bien longtemps.

Vaunoy dévora un blasphème, et le philosophique Lapierre répéta :

— Demain il fera jour !

XVII

VISITE MATINALE

Bien avant le jour, Jude Leker était sur pied. Il se leva sans bruit afin de ne point éveiller son maître qui dormait comme on dort à vingt cinq ans après un long et fatigant voyage.

Quoique le crépuscule n'éclairât point encore la nuit des interminables corridors, Jude y trouva son chemin sans tâtonner. Il était né au château et l'avait habité durant quarante années.

Laissant le grand escalier dont la double rampe desservait le premier étage, il gagna l'office et prit un couloir étroit qui conduisait aux communs.

Beaucoup de choses avaient changé dans les coutumes de la Tremlays, mais les logements des serviteurs avaient gardé leur disposition primitive. Sans cette circonstance, l'excellente mémoire de Jude ne lui eût point été d'un grand secours. Il compta trois portes dans la galerie intérieure des communs et frappa à la quatrième.

Il est à croire que dame Goton Rehou, femme de charge du château ne recevait point d'ordinaire ses visites à heure si indue. La bonne dame avait soixante ans, et, à cet âge, les femmes de charge ne craignent que les voleurs.

Elle dormait ou faisait la sourde oreille : Jude ne reçut point la réponse.

Il frappa de nouveau et plus fort.

— Béni Jésus ! dit la voix enrouée de la vieille dame, le feu est-il au château ?

— C'est moi, c'est Jude, murmura celui-ci en frappant toujours, Jude Leker !

Goton n'était point une femmelette. Elle prit un gourdin et s'en vint ouvrir, bien que son oreille, rendue paresseuse par l'âge, n'eût pas saisi une syllabe des paroles de Jude.

— On y va ! grommelait-elle ; si ce sont les Loups, eh bien ! je leur parlerai du vieux Treml, et ils ne toucheront pas un fétu dans la maison qui fut la sienne ; si ce sont des esprits...

Elle fit un signe de croix et s'arrêta.

— Ouvrez donc ! dit Jude.

— Si ce sont des esprits, continua la vieille, eh bien ! Bah ! ils auraient aussi bien passé par le trou de la serrure !

Elle ouvrit et mit son gourdin en travers.

— Qui vive ? dit-elle.

— Chut ! dame ; silence au nom de Dieu !

— Qui vive ? répéta l'intrépide vieille en levant son bâton.

Jude le saisit, entra, ferma la porte et répondit :

— Un homme dont il ne faut point répéter le nom sans nécessité dans la demeure de Treml.

— La demeure de Treml ! répéta Goton qui sentit tressauter son cœur à ce nom ; merci, qui que vous soyez. Il y a vingt ans que je n'avais entendu donner son véritable nom à la maison qu'habite Hervé de Vaunoy.

Jude tendit sa main dans l'ombre ; celle de Goton fit la moitié du chemin. Elle n'avait pas besoin de voir. Ce fut comme un salut mystérieux entre ces deux fidèles serviteurs.

— Mais qui donc es-tu, brave cœur, demanda enfin la vieille femme, toi qui te souviens de Treml ?

Jude prononça son nom.

— Jude ! s'écria Goton oubliant toute prudence ; Jude Leker, l'écuyer de notre monsieur ! Oh ! que je te voie, mon homme, que je te voie !

Tremblante et empressée, elle courut à tâtons, cherchant son briquet et ne le trouvant point ; elle remua les cendres de son réchaud. Enfin sa résine s'alluma. Elle regarda Jude longtemps et comme en extase.

— Et lui, dit-elle, M. Nicolas, le reverrons-nous ?

— Mort, répondit Jude.

Goton se mit à genoux, joignit ses mains et récita un *De profundis*. De grosses larmes coulaient lentement le long de sa joue ridée. Quiconque l'aurait vue en ce moment se serait senti puissamment attendri, car rien n'émeut comme les larmes qui roulent sur un rude visage, et tel qui passe en souriant devant deux beaux yeux en pleurs pâlit et souffre quand il voit s'humecter la paupière d'un soldat.

Jude se tut tant que Goton pria. Il semblait qu'il voulût maintenant prolonger son incertitude et qu'il reculât, effrayé devant la révélation qu'il était venu chercher.

Lorsqu'il prit la parole, ce fut d'une voix altérée.

— Et le petit monsieur ? dit-il enfin avec effort.

— Georges Treml ? Vingt ans se sont écoulés depuis que je l'ai vu pour la dernière fois, le cher et noble enfant, sourire et me tendre ses petits bras dans son berceau.

— Mort, mort aussi ! prononça Jude dont le robuste corps s'affaissa.

Il mit ses deux mains sur son visage ; sa poitrine se souleva en un sanglot.

— Je n'ai pas dit cela ! s'écria Goton ; non, je ne l'ai pas dit. Et Dieu me préserve de le croire ! Pourtant... Hélas ! Jude, mon ami, depuis vingt ans j'espère, et chaque année use mon espoir.

Jude attacha sur elle ses yeux fixes. Il ne comprenait point.

— Oui, reprit-elle, je voudrais espérer. Je me dis : Quelque jour je verrai revenir notre petit monsieur, grand et fort, la tête haute, la mine fière, l'épée au flanc. Hélas ! hélas ! il y a si longtemps que je me dis cela !

— Mais enfin, dame, que savez-vous sur le sort de Georges Treml ?

— Je sais... je ne sais rien, mon homme. Un soir, — approche ici, car il ne faut point dire cela tout haut, — un soir, il y a dix-neuf ans et cinq mois... ah ! j'ai compté, Hervé de Vaunoy revint tout pâle et l'œil hagard. Il nous dit que l'enfant s'était noyé dans l'étang de la Tremlays. On courut, on sonda le fond de l'eau, mais on ne trouva point le corps de Georges.

Jude écoutait, la poitrine haletante, l'œil grand ouvert.

— Et c'est sur cela, interrompit-il, que se fonde votre espoir ?

— Non. Te souvient-il d'un pauvre innocent de la forêt que l'on nommait le Mouton blanc ?

— Je me souviens de Jean Blanc, dame.

— Pauvre créature ! Il aimait Treml presque autant que nous l'aimons...

— Mais Georges, Georges ! interrompit encore Jude.

— Eh bien ! mon homme, Jean Blanc racontait d'étranges choses dans la forêt. Il disait qu'Hervé de Vaunoy avait jeté à l'eau le petit monsieur de ses propres mains.

— Il disait cela ! s'écria Jude dont l'œil étincela.

— Il disait cela, oui. Et, quoiqu'il passât pour un pauvre fou, je crois qu'il disait vrai toutes les fois qu'il parlait de Treml. Mais ce n'est pas tout ; Jean Blanc ajoutait qu'il avait plongé au fond de l'étang et ramené M. Georges évanoui...

— Ah ! fit le bon écuyer avec un long soupir de bien-être.

— Puis, poursuivit Goton, il fut pris d'un de ses accès, et le pauvre enfant resta tout seul sur l'herbe. Et quand le Mouton blanc revint il n'y avait plus d'enfant.

— Ah ! fit encore Jude.

— Et il y a vingt ans de cela, mon homme !

Jude demeura un instant comme atterré.

— Où est Jean Blanc ? dit-il ensuite ; je veux le voir.

Goton secoua lentement sa tête grise.

— Pauvre créature ! dit-elle encore ; il ne fait pas bon, pour un pauvre homme, affronter la colère d'un homme puissant. Hervé de Vaunoy apprit les bruits qui couraient dans la forêt. On tourmenta Mathieu Blanc et son fils par rapport à l'impôt. Le vieillard mourut ; le fils disparut. Quelques-uns disent qu'il s'est fait Loup.

— J'ai déjà entendu prononcer ce mot. Quels sont ces gens, dame ?

— Ce sont des Bretons, mon homme, qui se défendent et qui se vengent. On leur a donné ce nom, parce que leur retraite avoisine la Fosse-aux-Loups. Chacun sait cela ; mais nul ne pourrait trouver l'issue par où l'on pénètre dans cette retraite. Eux-mêmes semblent prendre à tâche d'accréditer ce sobriquet qui fait peur aux poltrons. Leurs masques sont en peau de loup ; il n'y a que leur chef qui porte un masque blanc.

— J'irai trouver les Loups, dit Jude.

La vieille dame réfléchit un instant.

— Ecoute, reprit-elle ensuite. Il est un homme dans la forêt qui pourrait te dire peut-être si Jean Blanc existe encore. Cet homme est un Breton, quoiqu'il feigne souvent de parler comme s'il avait le cœur d'un Français. Il me souvient qu'au temps où il vint s'établir de ce côté de la forêt, les sabotiers disaient que sa fille, qui était alors un enfant, avait tous les traits de la fille de Jean Blanc, le pauvre fou. Certains même affirmaient la reconnaître.

— Où trouver cet homme ?

— Sa loge est à cent pas de Notre-Dame-de-Mi-Forêt.

— Il se nomme ?

— Pelo Rouan, le charbonnier.

Le jour commençait à poindre. La résine pâlissait aux premiers rayons du crépuscule.

— Au revoir et merci, dame, dit Jude. Je verrai Pelo Rouan avant qu'il soit une heure.

Il serra la main de Goton et sortit.

— Que Dieu soit avec toi, mon homme ! murmura la vieille femme de charge en le suivant du regard pendant qu'il traversait les corridors ; il y avait longtemps que mon pauvre cœur n'avait ressenti pareille joie. Que Dieu soit avec toi, et puisses-tu ramener en ses domaines l'héritier de Treml !

Goton avait plus de désir que d'espérance, car elle secoua tristement la tête en prononçant ces dernières paroles.

XVIII

RÊVES

Lorsque Jude, après avoir traversé les longs corridors, revint à la chambre où il avait passé la nuit, le capitaine dormait encore. Son visage était calme et souriant. Jude le contempla un instant.

— C'est un loyal jeune homme, pensa-t-il ; ses traits hardis me rappellent le vieux Treml au temps où sa moustache était noire. Il est heureux, lui! Oh! que je donnerais de bon cœur tout mon sang pour voir M. Georges à sa place!

Jude reprit son grand manteau de voyage, pour cacher ses traits en cas de rencontre suspecte. Le jour était venu. Les premiers rayons du soleil levant se jouaient dans la soie des rideaux. Au moment où Jude ceignait son épée pour partir, Didier s'agita sur sa couche.

— Alix, murmura-t-il, ma sœur!...

— Voici dans la cour tous les serviteurs du château, se dit Jude ; j'aurai de la peine à passer inaperçu.

— Marie ! murmura encore Didier.

Jude le regarda en souriant.

— Bravo ! mon jeune maître, pensa-t-il ; ne rêverez-vous point à quelque autre, maintenant ?

— Fleur-des-Genêts ! cria le capitaine, comme s'il eût voulu relever le défi.

En même temps il se dressa, éveillé, sur son séant.

— C'est toi, ami Jude ? reprit-il après avoir jeté ses regards tout autour de la chambre, comme s'il se fût attendu à voir un autre visage ; je crois que je rêvais.

— Vous pouvez l'affirmer, monsieur, et joyeusement, répondit Jude.

L'œil de Didier s'arrêta par hasard sur les antiques rideaux que perçaient les rayons obliques du soleil. Son sourire, qui ne l'avait point abandonné, s'épanouit davantage.

— Les poètes ont bien raison, dit-il comme s'il se fût parlé à lui-même, de vanter les joies du retour au toit paternel. Moi qui n'ai point de famille, je ressens ici comme un avant-goût de ce bonheur... Et tiens, Jude, mon garçon, l'illusion s'accroît : il me semble qu'enfant j'ai vu jouer le soleil d'automne dans des rideaux de soie comme ceux-ci. Sentiment étrange, Jude ! enfant sans père, j'éprouve ici comme un ressouvenir lointain de baisers, de caresses et de douces paroles...

— Monsieur, interrompit le vieil écuyer, je vais prendre congé de vous, pour commencer ma tâche.

— Reste, Jude, quelques minutes, un instant, je t'en prie ! Mon cœur s'amollit au contact de pensées nouvelles. Je ne sais, Jude, mes yeux ont besoin de pleurer !

— Souffrez-vous donc ? dit celui-ci en s'approchant aussitôt.

Didier laissa tomber sa main dans celle du vieillard et renversa sa tête sur l'oreiller.

— Non, répondit-il, je ne souffre pas. Au contraire. Je ne voudrais point ne pas éprouver ce que j'éprouve : car cette angoisse inconnue est pleine de douceur. Qu'ils sont heureux, Jude, ceux qui ont de vrais souvenirs !

— Ceux-là, répliqua l'écuyer avec tristesse, ne revoient parfois jamais la maison des ancêtres. Ce doit être une amère douleur, n'est-ce pas, que celle de l'enfant qui se souvient à demi et qui meurt avant d'avoir retrouvé la demeure de son père.

— Tu penses à Georges Treml, mon pauvre Jude.

— Je pense à Georges Treml, monsieur.

— Toujours ! Dieu t'aidera, mon garçon, car ton dévouement est œuvre chrétienne... Allons ! voici un nuage qui couvre le soleil. Le charme s'évanouit. Je redeviens le capitaine Didier et je suis prêt à jurer maintenant que j'ai vu, enfant, plus de rideaux de bure que de tentures de soie. Va, mon garçon, je ne te retiens plus.

Didier, secouant un reste de langueur rêveuse, avait sauté hors de son lit. Jude, avant de partir, jeta un regard dans la cour et reconnut maître Alain qui s'entretenait avec Lapierre.

— Il est bien tard, maintenant, dit-il, pour m'esquiver.

Je vois là-bas un homme dont j'aurai de la peine à éviter les regards.

— Lequel? demanda Didier en s'approchant de la fenêtre : Lapierre?

— Je ne sais s'il a changé de nom, mais on l'appelait de mon temps maître Alain. C'est le plus vieux des deux.

— A la bonne heure ! Et c'est celui-là que tu nommais hier ton ennemi?

— Celui-là même.

— Eh bien! mon garçon, l'autre est le mien.

— Un valet, votre ennemi?

— Cela t'étonne ? Faut il donc te répéter que je ne suis point gentilhomme? Ce valet est le seul être au monde qui sache le secret de ma naissance. Il ne veut pas le dire et c'est son droit. Il prétend m'avoir autrefois servi de père... Tu vois bien ceci?

Didier, qui n'était pas encore vêtu, écarta sa chemise et montra par derrière, à la naissance de l'épaule, une cicatrice encore récente.

— C'est une blessure faite traîtreusement et par la main d'un misérable, dit Jude en fronçant le sourcil.

— Tu t'y connais, mon garçon. J'ai tout lieu de croire que le misérable est cet homme : mais si je ne suis pas noble, je suis soldat, et ma main ne s'abaissera point volontiers jusqu'à lui.

— Moi je suis un valet, dit Jude avec froideur ; prononcez un mot et je le châtie.

— Voilà que tu oublies Georges Treml ! s'écria Didier en souriant. Sur mon honneur ! il y a de la fine fleur de chevalerie dans ces vieux cœurs bretons. Pensons à ton jeune monsieur, mon brave ami. Je ne sais pas ce que tu peux tenter pour son service, c'est ton secret, mais j'ai promis de t'aider et je t'aiderai. Descendons ensemble : M. de Vaunoy est un trop soumis et dévoué sujet de Sa Majesté pour que sa livrée ose regarder de plus près qu'il ne convient le serviteur d'un capitaine de la maréchaussée.

Jude mit son manteau sur sa figure et descendit avec le capitaine.

Alain et Lapierre étaient toujours dans la cour ; ils s'inclinèrent avec respect devant Didier, qui toucha négligemment son feutre.

— Qu'on selle le cheval de mon serviteur, dit-il.

Lapierre se hâta d'obéir. Le majordome resta.

— Mon camarade, dit-il à Jude, votre maladie exige-t-elle donc que vous ayez toujours le nez dans le manteau ? Les gens de la Tremlays n'ont point pu encore vous souhaiter la bienvenue.

— Que dit-on des Loups dans le pays, maître, demanda Didier pour éviter à Jude l'embarras de répondre.

— On dit que ce sont des méchantes bêtes, monsieur le capitaine... N'accepterez-vous pas un verre de cidre, mon camarade ?

— Que font les gens de la forêt ? demanda encore Didier.

— Monsieur le capitaine, répondit Alain de mauvaise grâce, ils font le cercle, du charbon et des sabots... Eh bien ? mon camarade, ajouta-t-il en exhibant son *vade-*

mecum, c'est-à-dire sa bouteille de fer-blanc, aimez-vous mieux une goutte d'eau-de-vie.

Maître Alain fut interrompu par Lapierre, qui amenait le cheval de Jude. Celui-ci se mit aussitôt en selle. Dans le mouvement qu'il fit pour cela, son manteau s'écarta quelque peu. Le majordome put voir une partie de son visage.

— Du diable si je connais autre chose que cette figure-là ! grommela-t-il ; où donc l'ai-je vue ? Je me fais vieux !

— Tu me rejoindras ce soir à Rennes, mon garçon, s'écria Didier. En route maintenant et bonne chance !

Jude ne se fit point répéter cet ordre ; il piqua des deux et partit au galop.

— Quand il eut franchi la porte de la cour, le capitaine se retourna vers les deux valets de Vaunoy.

— Vous êtes curieux, maître, dit-il à Alain ; c'est un fâcheux défaut et qui ne porte point bonheur. Quant à toi, ajouta-t-il en s'adressant à Lapierre, prends garde !

Il s'éloigna. Les deux valets le suivirent des yeux.

— Prends garde ! répéta ironiquement Lapierre ; que dites-vous de cela, maître Alain.

Maître Alain répondit :

— Le jeune coq chante haut ; on dirait qu'il se sent de race. Pour ce qui est de prendre garde, c'est toujours un bon conseil.

Didier avait pris, sans savoir, la direction du jardin. Il se trouva bientôt au milieu des hautes charmilles taillées à pic et formant l'inévitable et classique labyrinthe des jardins du xviii° siècle. De temps en temps, quelques statues de marbre blanc s'apercevaient à travers les branches qui se ressentaient déjà des approches de l'hiver.

Didier jetait sur tout cela un regard distrait ; involontairement, son esprit était revenu aux pensées qui avaient préoccupé son réveil.

Comme il arrive souvent aux esprits vifs et poétiques, il lui suffit, pour ainsi dire, d'évoquer l'illusion pour qu'elle reparût. Ces grandes murailles de verdure devinrent pour lui de vieilles connaissances. Il se retrouva dans ces dédales, et, quoique leur artifice fût assez innocent pour que la chose pût sembler naturelle, il crut ou tâcha de croire que le souvenir était pour lui le fil d'Ariane.

— Voyons! se disait-il d'un ton moitié enjoué, moitié sérieux : voyons si je me trompe! si je me souviens ou si je divague! ma mémoire, ou mon imagination me dit qu'au bout de cette allée, à droite, il y a un berceau, et dans un berceau une statue de nymphe antique. Voyons?

Il prit sa course, impatient ; car l'illusion avait grandi et il en était déjà à craindre une déception.

A quelques pas de l'endroit où la charmille faisait un coude, il s'arrêta et glissa son regard à travers les branches. Il devint pâle, mit la main sur son cœur et laissa échapper un cri. Berceau et statue étaient là devant ses yeux.

Seulement au cri qu'il poussa, la statue animée, nymphe vêtue de blanc, tressaillit vivement et se retourna.

XIX

SOUS LA CHARMILLE

L'illusion s'enfuit tambour battant. Dans cette gageure qu'il avait engagée contre lui-même, Didier avait parié pour un berceau et une statue. Le berceau existait, mais ce qu'il venait de prendre pour une statue était une jeune fille en chair et en os, mademoiselle Alix de Vaunoy de La Tremlays.

La méprise du reste était fort excusable. Au moment où Didier l'avait aperçue, mademoiselle de Vaunoy lui tournait le dos. Elle était debout et immobile au centre du berceau, lisant une lettre froissée et sans doute bien souvent relue. Ses beaux cheveux noirs avaient, ce matin de la poudre, et une robe de mousseline blanche formait toute sa toilette.

Au cri poussé par Didier, elle se retourna, comme nous l'avons dit, et le papier qu'elle lisait s'échappa de sa main.

Son premier mouvement fut de fuir, mais la réflexion la retint. Elle fit même un pas vers le coude de la charmille, où, suivant toute apparence, Didier allait se montrer.

Elle avait reconnu sa voix.

Mademoiselle de Vaunoy avait sur son visage cette pâleur qui présage de décisives résolutions. Son regard, ordinairement hardi dans sa douceur, était triste, timide et grave. Didier s'avança vers elle d'un air embarrassé. Pour prendre contenance, il se baissa et releva la lettre qu'Alix avait laissé tomber. Cette lettre était de lui. Il la reconnut, et son malaise augmenta.

— C'est la lettre que vous crûtes devoir m'écrire pour m'annoncer votre départ, dit Alix avec simplicité. Je suis bien aise qu'elle soit tombée entre vos mains, vous la garderez.

Didier demeura muet. Alix reprit :

— J'ai été heureuse de vous revoir, car je me souvenais de vous comme d'un frère.

Didier l'avait appelée ma sœur dans son rêve, et bien souvent il lui était arrivé de comparer le sentiment qu'il gardait pour elle à la tendresse d'un frère. Et pourtant il demanda :

— Alix, dites-vous la vérité ?

— Je dis toujours la vérité, répondit-elle.

Elle eut un sourire grave et poursuivit :

— Parlons d'elle, je le veux.

« C'est une chère enfant. Son regard est pur comme le regard d'un ange. Son âme est plus pur que son regard.

— De qui parlez-vous ? balbutia Didier.

— Oh! fit Mlle de Vaunoy dont la voix devint plus sévère, vous n'avez rien à vous reprocher, je le sais ; mais ne niez pas, ce serait mal. Il y a une fraternité entre nous autres jeunes filles de la forêt. Je suis noble et riche, elle est paysanne et pauvre ; mais, enfants, nous nous sommes rencontrées souvent dans les bruyères. Nous avons joué autrefois sous les grands chênes qui protégent Notre-Dame de Mi-Forêt ; je l'avais apprivoisée, la petite sauvage ! Depuis lors, tandis qu'elle restait dans sa solitude, je faisais, moi, connaissance avec le monde ; tandis qu'elle courait libre sous le couvert, j'apprenais mes devoirs de fille noble : j'apprenais à porter le velours et la soie, à parler, à me taire, à sourire. Étrange destinée ! elle, dans sa solitude, moi, au milieu des somptueuses fêtes de Rennes, nous avons subi toutes deux le même sort. Dieu la destinait à l'homme que je... que je croyais souhaiter pour mari.

— Vous ne le croyez plus, Alix?

— Un jour, il y avait deux mois que vous étiez parti, Didier ; je me promenais seule dans la forêt, songeant encore aux fêtes de Mgr le comte de Toulouse, lorsque j'entendis une voix connue qui chantait sous le couvert la complainte d'Arthur de Bretagne.

— Fleur-des-Genêts! balbutia le capitaine.

Alix sourit doucement.

— Vous savez enfin de qui je parle, Didier, dit-elle. Il y avait bien longtemps que je ne l'avais vue. Que je la trouvai belle, ce jour-là ! Elle me reconnut tout de suite et vint à moi les bras ouverts. Puis elle prit dans son panier de chèvrefeuille un beau bouquet de primevères qu'elle attacha à mon corsage, puis encore elle me parla de vous.

— De moi ! prononça involontairement Didier.

— Elle ne vous nomma point, mais je vous reconnus ; je sentis quel était mon devoir.

— Hélas ! mademoiselle, s'écria Didier, je suis bien coupable peut-être...

— Envers elle, oui, monsieur, si vous dites un mot de plus, car elle est votre fiancée.

Il y eut un moment de silence. Alix reprit :

— Quand elle sera votre femme...

Elle s'interrompit parce que le regard du jeune capitaine avait exprimé la surprise.

— Elle sera votre femme, poursuivit-elle cependant avec fermeté ; vous le voulez... et vous le devez. Elle est bien pauvre, mais vous avez votre épée, et vous n'êtes point de ceux que leur naissance enchaîne à l'orgueil !

Didier se redressa.

— Je ne suis pas gentilhomme, c'est vrai, dit-il, je le sais. Peut-être n'était-il pas besoin de me le rappeler.

Alix lui tendit la main cette fois et répliqua :

— Excusez-moi, je plaide la cause de mon amie.

Les capitaines n'aiment pas à être congédiés, même de cette façon noble et charmante.

— Mademoiselle, dit-il, la cause de Marie n'avait peut-être pas besoin d'être plaidée ; mais voyons, puisque nous sommes le frère et la sœur, noble sœur et frère de roture, j'ai bien le droit d'interroger.

— Interrogez.

— Votre conduite a-t-elle pour cause la distance qui nous sépare ?

— Non.

— Y aurait-il sous jeu un autre mariage ?

— Mon père veut en effet me marier.

— Ah ! ah !

— Mais celui qu'on me propose ne sera jamais mon mari.

— N'a-t-il pas un nom qui soit au niveau du vôtre ? demanda Didier non sans raillerie.

— C'est M. Béchameil, marquis de Nointel, intendant royal de l'impôt.

Didier éclata de rire.

Comme s'il y avait eu de l'écho sous la charmille, un autre rire épais et bruyant retentit à une vingtaine de pas, derrière le feuillage.

— Folle que je suis ! s'écria Alix. Je ne vous ai pas dit le principal. Il n'est plus temps, ce sont eux ; à bientôt, nous nous reverrons encore une fois !

Elle s'enfuit précipitamment, laissant le capitaine étourdi de cette disparition subite.

L'éclat de rire se répéta sous la charmille. Un bruit de voix s'y joignit, et bientôt, au tournant de l'allée, débouchèrent MM. de Vaunoy et Béchameil.

XX

AVANT ET APRÈS LE DÉJEUNER

Vaunoy et l'intendant royal semblaient de fort heureuse humeur. Ils marchèrent avec empressement vers Didier qui avait peine à se remettre et gardait une contenance embarrassée.

— Nous arrivons ici, mon cher hôte, dit Vaunoy, guidés par vos éclats de rire. La promenade solitaire vous rend-elle donc si joyeux ?

— Ai-je ri ? demanda machinalement Didier.

— Oui, Saint-Dieu ! vous avez ri.

— Le fait est que vous avez ri, dit Béchameil. J'ai l'honneur de vous présenter le bonjour.

— Je ne me souviens pas... commença Didier.

— Eh ! dit Vaunoy avisant le papier que celui-ci tenait encore à la main, c'est sans doute cette lettre qui causait votre hilarité matinale ?

— Je ne serais pas éloigné de le croire, appuya Béchameil ; veuillez me donner, je vous prie, des nouvelles de votre santé.

Didier froissa la lettre et la déchira en tout petits morceaux. Cela fait, il salua l'intendant royal et lui répondit par quelque banale politesse. M. Béchameil avait complétement mis bas ses fâcheuses dispositions de la veille : Vaunoy venait de lui faire entendre qu'il n'avait rien à craindre d'un semblable rival et que la main d'Alix lui était assurée. Aussi se sentait-il porté vers Didier d'une bienveillance inaccoutumée.

Quant à Vaunoy, il n'avait point dépouillé son masque de bonhomie. On eût dit, en vérité, un brave oncle abordant son neveu chéri.

— Messieurs, dit le capitaine dont la froideur contrastait fort avec la cordialité de ses hôtes, vous plairait-il que nous parlions maintenant de ce qui concerne le service de Sa Majesté ?

— Assurément répondit Vaunoy.

Et Béchameil répéta :

— Assurément !... Pourtant, ajouta-t-il après réflexion, je pense, sauf avis meilleur, qu'il serait convenable de déjeuner d'abord.

— Fi ! monsieur de Béchameil ! dit Vaunoy en souriant.

— Mettez, monsieur mon ami, que je n'ai point parlé. Je préfère évidemment le service du roi au déjeuner et même au dîner ! Mais ceci n'empêche point qu'un déjeuner refroidi soit une triste chose. Nous vous écoutons, monsieur le capitaine.

Didier tira de son portefeuille un parchemin sur lequel Vaunoy jeta les yeux pour la forme. Béchameil, en lisant le seing royal, crut devoir ôter son feutre et prier Dieu qu'il bénît Sa Majesté.

— Sur la proposition de S. A. R. Mgr le comte de Toulouse, gouverneur de Bretagne, dit le capitaine, le roi m'a conféré mission d'escorter les fonds provenant de l'impôt à travers cette contrée qui passe pour dangereuse...

— Et qui l'est ! interrompit Vaunoy.

— Qui l'est énormément, ajouta Béchameil.

— Le roi m'a chargé en outre, reprit Didier, de veiller à la perception des tailles, et Son Altesse Sérénissime m'a donné mission particulière de poursuivre et détruire, par tous moyens, cette poignée de rebelles qui portent le nom de *Loups*.

— Que Dieu vous aide ! dit Vaunoy. C'est là, mon jeune ami, une noble mission.

— Une mission que je ne vous envie en aucune façon, mon jeune maître ! pensa tout bas Béchameil. Dieu vous assiste ! prononça-t-il à haute voix.

— Je vous rends grâces, messieurs. Dieu protége la France, et son aide ne nous manquera point. Je pense que la vôtre ne me fera pas défaut davantage.

A cette question faite d'un ton de brusque franchise, Vaunoy répondit par un mouvement de tête accompagné d'un diplomatique sourire. Béchameil, malgré sa bonne envie, ne put imiter que le mouvement. Ce gastronome n'était point diplomate.

Didier insista.

— Je puis compter sur votre aide ? demanda-t-il une seconde fois.

Vaunoy répondit :

— A plus d'un titre, mon jeune ami : pour vous-même et pour Sa Majesté.

— Je m'en réfère aux paroles de M. de Vaunoy, dit Béchameil.

— Merci, messieurs. Je n'attendais pas moins de deux loyaux sujets du roi. Je fais grand fonds sur votre secours, et vous préviens à l'avance que je ne ménagerai pas votre bonne volonté. Veuillez me prêter attention.

Béchameil tira sa montre et constata avec douleur que l'heure normale du déjeuner était passée depuis dix minutes. Il poussa un profond soupir, n'osant pas manifester plus clairement son chagrin.

— Je ne suis point arrivé jusqu'ici, reprit Didier, sans avoir arrêté mon plan de campagne. Toutes mes mesures sont prises. La maréchaussée de Rennes est prévenue ; celle de Laval marche sur la Bretagne à l'heure où je vous parle. Les sergenteries de Vitré, de Fougères et de Louvigné-du-Désert me seconderont au besoin.

— A la bonne heure ! s'écria Béchameil. Tout cela formera une armée respectable.

— Trois cents hommes environ, monsieur.

— Ce n'est pas assez, dit Vaunoy. Les loups sont en nombre quadruple.

Béchameil modéra sa joie.

— J'avais cru qu'ils étaient plus nombreux que cela, répartit froidement le capitaine. Nous serons un contre quatre. C'est beaucoup !

— Je ne saisis pas bien, dit Béchameil.

— C'est beaucoup, répéta Didier, parce que nous aurons de notre côté tous les avantages. Vous ne pensez pas, je suppose, que je veuille les attaquer à la Fosse-aux-Loups? Ne vous étonnez point, monsieur de Vaunoy, si je sais le nom de leur retraite. Grâce à des circonstances que je ne juge point à propos de vous détailler ici, je connais la forêt de Rennes comme si j'y étais né.

A ce dernier mot, Hervé de Vaunoy tressaillit violemment et devint si pâle que Béchameil crut devoir le soutenir dans ses bras.

— Qu'avez-vous, monsieur mon ami? demanda l'intendant.

— Rien... je n'ai rien, balbutia Vaunoy.

— Si fait ! je parie que c'est le besoin de prendre quelque chose qui vous travaille. Et, par le fait, l'heure du déjeuner est passée depuis trente-cinq minutes et une fraction.

Vaunoy, par un brusque effort, s'était remis tant bien que mal. Il repoussa Béchameil.

— Capitaine, dit-il, je vous prie de m'excuser. Un éblouissement subit... je suis sujet à cette infirmité. Vous plairait-il de poursuivre?

— Dans votre intérêt, monsieur mon ami, insista héroïquement Béchameil, je vous engage à prendre quelque chose. Nous vous ferons raison, le capitaine et moi.

Vaunoy fit un geste d'impatience, et Béchameil reconnut avec découragement que le déjeuner était désormais indéfiniment retardé.

— Je vous disais, reprit Didier qui n'avait prêté à cette scène qu'une attention médiocre, je vous disais que la forêt est pour moi pays de connaissance ; je sais que la position des Loups est inexpugnable, et ne prétends point courir les chances d'une attaque au moins tant que les deniers de Sa Majesté ne seront point à couvert. Il me faut, à moi aussi, des positions dans la forêt, et je vous demande, à vous, monsieur de Vaunoy, votre château de La Tremlays, à vous, monsieur l'intendant royal, votre maison de plaisance de la Cour-Rose.

— Ma *folie!* s'écria Béchameil; et qu'en prétendez-vous faire, monsieur ?

— Je ne sais : peut-être une place d'armes.

— Mais il y a des tapis dans toutes les chambres, monsieur ; il y en a pour vingt mille écus...

— Fi ! monsieur de Béchameil, fi ! voulut interrompre Vaunoy.

Cette fois le financier se montra rétif.

— Il y a, continua-t-il, des meubles sculptés, incrustés, dorés : il y en a pour trente mille écus, monsieur !

— Fi ! monsieur de Béchameil, fi ! répéta Vaunoy.

— Il y a des porcelaines du Japon, de la faïence d'Italie, des grès de Suisse, des cristaux de Suède. La batterie de cuisine seule vaut quatorze mille cinq cents livres, monsieur. Et vous voulez mettre tout cela au pillage ! Vos soldats dévaliseraient mon garde-manger ; ils boiraient ma cave... ma cave qui est la plus riche de France et de Navarre ! Ils écailleraient mes mosaïques, crèveraient mes tableaux, briseraient mes cristaux, que sais-je ! Une place d'armes ! Morbleu ! monsieur, pensez-vous que j'aie fait bâtir ma *folie* pour héberger vos soudards !

— Fi monsieur de Béchameil ! répéta Vaunoy pour la troisième fois ; Saint-Dieu ! fi ! vous dis-je.

Le financier s'arrêta enfin essoufflé. Didier regarda l'interruption comme non avenue, et reprit avec le plus grand calme :

— Peut-être une place d'armes. En tout cas, je puis vous faire promesse, messieurs, de vous prévenir deux heures à l'avance.

— Cela suffira, dit Vaunoy qui semblait résolu à tout approuver.

— Monsieur mon ami, s'écria Béchameil exaspéré, je ne vous comprends pas ! Savez-vous que je ne donnerais pas ma petite maison pour cent mille pistoles !

Vaunoy lui serra fortement la main. C'est là un signe que les intelligences, même les plus épaisses, comprennent par tous pays.

Le financier se tut instinctivement.

— Je pense, mon cher hôte, demanda Vaunoy du ton de la plus cordiale courtoisie, que ces mesures dont vous parlez forment la dernière partie de votre plan. Avant de vous fortifier, vous vous occuperez sans doute de convoyer les espèces qui vous attendent à Rennes, car on dit que la cassette du roi est vide, ou peu s'en faut.

— Tel est en effet mon projet, monsieur.

— Donc, en attendant que la Tremlays devienne place d'armes, nous en ferons, s'il vous plaît, une auberge où se reposera l'escorte de l'impôt.

— L'impôt, répondit le capitaine, reste sous la garantie et responsabilité de M. l'intendant royal tant qu'il n'a point franchi les frontières de la Bretagne. C'est donc à M. l'intendant de faire choix du lieu où l'escorte passera la nuit.

Une expression de singulière inquiétude se répandit sur le visage du maître de la Tremlays. Il fallait que cette inquiétude fût bien puissante pour que Vaunoy, habitué comme il l'était à dompter souverainement sa physionomie, n'en pût réprimer les symptômes.

Didier et l'intendant la remarquèrent.

Le premier n'y fit pas grande attention. Il croyait connaître Vaunoy qu'il méprisait sans le soupçonner de trahison. Sa hautaine insouciance ne daigna point se préoccuper de ce mince incident.

Quant à Béchameil, il interpréta à sa manière l'angoisse évidente du maître de la Tremlays. Il pensa que Vaunoy, voyant que le choix de la halte restait entre ses mains, à lui, Béchameil, redoutait sa décision pour l'office et les provisions du château.

— Monsieur mon ami, dit-il en conséquence, je dois vous prévenir tout d'abord que les frais de convoi me regardent...

Vaunoy pâlit et fronça le sourcil.

— Je paierai tout, poursuivit l'intendant ; l'hospitalité est pour moi un devoir.

— Vous prétendez donc recevoir les gens du roi dans votre maison de la Cour-Rose? demanda Vaunoy dont l'anxiété augmentait visiblememt.

— Non pas, monsieur mon ami, non pas! s'écria vivement Béchameil.

Vaunoy respira longuement. Ses couleurs vermeilles reparurent aux rondes pommettes de ses joues.

Ce mouvement fut tellement irrésistible et marqué que Didier ne put s'empêcher d'y prendre garde.

Ce fut, au reste, l'affaire d'un instant, et, à mesure que le calme revenait sur le visage de Vaunoy, les doutes du jeune capitaine se dissipaient.

Mais, pour un spectateur attentif et désintéressé de cette scène, il eût été évident qu'un hardi dessein venait de surgir dans le cerveau de Vaunoy, dessein que favorisait grandement l'option de M. Béchameil, désignant la Tremlays pour lieu de repos à l'escorte des gens du roi.

Béchameil, qui était à cent lieues de penser que sa décision pût faire plaisir à Hervé de Vaunoy, prit à tache de l'excuser et de la motiver, ce qu'il fit à sa manière.

— Je vous répète, monsieur mon ami, dit-il, que vous n'aurez rien, absolument rien à débourser.

— Laissons cela, interrompit Vaunoy.

— Permettez ! Je suis, vous me faites, j'espère, l'honneur d'en être persuadé, un sujet fidèle et dévoué de Sa Majesté. Ma pauvre maison est fort à son service, depuis les fondements jusqu'aux combles, y compris, bien entendu, les étages intermédiaires, mais il s'agit de cinq cent mille livres tournois.

— Cinq cent mille livres tournois ? répéta lentement le maître de la Tremlays.

— Tout autant, monsieur mon ami ; il y a même quelques écus de plus. Si cette somme était enlevée, mon aisance, qui est honnête, serait terriblement réduite. Or, suivez bien : ma *folie* de la Cour-Rose n'est point propre à soutenir un siége, et si les Loups...

Vaunoy haussa les épaules avec affectation.

— Monsieur l'intendant a raison, dit le capitaine qui, depuis dix minutes, n'apportait plus à la discussion qu'une attention fort médiocre.

— Permettez, dit encore Béchameil répondant au geste de Vaunoy ; je serais mortifié que vous puissiez croire...

— Allons déjeuner, interrompit en souriant le maître de la Tremlays.

Le coup était d'un effet sûr : il porta. Béchameil remua convulsivement les mâchoires, comme s'il eût voulu parfaire son explication ; mais il ne put que répéter ces mots qui éveillaient les plus tendres échos de son cœur :

— Allons déjeuner.

Vaunoy s'appuya familièrement sur le bras de Didier. Béchameil, les narines gonflées et saisissant au vol parmi les effluves épandues dans l'air toutes celles qui venaient de l'office, ouvrit la marche. En chemin, il fut décidé que le convoi d'argent partirait de Rennes le lendemain. De la ville au château, l'étape était courte, mais les routes de Bretagne, en l'an 1740, étaient tracées de manière à quadrupler la distance.

Béchameil, malgré la proéminence notable de son abdomen, monta le perron en trois sauts. Une minute après, il nouait sa serviette autour de ses mentons et dégustait savamment un salmis d'ailerons de bécasses qu'il déclara sans pareil et fêta en conscience.

Hervé de Vaunoy ne resta point oisif durant cette matinée. Le déjeuner était à peine fini, et M. Béchameil venait de s'étendre sur un lit de jour pour se livrer à cet important devoir que les gourmets ne doivent négliger jamais, la sieste, lorsque M. de Vaunoy, quittant Didier sous un prétexte d'autant plus facile à trouver que le jeune capitaine ne tenait point extraordinairement à sa compagnie, se dirigea d'un air soucieux et affairé vers son appartement.

— Qu'on m'envoie sur-le-champ Lapierre et maître Alain, dit-il à un valet qu'il rencontra sur son chemin.

Le valet se hâta d'obéir, et Vaunoy poursuivit sa route ; mais, ayant jeté par hasard un regard distrait à travers les carreaux de l'une des croisées du corridor, il aperçut Alix qui, rêveuse et la tête penchée, suivait à pas lents l'allée principale du jardin.

— Toujours triste ! se dit Vaunoy d'un ton où perçait un atome de sensibilité ; pauvre fille ! Mais, après tout, elle n'est pas raisonnable ! Béchameil ferait la perle des maris.

Il allait passer outre, lorsque, dans une autre allée dont la direction formait angle avec celle de la première, il vit le capitaine Didier, lequel, par impossible, semblait rêver aussi. Vaunoy fit un geste de mauvaise humeur.

— Elle était sur le point de l'oublier ! murmura-t-il ; je m'y connais ! Et le voilà revenu ! Sa seule approche déjoue fatalement tous mes plans. Et puis, si quelqu'un de ces hasards que nulle précaution ne peut déjouer, allait lui apprendre...

Vaunoy s'interrompit. Comme nous l'avons dit, les deux allées que suivaient Alix et Didier se croisaient. Chaque pas fait par les deux jeunes gens les rapprochait ; ils allaient se rencontrer dans quelques secondes.

— Eh ! qu'a-t-il besoin de savoir ? reprit Vaunoy avec emportement. Son étoile le pousse à me nuire. Qu'il sache ou non, il me perdra si je ne le perds ?

Alix et Didier arrivaient en même temps au point de convergence des allées ; au moment où ils allaient se trouver face à face, Vaunoy porta son sifflet de chasse à ses lèvres.

Le bruit fit lever la tête aux deux jeunes gens. Alix se tourna du côté du château et dut obéir au geste d'appel que lui envoya de loin son père.

Didier salua et poursuivit sa route.

— C'était comme un fait exprès ! pensa Vaunoy. Saint-Dieu ! j'ai manqué mon coup deux fois déjà ; mais on dit que le nombre trois porte bonheur !...

Il entra dans son appartement où ne tardèrent pas à le joindre ses deux féaux serviteurs, Alain et Lapierre. Presque au même instant, Alix entr'ouvrit la porte.

— Vous m'avez appelée, mon père ? dit-elle.

Vaunoy, qui ouvrait la bouche pour donner des ordres à ses deux acolytes, hésita quelque peu et fut sur le point de renvoyer sa fille ; mais il se ravisa.

— Restez ici, dit-il aux valets. J'aurai besoin de vous dans un instant.

Puis il passa le bras d'Alix sous le sien et l'entraîna doucement dans la galerie.

Maître Alain et Lapierre demeurèrent seuls. Le premier, dont l'intelligence avait considérablement fléchi sous le poids de l'âge et aussi par l'effet de l'ivrognerie, tira de sa poche son flacon carré de fer-blanc et but une ample rasade d'eau-de-vie.

— En veux-tu? demanda-t-il à Lapierre.

— Il y a temps pour tout, répondit l'ex-saltimbanque ; je ne bois jamais quand je dois causer avec monsieur.

— Moi, je bois double.

— Et tu vois de même. Hier tu n'as pas su seulement reconnaître ce drôle de valet.

— Je me fais vieux, dit Alain en buvant une seconde gorgée. Le fait est que ma pauvre mémoire s'en va. Mais si je le vois encore une fois je le reconnaîtrai peut-être.

— Et s'il ne revient pas?

Alain, au lieu de répondre, but une troisième rasade et s'arrangea pour dormir, en attendant son maître. Lapierre haussa les épaules, et, pour ne point perdre son temps, il fit le tour de la chambre, donnant généreusement l'hospitalité, dans les vastes poches de son pourpoint, à toutes les pièces de monnaie égarée qu'il trouva sur les meubles. Les tiroirs étaient fermés.

Quand il eut achevé sa tournée, il s'accouda sur l'appui de la fenêtre. Au loin, dans le jardin, il aperçut Didier qui continuait solitairement sa promenade.

Lapierre se prit à réfléchir.

— Peuh ! dit-il enfin en enflant ses joues ; je croyais le détester davantage. C'est un joli garçon. Vaunoy paie mal et demande beaucoup. Hé, hé !... il faudra voir !...

— En veux-tu? grommela maître Alain qui trinquait en rêve

Lapierre laissa tomber sur le vieillard un long regard de mépris.

— Voici ce qu'on devient au service de Vaunoy ! dit-il ensuite. Jamais de tiroirs ouverts. Quelques pièces d'or pour beaucoup de travail. C'est pitoyable de se damner ainsi au rabais... Il faudra voir.

XXI

MADEMOISELLE DE VAUNOY

Pendant que maître Alain et Lapierre attendaient, Hervé de Vaunoy arpentait à pas lents le corridor avec sa fille qui s'appuyait à son bras et dont il caressait paternellement la blanche main.

— J'ai à vous gronder, Alix, disait-il de sa voix la plus doucereuse. Vous avez été, vis-à-vis de notre hôte, le capitaine Didier, d'une froideur !

Il appuya sur ce mot et regarda sa fille en dessous. Aucune émotion ne parut sur le calme et beau visage d'Alix.

— Il ne faut point outrepasser le but, reprit le maître de la Tremlays. Le capitaine est un brave officier du roi qui a droit à tous nos égards, et, quand on n'aime point un homme, il est bon de se contraindre un peu.

Alix releva sur Vaunoy son regard tranquille et Vaunoy se tut.

Il aimait sa fille : c'était le seul sentiment humain qui fût resté debout en son cœur parmi les ravages de l'égoïsme et de la cupidité. Il eût voulu la faire heureuse, mais les événements le pressaient. Il n'avait point le choix : un mot de Béchameil pouvait mettre en question sa fortune, sa noblesse, sa vie ; à quelque prix que ce fût, il lui fallait acheter l'appui de Béchameil.

En ce moment, Vaunoy était à la gêne. Alix le dominait de toute la hauteur de sa franchise. Pour la millième fois peut-être, il se repentit d'avoir usé de ruse avec elle, reconnaissant trop tard que la ruse s'émousse contre la candeur.

Trop vil pour ressentir dans toute sa force l'angoisse qui serre le cœur d'un père surpris par son enfant en flagrant délit de tromperie, il était néanmoins humilié de son rôle et fit effort pour jeter son masque loin de lui.

— Alix, dit-il tout à coup en jouant passablement la rondeur, j'ai eu tort d'en user ainsi avec vous. Pardonnez-moi. Vous méritez ma confiance entière, et je veux dépouiller tout subterfuge. Vous savez ce que je veux ; vous devinez peut-être pourquoi je le veux. Tromperez-vous mes espérances ?

— Je ferai ce que j'ai promis, monsieur, répondit Alix.

Vaunoy respira.

— Cela suffit, dit-il. Le temps est un puissant remède aux répugnances capricieuses des jeunes filles ; pour le moment, je vous demande seulement de ne point voir le capitaine Didier.

— Je l'ai vu déjà, monsieur.

— Ah! Et vous lui avez parlé?
— Je lui ai parlé.
— De sorte que cette froideur affectée était un rôle appris...

Alix l'arrêta d'un regard calme et doux.

— Mes actions ne mentent pas plus que mes paroles, dit-elle. Rassurez-vous, monsieur. J'ai la volonté de tenir ma promesse. D'ailleurs, ajouta-t-elle plus bas, ma volonté n'est pas votre seule garantie : le capitaine Didier ne vous demandera pas ma main.

— En vérité! s'écria Vaunoy avec une joie brutale.

Puis il poursuivit :

— Voilà une heureuse nouvelle, Alix ; que ne le disiez-vous tout de suite, ma chère enfant? Ah! le capitaine... cet impertinent soldat de fortune !

Il prononça ces derniers mots d'un ton de pitié ironique qui eût profondément blessé un cœur vulgaire ; mais Alix était au-dessus de cette atteinte. Son front resta serein, et ce fut avec un sourire mélancolique, mais tranquille, qu'elle reprit la parole.

— Je suis de votre avis, mon père, dit-elle ; je crois que tout est pour le mieux.

Vaunoy connaissait sa fille, et, si peu fait qu'il fût pour la comprendre, il avait pour elle une sorte de respect. Néanmoins cette résignation lui sembla si extraordinaire qu'il eut peine à y croire.

Involontairement et suivant la pente de sa vieille habitude, il reprit son espionnage moral.

— Saint-Dieu! dit-il après un silence, vous êtes le parangon des filles, Alix, et je veux parier qu'on irait de Rennes à Nantes sans trouver votre pareille. Pas une plainte! c'est à n'y pas croire, et cela me donne bonne espérance pour ce pauvre M. de Béchameil.

Alix ne répondit point.

— Mais ne parlons pas de cela, poursuivit le maître de la Tremlays. Voici déjà un point de gagné; il ne faut pas trop demander à la fois. Moi qui étais dans des transes! Maintenant je n'ai garde de craindre. Je ne m'étonne plus de votre réserve d'hier soir... Vit-on jamais semblable outrecuidance! et, certes, je suis prêt à faire serment que cette entrevue dont nous parlions tout à l'heure sera la dernière et n'aura point de pendant.

Cette phrase était la partie importante du discours d'Hervé de Vaunoy. Tout le reste n'était qu'une préparation. Aussi en suivit-il l'effet avec inquiétude, attendant une réponse et épiant la signification du moindre geste.

Il oubliait encore une fois que ces soins étaient superflus. Les paroles d'Alix défiaient les interprétations et n'avaient pas besoin de commentaire.

Elle montra de son doigt étendu Didier qui, franchissant la dernière barrière du parc, s'enfonçait sous le couvert.

— Il me faudra attendre son retour, dit-elle.

Vaunoy crut avoir mal compris.

— Son retour? répéta-t-il machinalement.

— Oui, monsieur. J'ai promis au capitaine Didier de le revoir. Il le faut, je le dois, et je vous demande comme une grâce de vouloir bien n'y point mettre obstacle.

— Mais... commença Vaunoy surpris et intrigué.

— Ne me refusez pas! dit Alix avec une chaleur soudaine. Je ne vous ai jamais désobéi, et Dieu m'est témoin que je souffrirais à le faire.

— De sorte que, si je vous déniais mon consentement, vous me désobéiriez?

Alix courba la tête en silence.

— A merveille! reprit Vaunoy dont le dépit ne ressemblait en rien à la dignité d'un père offensé; je suis au moins prévenu d'avance. Et m'est-il permis de vous demander quelle communication si importante peut exiger le rapprochement de Mlle de Vaunoy et du capitaine Didier?

— Je ne saurais vous le dire, monsieur.

— De mieux en mieux! Mais c'est à n'y point croire! Vous oubliez, Alix, que je pourrais vous contraindre, vous confiner dans votre appartement...

— J'espère que vous ne le ferez point, mon père.

— Et si je le faisais! s'écria Vaunoy véritablement en colère.

— Monsieur, dit Alix en retenant sa voix qui voulait éclater, je vous respecte et je vous aime, mais il y a longtemps que je garde le silence vis à-vis de M. de Béchameil, et c'est à cause de vous que je me tais...

Elle s'arrêta, honteuse d'avoir été sur le point de menacer, mais Vaunoy avait compris, et sa colère était tombée comme par enchantement.

Il appela sur son visage, fait à ces brusques changements, une expression de grosse gaieté.

— Vous êtes une méchante enfant, Alix, dit-il en la baisant bruyamment au front. Vous savez que je n'ai rien à vous refuser et vous abusez de votre pouvoir, qui marche à grands pas vers la tyrannie. Ce que j'en disais était curiosité pure. Je voulais surprendre ce grand secret, mais vous m'avez vaincu, et je n'engagerai plus avec vous de combats de paroles. Je lancerai contre vous, en guise d'avant-garde, si le cas se présente, mademoiselle Olive de Vaunoy, ma digne sœur... et alors tenez-vous bien, je vous le conseille !

Alix ne se méprit point à cette gaieté soudaine. Vaunoy avait raison de le dire : malgré sa vieille expérience d'intrigant, il n'était point de force à lutter contre la hautaine droiture de sa fille. C'était de la part du maître de la Tremlays de la diplomatie prodiguée en pure perte.

— Je suis heureuse de vous entendre parler ainsi, mon père, dit seulement Alix.

— Alors soyez clémente, et prenez un peu compassion de ce pauvre M. de Béchameil... mais cela viendra, et il sera temps d'en parler plus tard.

Il tira sa montre.

— Onze heures déjà, murmura-t-il. Allons ! ma fille, je vous laisse et vous donne carte blanche, sûr que ma confiance est bien placée. Au revoir !

Il fit un geste familier et caressant auquel Alix répondit par une respectueuse révérence, et se hâta de regagner son appartement, où ses deux ministres l'attendaient l'un en philosophant, l'autre en ronflant.

Lorsque Alix fut seule, son beau visage perdit son expression de fierté. Un morne découragement se peignit dans son regard.

— Le revoir ! murmura-t-elle ; subir encore cette douleur !

Elle avait descendu sans savoir les escaliers intérieurs et les degrés de granit du perron. Elle se laissa tomber sur un banc de gazon à l'entrée du jardin et mit sa tête pâlie entre ses mains.

Au bout de quelques minutes, elle retira de son sein une petite médaille de cuivre, informe et rustiquement historiée, qu'un cordon de soie suspendait à son cou sous ses habits.

Elle la regarda longtemps, puis elle dit :

— Le revoir! oui... souffrir, mais le sauver!

XXII

DEUX BONS SERVITEURS

Vaunoy avait souvent avec sa fille des entretiens semblables à celui que nous venons de rapporter. Alix savait à peu de chose près de quel intérêt étaient pour son père les bonnes grâces de M. de Béchameil; elle avait même deviné que Vaunoy n'avait sur les immenses domaines de Treml qu'un droit de possession douteux et précaire.

Il va sans dire qu'elle n'abusait jamais de cette connaissance.

Le caractère de son père, qu'elle eût sincèrement voulu ne point juger, mais dont la bassesse lui sautait aux yeux, lui avait été, dès sa première jeunesse, une cause perpétuelle de chagrin. Son esprit sérieux, loyal et fort s'était habitué à la tristesse, et dans l'empressement qu'elle avait mis autrefois à accepter la recherche de Didier il faut compter pour une part son désir ou plutôt son besoin d'échapper à l'obsession paternelle.

Elle ne voyait, au reste, dans l'usurpation de Vaunoy qu'un danger et non point un crime, parce qu'elle ignorait que cette usurpation préjudiciât au légitime propriétaire.

Et, par le fait, personne n'aurait pu soutenir l'opinion opposée, Treml n'ayant point laissé d'héritier.

L'intendant royal, ridicule et méprisable à la fois, inspirait à Alix une invincible répulsion, et sans la patiente insistance de son père elle eût rejeté ouvertement et depuis longtemps les prétentions de Béchameil. Vaunoy ne se lassait pas. Il croyait connaître les femmes, et attaquait Alix en faisant briller à ses yeux toutes les féeries que peut évoquer l'opulence. Béchameil était l'homme le plus riche de son temps.

Vaunoy ne faisait pas de progrès, mais il gagnait des jours.

L'arrivée de Didier pouvait anéantir son pénible et long travail ; il essaya de dresser une barrière entre sa fille et le capitaine. Nous avons vu le résultat de sa tentative : le hasard devait le servir bien mieux que son habileté.

Il avait un hardi projet dont la première idée lui était venue sous la charmille, en compagnie de Didier et de Béchameil.

Le projet, depuis lors, avait mûri dans sa tête. Il en avait pesé laborieusement les chances pendant le déjeuner, et s'était déterminé à jouer coûte que coûte ce périlleux coup de dés.

Il y avait une demi-heure que M. de Vaunoy avait rejoint ses deux acolytes. Maître Alain avait secoué tant bien que mal sa somnolence, et Lapierre s'était installé, selon sa coutume, dans un excellent fauteuil. Il s'agissait d'écouter le maître faisant l'exposé de son plan.

Vaunoy avait parlé longtemps et sans s'interrompre. Lorsqu'il se tut enfin, il interrogea ses deux serviteurs du regard. Maître Alain répondit par un geste équivoque, et Lapierre se balança fort adroitement sur un seul des quatre pieds de son siége.

— Ne m'avez-vous pas entendu? demanda Vaunoy.

— Si fait, dit Lapierre; pour ma part, j'ai entendu.

— Moi aussi, ajouta maître Alain.

— Et qu'en dites-vous?

Le vieux majordome eut la démangeaison d'atteindre sa bouteille carrée, où peut-être il aurait trouvé une réponse, mais il n'osa pas; il attendit, pensant qu'il serait temps de parler lorsque Lapierre aurait donné son avis.

Lapierre se balançait toujours.

— Qu'en dites-vous? répéta Vaunoy en fronçant le sourcil.

— Hé! hé! fit Lapierre d'un air capable.

— Voilà! prononça emphatiquement maître Alain.

— Comment! s'écria Vaunoy avec colère, vous ne comprenez pas que, dans ces circonstances, sa mort devient un cas fortuit dont je ne puis être responsable? que les soupçons se détourneront naturellement de moi, et qu'il faudrait folie ou mauvaise foi insigne pour m'accuser d'un pareil *malheur*?

— Si fait, dit Lapierre; pour ma part, je comprends cela.

Maître Alain exécuta un grave signe d'approbation.

— Eh bien? reprit Hervé de Vaunoy.

— Hé! hé! fit encore Lapierre.

Vaunoy, dont le front devenait pourpre, blasphéma entre ses dents.

— Oui, reprit l'ex-avaleur de sabres sans s'émouvoir le moins du monde; évidemment il ne pourrait échapper. Si nous en étions là, je ne donnerais pas six deniers de sa vie, mais...

— Mais quoi?

— Nous n'en sommes pas là.

— Penses-tu donc que l'appât des cinq cent mille livres ne soit pas assez fort?

— Ils viendraient pour la dixième partie de cette somme.

— Pour la vingtième, dit maître Alain en aparté, je donnerais mon âme au diable, moi qui suis un homme d'âge et un fidèle sujet du roi.

— Alors, que veux-tu dire? demanda Vaunoy à Lapierre.

Maître Alain tendit l'oreille, afin de s'approprier, au besoin, l'opinion de son collègue. Celui-ci, sans paraître prendre garde à l'impatience toujours croissante de Vaunoy, se dandina un instant et jeta ces paroles avec suffisance :

— Vous n'êtes pas sans avoir entendu parler des apologues de La Fontaine, je suppose... Si vous vous fâchez, je deviens muet. Ce La Fontaine est un poète de fort bon conseil, ce qui est rare chez les poètes. Il me souvient d'une de ses fables...

— Saint-Dieu! interrompit Vaunoy, je donnerais dix louis pour bâtonner ce drôle!

— Donnez et bâtonnez, répondit imperturbablement Lapierre. Quant à la fable dont je parle, vous ne pouvez la juger avant de l'avoir entendue, et, ne la sachant point par cœur, je ne vous la réciterai pas.

— Mais, Saint-Dieu! détestable maraud, où veux-tu en venir?

— Je vous prie d'excuser mon peu de mémoire, poursuivit Lapierre; à défaut de texte, le conte suffira. Voilà ce que c'est : Les rats tiennent conseil et cherchent un moyen de mettre à mort un chat fort redoutable...

— Je te comprends! s'écria violemment Vaunoy qui se leva et parcourut la chambre à grandes enjambées.

— Pas moi, pensa maître Alain.

— Je te comprends, répéta Vaunoy; tu as peur!

— Vous vous trompez. Il vaudrait mieux pour votre projet que j'eusse peur. Mais je suis parfaitement déterminé à faire comme les rats de la fable; je n'ai pas peur.

— Tu braverais mes ordres, misérable!

— Attacher le grelot est une niaiserie tout à fait en dehors de mes principes et de mes habitudes. Qu'un autre l'attache, et, pour le reste, je suis votre soumis serviteur.

— De quel diable de grelot parle-t-il? se demandait tout doucement maître Alain, et à quel propos est-il ici question de rats?

Vaunoy garda un instant le silence et activa sa promenade. Son front, si riant d'ordinaire, était sombre comme un ciel de tempête. Sa face passait alternativement du pourpre au livide, et un tremblement agitait ses lèvres.

— L'orage sera rude, dit tout bas Lapierre. Attention, maître Alain !

— Par grâce, de quoi s'agit-il ! murmura celui-ci qui trembla de confiance.

Lapierre se pencha à son oreille et prononça quelques mots. Un frisson secoua les membres du vieillard.

— Notre-Dame de Mi-Forêt ! balbutia-t-il ; j'aimerais mieux aller en enfer !

— Tu n'as pas le choix, mon vieux compagnon, attendu que le diable te garde depuis longtemps une place au lieu que tu viens de nommer. Mais si tu veux n'en jouir que le plus tard possible, comme je le crois, tiens-toi ferme et fais comme moi.

— Notre-Dame ! Saint-Sauveur ! Jésus Dieu ! murmura maître Alain bouleversé.

— Allons, bois un coup ! l'attaque va commencer.

Le vieillard n'était point homme à mépriser ce conseil. Il jeta un regard du côté de Vaunoy, qui ne songeait guère à l'épier, tira son flacon de fer-blanc de sa poche et but tant que son haleine ne lui fit point défaut.

— Il va faire rage, reprit Lapierre, car c'est pour lui un coup de partie ; mais, après tout, il ne peut que nous faire pendre ici, et là-bas nous serons brûlés vifs.

— Pour le moins ! soupira maître Alain avec conviction. Je voudrais être hors de tout cela, dussé-je, après, ne point boire pendant un jour entier !

Vaunoy s'arrêta tout à coup, les sourcils froncés, le regard brillant et résolu. Ce n'était plus le même homme. Toute expression cauteleuse avait disparu de sa physionomie.

Maître Alain se rapetissa et ferma les yeux comme font les enfants craintifs devant la férule du pédagogue. Lapierre, au contraire, assura son fauteuil sur ses quatre pieds, croisa ses jambes et se renversa dans l'attitude du calme le plus parfait.

La terreur de l'un et la provoquante intrépidité de l'autre passèrent également inaperçues. Vaunoy n'y prit point garde.

Au lieu d'éclater en invectives pour retomber ensuite jusqu'à une sorte de flatterie pateline, comme c'était assez sa coutume vis-à-vis de ses deux acolytes, il reprit froidement son siége et les regarda tour à tour d'un air qui fit réfléchir Lapierre lui-même.

— Dans une heure, prononça-t-il lentement et en appuyant sur chaque mot, il faut que l'un de nous monte à cheval.

— Pourvu que ce ne soit pas moi, répondit Lapierre, je n'y mets nul empêchement.

— Taisez-vous! dit le maître de la Tremlays sans élever la voix ; je le répète, l'un de nous doit partir dans une heure. Il le faut. Je pourrais essayer de la force, je suis le maître ; mais la force échouerait peut-être contre votre apathie, Alain, contre votre entêtement, Lapierre ; et le temps est trop précieux pour que je le dépense à sévir contre vous. J'aime mieux mettre votre obéissance à l'enchère. Voyons, lequel de vous deux veut gagner mille livres tournois?

Un éclair d'avide désir s'alluma dans l'œil éteint du majordome.

— Mille livres! répéta-t-il machinalement.

Vaunoy suivit l'effet de sa proposition avec une anxiété

véritable. Il crut un instant que le vieillard était ébloui de la munificence de l'offre, mais il avait compté sans Lapierre.

— Mille livres! répéta ce dernier à son tour. Les morts ne reviennent point pour toucher leurs créances, et vous avez beau jeu, monsieur. Mille livres! Encore si j'avais des héritiers!

Maître Alain se gratta l'oreille et reprit son apparence de momie.

— Deux mille livres! s'écria Vaunoy; je donnerai deux mille livres d'avance, sur-le-champ, à celui qui m'obéira.

Lapierre haussa les épaules, et maître Alain, se modelant sur lui, fit un geste de refus.

Le front de Vaunoy se couvrait de gouttelettes de sueur.

— Mais, Saint-Dieu! que demandez-vous donc! s'écria-t-il d'un ton de détresse. Je vous dis qu'il le faut! Cet homme, de quelque côté que je me tourne, me barre fatalement le chemin. Il me fait obstacle partout. Une fois débarrassé de lui, tous mes embarras disparaissent; tant qu'il vivra, au contraire, je l'aurai toujours devant moi comme une menace vivante.

— Comme qui dirait l'épée de Damoclès, fit observer Lapierre qui avait de la littérature. Tout cela est l'exacte vérité.

— Sa présence ici, poursuivit Vaunoy en s'échauffant, attaque non-seulement mes projets sur ma fille, elle menace encore ma fortune, mon nom, ma vie!

— C'est encore vrai, dit Lapierre.

— Et vous me refusez votre aide au moment où, d'un

seul coup, je pourrais l'écraser ! Dites, faut-il doubler la somme, la tripler, la quadrupler ?

— Huit mille livres, supputa le vieil Alain à voix basse.

— Huit mille livres, mon bon, mon vieux serviteur ! s'écria Vaunoy ; dix mille, si tu veux, et ma reconnaissance, et...

— Un bûcher de bois vert dans quelque coin de la forêt, interrompit Lapierre. C'est tentant.

Vaunoy lui serra le bras avec violence.

— Au moins, dit-il tout bas, ne parle que pour toi et n'influence pas cet homme. Je paierai jusqu'à ton silence.

— A la bonne heure ! répondit Lapierre. Il ne s'agit que de s'expliquer. Combien me donnnerez-vous ?

— Dix louis.

L'ancien bateleur devint muet ; mais il était trop tard. Le coup était porté. Le vieux majordome, ébloui d'abord par les dix mille livres, reculait maintenant devant la pensée de la mort. Vaunoy eut beau renouveler la tentation ; à toutes ses offres, maître Alain ne répondit plus que par le silence.

— Ainsi vous refusez tous les deux ? s'écria enfin le maître de la Tremlays en se levant de nouveau.

— Pour ma part, je refuse, dit hardiment Lapierre.

Maître Alain ne répondit point.

— C'est bien ! murmura Vaunoy. Je devais m'y attendre. Souvent, au moment décisif, l'arme se brise. Il faut alors lutter corps à corps et payer de sa personne... Maître Alain, ajouta-t-il d'une voix brève, préparez mes habits de voyage et mes pistolets. Lapierre, fais seller mon cheval.

Maître Alain se hâta d'obéir. Lapierre resta et regarda Vaunoy en face avec un étonnement inexprimable.

— Ai-je bien compris? dit-il après un instant de silence ; songeriez-vous à risquer vous-même cette démarche ?

— Fais seller mon cheval, te dis-je.

— A votre place, je serais moins pressé... Allons ! au demeurant, cela vous regarde, et si, par hasard, vous revenez avec votre tête sur vos épaules, je conviens que le capitaine est un homme mort.

Il fit mine de sortir ; mais, arrivé au seuil, il se retourna.

— Vous êtes plus brave que je ne croyais, dit-il encore. Le diable vous doit protection, et peut-être... C'est égal ! le jeu est chanceux, et j'aime mieux qu'il soit à vous qu'à moi.

Vaunoy, resté seul, se laissa tomber sur un siége. Quand ses deux acolytes revinrent lui annoncer que tout était prêt pour son départ, il se leva et prit le chemin de la cour. Il se mit en selle sans mot dire. Les rubis de sa joue avaient fait place à une effrayante pâleur.

Il partit.

Dès que son cheval eut passé le seuil de la grand'-porte, Lapierre hocha la tête et dit avec ironie :

— Bon voyage !

— En veux-tu? lui demanda maître Alain qui lui présenta sa bouteille carrée.

— Volontiers, répondit Lapierre ; il est permis de boire après la bataille. J'ai la tête faible, vois-tu, et si j'avais embrassé trop tendrement ton flacon ce matin, peut-être serais je, à l'heure qu'il est, au lieu et place de M. de Vaunoy, sur le grand chemin du cimetière. A sa santé !

— *Requiescat in pace !* prononça gravement le majordome.

XXIII

VOYAGE DE JUDE LEKER

Hervé de Vaunoy n'était point, tant s'en fallait, un homme téméraire. La démarche qu'il tentait et qui l'exposait en réalité à un danger terrible était, pour nous servir de l'expression de Lapierre, un coup de partie...

Une manière de duel à mort où il jouait sa vie contre celle de Didier.

Peut-être, aveuglé par son désir passionné de se défaire du jeune homme, se dissimulait-il une partie du péril ; peut-être comptait-il sur des moyens de réussite dont il avait fait mystère à ses deux aides. Quoi qu'il en soit, sa terreur restait grande, et quiconque l'eût rencontré, tremblant et blême sur son cheval n'aurait eu garde de le prendre pour un coureur d'aventures.

Bien avant l'heure de son départ, l'ancien écuyer de Nicolas Treml, Jude Leker, avait, comme nous l'avons dit, quitté le château pour se rendre à la demeure de Pelo Rouan, le charbonnier.

Jude était arrivé la veille en Bretagne, inquiet, mais plein d'espoir. Au pis-aller, Georges Treml, le petit-fils de son seigneur, avait était dépouillé peut-être de son héritage, et Jude avait en main ce qu'il fallait pour le lui rendre.

Maintenant l'inquiétude s'était faite angoisse, et l'espoir se mourait. Mieux eût valu mille fois retrouver l'enfant et perdre le coffret dépositaire de la fortune de Treml.

Georges vivant aurait eu son épée pour soutenir sa querelle ; Georges mort ou absent, il ne restait plus qu'un vain droit.

Le coffret, c'est-à-dire l'immense domaine de Treml, était sans maître légitime, et le dévouement de Jude, que vingt années d'exil n'avaient pu entamer, restait désormais sans but.

Il y avait bien encore la vengeance, ce suprême mobile des gens qui n'espèrent plus. Mais Jude était vieux. Sa loyale nature comportait plus d'amour que de haine. La vengeance, qui a tant d'attraits pour certaines âmes, lui apparaissait comme une inutile et triste compensation.

— Je chercherai, se disait-il en retrouvant son chemin dans les sentiers connus de la forêt ; je chercherai longtemps, toujours. Si j'acquiers la preuve de sa mort, et je prie Dieu d'épargner cette douleur à ma vieillesse, j'irai vers son assassin et je le tuerai au nom de Nicolas Treml.

Il ne pouvait faire un pas dans ces routes tortueuses

et sombres, tant de fois parcourues jadis, sans rencontrer un souvenir. C'était par ce sentier que le vieux maître de la Tremlays avait coutume de chevaucher lorsqu'il se rendait avec son petit-fils à son beau manoir de Boüexis ; à ce détour, Loup, le magnifique et fidèle animal, avait forcé un sanglier après un combat héroïque ; ce chemin percé dans le fourré, et si étroit qu'un chevreuil semblait y pouvoir passer à peine, menait droit à l'étang de La Tremlays, — l'étang de la Tremlays, qui peut-être était le tombeau du dernier Treml !

Le cœur de Jude se fendait, ses yeux secs brûlaient.

Autrefois, Jude s'en souvenait, on voyait fumer sous le couvert les toits des charbonniers. Maintenant plus rien. Les cabanes étaient là, les unes debout encore, les autres à demi ruinées, mais la plupart semblaient désertes. Au lieu du bruit incessant du ciseau et de la doloire, le silence régnait, un silence uniforme, universel.

Quel fléau avait donc passé sur la forêt de Rennes ? Quelle peste avait dépeuplé ces clairières et mis cette apparence de mort en ces lieux jadis si pleins de mouvement et de vie ?

Jude allait, plus triste et plus morne que ces alentours si mornes et si tristes. Il se signait par habitude aux croix des carrefours auxquelles ne pendaient plus les dévotes offrandes des fidèles. Il prononçait des noms connus en passant auprès de certaines loges abandonnées, et nulle voix ne lui répondait.

Parfois une forme humaine se montrait à un coude de la route ; mais elle disparaissait aussitôt comme un éclair, et Jude, vieux chasseur habitué aux êtres de la forêt, devinait, à l'imperceptible agitation des basses branches du taillis, que la solitude n'était pas si complète en réalité qu'en apparence, et que plus d'un regard était ouvert derrière ces épaisses murailles de verdure.

Lorsqu'il approcha de la croix de Mi-Forêt, qui, comme l'indique son nom, marquait à peu près le centre des bois, le paysage changea et devint plus désolé encore s'il est possible. En ce lieu, toutes les routes de grande communication qui traversent la forêt se croisent. Les clairières y sont plus abondantes que partout ailleurs, et le voisinage des chemins avait rassemblé dans les environs une multitude d'industries forestières.

Tout le long des larges et belles allées qui se coupaient en étoile au pied de la croix, on voyait jadis une bordure de loges couvertes en chaume, où travaillaient des tonneliers, des vanniers et des sabotiers.

Jude trouva ces loges incendiées pour la plupart; celles qui, çà et là, restaient debout, étaient dévastées et gardaient des traces non équivoques de ravages opérés par la main de l'homme.

Jude s'arrêtait devant ces ruines rustiques et rappelait les souvenirs du passé. Au temps où Treml était seigneur du pays, toutes ces loges étaient habitées et tous leurs habitants étaient heureux.

— Les *gens de France* ont passé par là! se disait le vieil écuyer. Sous prétexte d'impôts, ils ont demandé la bourse ou la vie, et les hommes de la forêt n'ont pas de bourse.

Jude devinait juste. Ces ruines étaient l'œuvre des agents du fisc, secondés, il faut le dire, par quelques gentilshommes du pays rennais, parmi lesquels Hervé de Vaunoy se distinguait au premier rang.

M. de Pontchartrain, premier intendant royal, et, après lui, M. Béchameil, marquis de Nointel, ayant pris, suivant la coutume, à forfait la levée de l'impôt breton, avaient un intérêt évident à ne laisser aucune partie de la province se prévaloir d'une exception uniquement fondée sur l'usage. Ils voulurent forcer les gens de la forêt à solder leur part des tailles, et ne reculèrent devant aucune extrémité pour en venir à leurs fins.

C'était ce que Jude appelait demander la bourse ou la vie.

Quant aux gentilshommes, leur intérêt était autre, mais également évident.

Les hommes de la forêt, disséminés sur les divers domaines qui formaient la majeure partie de cette énorme tenue, prétendaient droit d'usage gratuit et grevaient par le fait ces domaines d'une véritable et lourde servitude.

Tant que Nicolas Treml avait vécu, comme il possédait, lui seul, autant et plus de biens que tous les autres gentilshommes ensemble, ces derniers s'étaient modelés sur lui. Or Treml était un vrai seigneur, doux au faible, rude au fort, et plus disposé à faire l'aumône à ses voisins qu'à leur disputer le chétif soutien de leur existence.

Vaunoy avait pris sa place et mis sa lésinerie de gentillâtre dans toutes les affaires que son cousin avait traitées en gentilhomme. Les propriétaires des alentours, autorisés par ce nouvel exemple, firent de même, et ce fut bientôt de toutes parts un système d'attaque et de compression contre les malheureux de la forêt.

D'un côté, le fisc ; de l'autre, les propriétaires. Celui-là leur arrachait leurs faibles épargnes, ceux-ci leur enlevaient tout moyen de vivre.

Les gens de la forêt, nous croyons l'avoir déjà dit, ressemblaient plus au sanglier qu'au lièvre ; néanmoins dans le premier moment, traqués, poursuivis de toutes parts, ils ne cherchèrent leur salut que dans la fuite, et se cachèrent au fond des retraites ignorées qui pullulaient alors dans le pays.

Mais leur naturel farouche et belliqueux supportait impatiemment cette tactique pusillanime ; pour combattre, ils n'avaient besoin que de se concerter.

Au premier appel, ils se levèrent.

Les épais fourrés de la forêt vomirent inopinément cette population sauvage, et mal en prit aux agents du fisc aussi bien qu'aux avares propriétaires qui avaient suscité cette tempête. Bien des cadavres jonchèrent la mousse des futaies, bien des ossements blanchirent sous le couvert, et, par les nuits noires, plus d'une gentilhommière, attaquée à l'improviste, porta la peine de la cupidité de son maître.

On fit venir des soldats de Rennes et de toutes les villes environnantes ; mais, à mesure que l'attaque s'opiniâtrait, la résistance s'organisait plus puissante. Il devint évident que les insurgés (car leur nombre et leurs griefs défendaient qu'on les appelât bandits) avaient un chef habile et résolu, dont les ordres, quels qu'ils fussent, étaient suivis avec une aveugle soumission.

Le moment vint où la défense, conduite avec un ensemble merveilleux déborda l'attaque.

Les rôles changèrent. Les opprimés devinrent agresseurs, et un beau jour cinq mille paysans en sabots, le visage couvert de masques bizarres, firent irruption jusque dans Rennes et pillèrent l'hôtel de M. le lieutenant du roi.

De ce moment, la terreur se mit de la partie. L'insurrection acquit ce prestige qui est à toute entreprise comme un gage assuré de succès. On entoura le chef des révoltés d'une mystérieuse auréole, et chacun eut à raconter sur son compte quelque miraculeux exploit. Les gens de la forêt devinrent populaires à vingt lieues à la ronde. Ils eurent leurs généalogistes, et les savants du crû prirent la peine de rattacher leur association par des liens historiques et d'ailleurs incontestables à la fameuse société politique des *Frères bretons*, qui, au milieu du siècle précédent, avaient failli enlever la Bretagne à la domination française.

Dès l'origine du soulèvement, les principaux conjurés s'étaient réunis en sociétés secrètes, sous les ordres de ce chef qui devait bientôt se rendre si redoutable. En ce temps déjà, les hommes de la forêt étaient les partisans naturels de cette association ; mais rien n'était organisé ; les membres affiliés de prime abord avaient tout à craindre.

Ce fut sans doute ce danger qui leur inspira la pensée d'entourer leurs actions d'un mystère absolu et de ne jamais quitter leur retraite sans avoir le visage couvert d'un masque.

Ce masque était tout simplement un carré de peau

de loup. De là le surnom qu'on leur donna d'abord comme un méprisant sobriquet, et qui, peu de mois après, était prononcé avec terreur dans tout le pays de Rennes.

Les choses subsistèrent ainsi pendant des années, avec diverses chances de succès et de revers pour les Loups, mais sans que jamais les troupes du gouvernement pussent entamer le centre de leurs opérations.

Depuis un temps assez long, les gentilshommes du voisinage avaient conclu avec la forêt une sorte de trêve tacite, et l'intendant royal, découragé, avait discontinué ses efforts. Mais Béchameil, six mois avant l'époque où commence notre histoire, eut la malencontreuse idée de recommencer les hostilités.

L'explosion fut terrible.

Presque toutes les loges devinrent désertes le même jour. Charbonniers, tonneliers, vanniers, etc., se rassemblèrent et coururent à la retraite permanente du noyau de l'affiliation.

Là ils trouvèrent, comme toujours, des chefs et des armes ; le lendemain, la révolte était de nouveau aux portes de Rennes ; le surlendemain, l'hôtel de l'intendant royal était au pillage.

En conscience, il fallait bien que des gens de la forêt trouvassent leur vie quelque part. Ils avaient pour eux la prescription que nos codes rangent au nombre des « manières d'acquérir la propriété, » non pas la prescription de cinq ans qui achète les meubles, non pas même la prescription trentenaire qui conquiert les immeubles, mais une prescription plusieurs fois centenaire !

On leur prenait ce qui de père en fils, avait toujours été à eux, ce que les tribunaux, mis en demeure de juger, selon la coutume de Bretagne et la loi romaine, leur auraient certainement concédé.

D'un autre côté, le fisc leur arrachait le fruit de leur labeur.

Il aurait fallu opposer l'idée chrétienne à leurs rancunes et la charité à leur ruine ; mais au lieu de prêtres on leur envoya des soudards.

Ils ne travaillèrent plus, et ce fut tant pis pour leurs voisins. Les soldats du roi, par représailles, démolirent ou incendièrent les loges qui bordaient les grandes allées ; mais c'était là peine perdue. Les loups savaient où trouver ailleurs un asile ; ils apprenaient en outre à s'indemniser largement des pertes qu'on leur faisait subir.

Après l'intendant royal, ce fut Hervé de Vaunoy qui reçut les plus rudes atteintes de leur méchante humeur. Hervé de Vaunoy avait beau faire mystère de sa rancune profonde contre les Loups, qui, à diverses reprises, avaient cruellement maltraité ses domaines ; il avait beau se cacher pour conseiller la rigueur au pacifique Béchameil : chaque fois que, derrière le rideau, il suggérait quelque mesure impitoyable, les Loups se vengeaient immédiatement.

On eût dit, tant le châtiment suivait de près l'offense, que le chef des Loups avait au château de La Tremlays des intelligences ou des espions.

Tout récemment, Vaunoy ayant ouvert l'avis que, pour détruire l'insurrection dans sa racine, il fallait attaquer la Fosse-aux-Loups et sonder le ravin, son manoir de Boüexis fut, vingt-quatre heures après, dévasté de fond en comble.

En somme, les Loups n'avaient point d'ennemi plus mortel qu'Hervé de Vaunoy, et ils lui rendaient depuis longtemps haine pour haine.

Jude savait une partie de ces choses, et devait sous peu apprendre le reste. Dans cette querelle, son choix ne pouvait être douteux. Le souvenir de son maître et ses vieilles sympathies le portaient vers les Loups qui étaient des *Bretons*, comme disait dame Goton avec tant d'emphase.

Mais Jude n'avait ni la volonté ni le loisir de prêter l'appui de son bras aux gens de la forêt. Sa mission était définie ; les dernières paroles de Treml mourant retentissaient encore à son oreille, et il eût regardé comme un crime de s'arrêter sur la voie tracée par le suprême commandement de son maître, ou même de s'écarter un instant du droit chemin.

Il était huit heures du matin à peu près quand Jude arriva en vue de la croix de Mi-Forêt. Ce lieu était en grande vénération dans tout le pays, et les bonnes gens des alentours avaient surtout une dévotion en quelque sorte patriotique pour une petite madone dont la niche était pratiquée dans le bois même de la croix.

C'était à cette vierge, connue sous le nom de Notre-Dame de Mi-Forêt, que Nicolas Treml avait dit son dernier *Ave* en quittant la terre de Bretagne qu'il n'espérait plus revoir.

Jude mit pied à terre devant le monument rustique, s'agenouilla et pria.

Quelques minutes après, il apercevait, à travers l'épais branchage d'un bouquet de hêtres, la fumée du toit de Pelo Rouan, le charbonnier.

La loge de Pelo se cachait au centre du bouquet, et s'élevait, adossée à un petit mamelon couvert de bruyères, au pied duquel il avait bâti ses fours à charbon.

L'aspect de ce lieu était agreste, mais riant, et un petit jardin, tout empli de fleurs comme une corbeille, donnait à la cabane un peu de calme et de bien-être.

Ce jardin était le domaine de Marie. C'était elle qui plantait et arrosait ces fleurs.

Au moment où Jude dépassait les derniers arbres, Marie, assise sur le pas de sa porte, tressait un panier de chèvrefeuille. Son esprit n'était pour rien dans son travail, mais ses petits doigts blancs, roses et effilés, pliaient si dextrement les branches parfumées que le travail ne se ressentait point de sa distraction.

En tressant, elle chantait, mais ce n'était pas non plus son chant qui captivait sa pensée. Sa voix pure s'échappait par capricieuses bouffées ; la mélodie s'interrompait brusquement, puis reprenait tout à coup, tantôt mélancolique et lente, tantôt vive et joyeuse, toujours charmante.

Ce qui occupait Fleur-des-Genêts tandis qu'elle travaillait ainsi, seule, sur le pas de sa porte, c'était Didier, l'ami de son enfance. Il avait promis de l'épouser. Elle l'avait revu.

Elle était heureuse et savourait sa joie ; elle n'en voulait rien perdre et chassait avec soin toute pensée de doute ou de crainte.

Pourquoi douter ? pourquoi craindre ? n'était-il pas

aussi fier et noble de cœur que de mine ? avait-il jamais menti ?

Aussi le chant de Marie était une prière, hymne d'actions de grâces qui s'exhalait de son cœur pour monter vers le ciel.

Elle avait mis, ce matin, une sorte de coquetterie naïve dans sa parure. Les corolles d'azur de quelques bluets d'automne se montraient çà et là dans l'or ruisselant de sa chevelure. Elle avait serré, à l'aide de rubans de laine, le corsage aux couleurs voyantes des filles de la forêt, et ses petits sabots, comparables aux mules de cristal des contes de fées, rendaient plus remarquable la mignonne délicatesse de son pied.

Mais sa parure n'était pas tant dans ces ornements champêtres que dans l'allégresse angélique qui rayonnait à son front. Le regard de ces grands yeux bleus, reconnaissants et dévots, allaient vers Dieu avec son chant. Elle était belle ainsi et digne du gracieux nom qu'avait trouvé pour elle la poésie des chaumières, car elle avait de la fleur l'éclat, la fraîcheur et les parfums.

Jude l'aperçut et un sourire paternel vint à sa lèvre de vieux soldat. Lorsque Marie le vit à son tour, elle rougit, effrayée, et voulut s'enfuir, mais le loyal visage de Jude la rassura.

Elle se leva et fit la révérence avec le respect qu'on doit à un vieillard.

— Ma fille, dit l'écuyer, je cherche la demeure de Pelo Rouan.

— C'est mon père, répondit Fleur-des-Genêts.

— Dieu lui a donné une douce et belle enfant, ma

fille. Puisque c'est ici sa demeure, je vais entrer, car je veux l'entretenir.

Jude joignit l'action à la parole et mit le pied sur le seuil, mais Fleur-des-Genêts lui barra vivement le passage.

— On n'entre pas ainsi, dit-elle doucement, dans la maison de Pelo Rouan. Je voudrais vous dire : Arrêtez-vous ici et reposez-vous. Mais nul ne passe le seuil de notre pauvre demeure ; tel est l'ordre de mon père.

— Cependant... voulut insister Jude.

— Tel est l'ordre de mon père, répéta résolûment Marie.

L'honnête écuyer avait un besoin trop sérieux d'interroger Pelo Rouan pour se payer d'un semblable refus. De son côté, Fleur-des-Genêts, obéissante et vaillante, exécutait à la lettre la consigne de son père et fermait la porte, à tout venant. En cette circonstance, elle avait tout l'air de vouloir défendre opiniâtrement la brèche. Heureusement les choses n'en devaient pas venir à cette héroï-comique extrémité.

A ce moment, en effet, une voix se fit entendre tout au fond de la loge.

— Enfant, dit-elle, regarde bien la figure de cet homme, pour ne lui refuser jamais l'entrée de la demeure de ton père. Fais place !

Fleur-des-Genêts se rangea aussitôt. Jude, étonné, restait immobile et hésitait à s'avancer.

— Approche, Jude Leker ! reprit la voix. Sois le bienvenu, bon serviteur de Treml ! Je t'attendais.

XXIV

LA LOGE

Nul obstacle n'empêchait plus Jude Leker de franchir le seuil de la loge. Fleur-des-Genêts, en effet, obéissant à la voix de son père, s'était mise à l'écart. Néanmoins, le vieil écuyer ne se pressait point de profiter de la permission donnée. Il demeurait immobile, à la même place, craignant un piége et se demandant quel pouvait être cet homme qui affectait de prononcer le nom de Treml avec respect.

La défiance, au reste, était permise en ce temps et en ce lieu. L'intérieur de la loge avait un aspect peu attrayant et fait au contraire pour inspirer les soupçons. La lumière n'y pénétrait que par la basse ouverture de la porte, de telle sorte que, du dehors, tout y paraissait plongé dans une obscurité profonde.

Jude était arrivé de la veille. Vingt années de captivité avaient dû changer son visage, et pourtant il y avait là, dans la nuit de cette sombre loge, un homme qui savait son nom et qui lui disait :

— Je t'attendais !

Etait-ce un ami ou un ennemi ? et cette cabane inhospitalière, qui s'ouvrait pour lui seul, ne cachait-elle pas une embûche ?

Jude était brave jusqu'à la témérité ; mais il se devait à la volonté dernière de son maître : il avait frayeur de mourir avant d'avoir obéi.

Néanmoins, son hésitation ne fut point de longue durée. Un second regard jeté sur les traits angéliques de Fleur-des-Genêts, chassa de son esprit toutes noires pensées. Où habitait cette enfant il ne pouvait y avoir trahison.

Jude entra dans la cabane. Ses yeux, habitués au grand jour, ne distinguèrent rien d'abord.

— Par ici, dit la voix.

Le bon écuyer tourna aussitôt ses regards de ce côté, et aperçut dans l'ombre épaisse qui emplissait le fond de la loge deux points ronds et lumineux comme les yeux d'un chat sauvage. Il avança résolûment ; une main saisit la sienne et l'attira vers un banc de bois.

Dans cette position, Jude se trouva assis, tournant le flanc au vif rayon de jour qui pénétrait par l'ouverture. Sa vue qui s'accoutumait graduellement aux ténèbres, lui permit de distinguer la forme de la cabane et de son ameublement.

C'était une grande chambre carrée, sans fenêtres, ou dont les fenêtres étaient hermétiquement bouchées. Le plafond était si bas, que l'écuyer s'étonna de ne l'avoir point touché du front pendant qu'il était debout.

Dans l'un des angles opposés à la porte, une planche inclinée, recouverte de paille, servait sans doute de lit à l'un des habitants de cette pauvre retraite. Le reste de l'ameublement consistait en deux bancs et quelques escabelles qui entouraient une table de bois simplement dégrossi.

Rien dans tout cela qui pût servir au sommeil d'une jeune fille. Marie devait avoir une autre retraite.

Entre Jude et le jour il y avait la silhouette entièrement noire d'un homme assis, comme lui, sur un banc. Les deux points ronds et lumineux que Jude avait aperçus dans l'obscurité se trouvaient maintenant entre lui et le jour : c'étaient les yeux d'un homme.

— C'est vous qui êtes le charbonnier Rouan ? lui demanda Jude.

— Je suis en effet celui qu'on nomme ainsi, mon compagnon ; et je te répète : sois le bienvenu dans ma maison ; je t'attendais.

— Vous me connaissez donc ?

— Peut-être bien, mon homme.

— Moi, je ne puis dire si je vous connais, car je ne vois point votre visage.

Pelo se leva en silence, prit la main de Jude et le conduisit au seuil. Là, il exposa en plein sa face noircie aux rayons du jour.

— Je ne vous connais pas, dit Jude après l'avoir attentivement examiné.

Pelo Rouan regagna sa place première, et Jude le suivit.

— Tu as raison, dit lentement le charbonnier, tu ne

me connais pas. Cette loge a été bâtie longtemps après le départ de Nicolas Treml. Mais ce n'est pas pour me parler de toi ou de moi que tu as quitté le château ?

— C'est vrai. Je suis venu vers vous...

— Tu as bien fait, interrompit Pelo Rouan, et tu fais toujours bien, Jude Leker, parce que ton cœur est fidèle et loyal. Quant au motif de ta visite point n'est besoin de me l'apprendre, je le sais.

— Vous le savez ! répéta Jude avec surprise.

— Je le sais. Tu viens me demander des nouvelles d'un malheureux idiot qu'on appelait Jean Blanc.

— Serait-il mort? s'écria Jude.

— Non. Et tu veux savoir de ses nouvelles, afin d'apprendre de lu le sort de l'héritier de Treml.

— C'est vrai ! c'est encore vrai ! murmura Jude dont l'honnête mais lourde nature était violemment secouée par le mystère de cette scène. Vous qui connaissez l'unique but de ma vie, qui êtes-vous, au nom de Dieu, répondez : qui êtes-vous ?

— Je suis le charbonnier Rouan, répondit Pelo avec simplicité : un pauvre homme dont la vie obscure fut cruellement éprouvée, un malheureux qui a quelques bienfaits à payer et bien des outrages à venger.

— Et savez-vous quelque chose du petit monsieur Georges ?

La voix de Pelo se fit profondément triste pendant qu'il répondait :

— Je ne sais rien, rien que ce que vous savez vous même. Plût au ciel que le château de la Tremlays eût gardé son dépôt aussi fidèlement que le chêne de la Fosse-aux-Loups.

Ces derniers mots firent sauter Jude sur son banc.

— Le chêne de la Fosse-aux-Loups ! balbutia-t-il.

— Le creux du chêne de la Fosse-aux-Loups, répéta Pelo Rouan.

Si l'obscurité eût été moins épaisse, on eût pu voir Jude changer deux ou trois fois de couleur dans l'espace d'une seconde. Il prit entre ses doigts de bronze le bras du charbonnier, et le serra convulsivement.

— Qui que tu sois, tu en sais trop long ! dit-il d'une voix basse et menaçante.

Le bras de Rouan était bien frêle pour appartenir à un homme de sa taille. La force de Jude était si évidemment supérieure qu'il semblait que le bon écuyer ne dût avoir qu'un geste à faire pour renverser son hôte sous ses pieds.

Néanmoins, celui-ci garda une contenance tranquille et se renferma dans le silence.

— Qui t'a dit cela ? poursuivit Jude dont la voix tremblait. Sur mon salut, il faut que tu donnes ton âme à Dieu, car tu as surpris le secret de Treml, et c'est moi qui suis le gardien de ce secret.

Et Jude, sans lâcher le bras de Rouan, porta vivement la main à son épée.

Mais, pendant que le bon écuyer dégainait, le maigre bras de Pelo Rouan tourna entre ses doigts robustes : les muscles de ce bras se tendirent et devinrent d'acier.

Jude voulut serrer plus fort, et ses doigts choquèrent la paume de sa main, qui était vide.

D'un bond, Pelo avait franchi toute la longueur de la loge. Jude n'apercevait plus que le rouge éclat de ses yeux qui brillaient de loin dans l'ombre.

Il se précipita de ce côté ; le bruit d'un pistolet qu'on armait ne l'arrêta point : mais, dans sa course, il heurta du pied contre une escabelle renversée et tomba lourdement sur le sol.

A l'instant même, le genou de Pelo Rouan s'appuya sur sa poitrine.

— Si tu te relèves, tu me tueras, mon homme, dit le charbonnier avec calme ; c'est pourquoi, si tu essaies de te relever, je te tue.

Jude sentit sur sa tempe la froide bouche du pistolet.

— La vieillesse ne t'a point changé, reprit Pelo : brave cœur et cervelle bornée. Que veux-tu que je fasse de ton secret ? et si les cent mille livres m'eussent tenté, seraient-elles encore au creux du chêne ?

— C'est vrai, dit pour la troisième fois le pauvre Jude ; mais je ne sais pas qui vous êtes...

— Peut-être ne le sauras-tu jamais. Que t'importe ? Je t'ai laissé voir que je suis l'ami de Treml, et Treml, vivant ou mort, a-t-il trop d'amis pour que deux d'entre eux ne daignent point s'expliquer avant de s'entr'égorger, lorsque la Providence les rassemble ?

— Je suis à votre merci, murmura Jude. Puisse Dieu permettre que vous soyez en effet un ami de Treml.

Pelo Rouan ôta son genou et Jude se releva.

— Ramasse ton épée, dit le charbonnier ; j'ai confiance en toi, bien que tu te sois fait le valet d'un Français.

— Un brave jeune homme !

— Un ennemi de la Bretagne ! Mais il ne s'agit point de lui. Revenons à Treml.

Jude remit son épée dans le fourreau, et tous deux s'assirent de nouveau sans défiance l'un près de l'autre.

— Vous avez été généreux, dit Jude, car je vous avais rudement attaqué. Aussi, je ne vous demanderai point qui vous a rendu maître du secret de notre monsieur. Entre vos mains, il est en sûreté ; je me fie à vous, comme vous à moi. Touchez là, s'il vous plaît.

— De grand cœur mon homme. Jean Blanc m'a souvent parler de vous. Vous étiez miséricordieux et bon pour le pauvre insensé. Merci pour lui qui s'en souvient, ami Jude, et qui vous rendra peut-être quelque jour le bien que vous lui avez fait.

— Qu'il le rende à Treml, le pauvre garçon !

— Il a fait ce qu'il a pu pour Treml, dit Pelo Rouan avec tristesse et solennité.

— Sans doute, mais ce qu'il pouvait était, par malheur, peu de chose.

— Autrefois, il en était ainsi, parce que Jean Blanc ne savait rendre que le bien pour le bien. Depuis lors, il a appris à rendre le mal pour le mal, et il est devenu fort.

— N'est-il donc plus fou ? demanda Jude.

— Dieu nous envoie parfois des épreuves si violentes que les gens sains en perdent l'esprit, répondit Pelo Rouan ; par contre, ces secousses rendent parfois aussi la raison aux insensés. Jean Blanc n'est plus fou,

— Et a-t-il conservé la mémoire des faits depuis longtemps passés ?

— Il se souvient de tout.

— Il faut que je le voie ! s'écria Jude.

Un tremblement agita le corps de Pelo Rouan.

— Voir Jean Blanc ! dit-il d'une voix étrange ; il y a bien longtemps que personne n'a pu se vanter de l'avoir rencontré face à face. Croyez-moi, contentez-vous de m'interroger moi-même et ne cherchez pas à rejoindre Jean Blanc.

— Mais il me dirait peut-être...

— Rien que je ne puisse vous apprendre.

— Vous n'êtes pas dans sa peau, que diable ! s'écria Jude que l'impatience reprenait.

— Il m'a tant de fois ouvert son cœur et ses souvenirs ! répondit le charbonnier avec douceur. Écoutez. Voulez-vous que je vous raconte le lâche assassinat de l'étang de la Tremlays ? J'en sais les moindres circonstances. Il me semble voir l'infâme Hervé de Vaunoy.

— Contez ! contez ! interrompit Jude avidement ; je ne hais pas encore assez cet homme ?

Pelo Rouan raconta dans le plus minutieux détail le meurtre infâme dont Vaunoy s'était rendu coupable sur la personne d'un enfant de cinq ans, petit-fils de son bienfaiteur. Il parla longtemps, et Jude l'écouta constamment avec une religieuse attention. La mort de Loup le chien fidèle, arracha une larme au vieil écuyer et l'arrivée de l'albinos, sautant au milieu de l'étang pour sauver le petit Georges, lui fit pousser un cri d'enthousiasme.

— Après ! après ! dit-il en retenant son souffle ; que Dieu récompense le pauvre fou ! Après ?

Pelo reprit son récit. En arrivant à l'accès de délire qui saisit Jean Blanc dans la forêt, sa voix faiblit et chevrotta comme la voix d'un homme qui se retient de pleurer.

— Jean abandonna l'enfant, dit-il. Quand il revint, il n'y avait plus sur le fossé que la veste de peau de mouton qui était en ce temps-là son vêtement ordinaire. Il tomba sur ses genoux. Il pria Dieu... Dieu et Notre-Dame... il pleura...

Jude haussa les épaules avec colère.

— Il pleura des larmes de sang ! reprit Pelo Rouan dont un sanglot souleva la poitrine et, quand il parle de cette affreuse soirée, il pleure encore, car le souvenir de Treml vit au fond de son cœur.

— Mais pourquoi ne pas courir, chercher ?...

— Son esprit, en ce temps, était bien faible, et ses crises le laissaient brisé. Il resta jusqu'au lendemain matin affaissé sur le sol, sans force et sans pensée. Le lendemain, il courut, il chercha, mais il était trop tard, et il ne trouva point.

— Et nulle trace depuis lors ? aucun indice ?

— Rien.

Pelo Rouan prononça ce dernier mot d'un ton découragé.

Jude, qui jusqu'alors avait dévoré chacune de ses paroles, laissa retomber ses bras le long de son corps, et courba la tête.

— Rien, répéta-t-il ; mais alors il n'y a donc plus d'espoir ?

12*

— Il y a bien longtemps que Jean Blanc a perdu tout espoir, répondit le charbonnier ; mais Dieu est bon et la race de Treml ne produisit jamais que des justes et des chrétiens. Peut-être le Petit Georges a-t-il été recueilli. En ce cas, la Providence aidant...

Pelo Rouan hésita.

— Eh bien ! fit Jude qu'alliez-vous dire ?

— J'allais dire qu'il ne serait pas impossible de reconnaître l'enfant.

— Comment cela ? demanda vivement Jude Leker.

— Jean Blanc avait une de ces médailles de cuivre qu'on frappait autrefois à Vitré en l'honneur de Notre-Dame de Mi-Forêt. C'était le seul héritage que lui eût laissé sa mère. Quand sa folie le prit, dans cette horrible soirée, il la sentit venir, et dévôt à la sainte Mère de Dieu, il passa la médaille au cou de l'enfant, qu'il mit ainsi sous la garde de Notre-Dame.

— Mais il y a tant de ces médailles !

— Celle de Jean Blanc avait sur le revers, une croix gravée au couteau, et Mathieu Blanc, son père, en possédait seul une semblable, qui est maintenant au cou de Marie.

— Cette belle enfant que je viens de voir ?

— La fille de Jean Blanc, l'albinos.

Marie, qui continuait sa corbeille de chèvre-feuille au dehors, entendit prononcer son nom et montra sa blonde tête à la porte.

— La fille de... commença Jude.

— Silence ! interrompit le charbonnier. Elle se croit ma fille. Approche, Marie.

Fleur-des-Genêts obéit aussitôt, et Pelo Rouan, prenant la médaille qui pendait à son cou, la mit entre les mains du vieil écuyer.

Celui-ci la tourna et retourna dans tous les sens.

— Puisse Dieu me faire rencontrer la pareille ! murmura-t-il. Je la reconnaîtrais entre mille, mais c'est un pauvre et bien faible indice.

Marie s'éloigna sur un signe du charbonnier, et bientôt on entendit au dehors la suave mélodie du chant d'Arthur.

— Elle chante, en effet, la chanson de Jean Blanc, dit Jude.

— Mais je ne vous ai pas tout dit, mon compagnon, dit le charbonnier en changeant de ton subitement, il est encore une chance de retrouver l'héritier de Treml ; cette chance est précaire il est vrai ; cependant, elle peut amener un résultat avec l'aide de Jean Blanc.

— Jean Blanc ! murmura Jude d'un air de doute ; vous me parlez toujours de Jean Blanc. Que peut le pauvre diable, lorsque des hommes ne peuvent pas ?

— Vous ne savez pas ce que c'est que Jean Blanc, dit le charbonnier avec une légère emphase dans la voix. Je vais vous dire où est sa force et ce qu'il peut pour le fils de Treml.

XXV

HUIT HOMMES ET UN COLLECTEUR

Les derniers mots de Pelo Rouan avaient relevé le vieil écuyer de Treml. Quand on désire ardemment, l'espoir perdu revient vite, et la simple possibilité dont parlait le charbonnier remit du courage au cœur de Jude.

Il s'approcha pour ne pas perdre une parole et attendit impatiemment la confidence de Rouan.

Mais celui-ci était tombé dans la rêverie et gardait le silence.

— Eh bien? dit Jude, le moyen de retrouver notre jeune monsieur?

Pelo Rouan sembla s'éveiller.

— Le moyen, répéta-t-il ; j'ai parlé d'une chance faible et précaire. Crois-tu donc que s'il y avait eu un moyen, Jean Blanc ne l'aurait pas employé?

— Toujours Jean Blanc! pensa Jude.

Et la curiosité se joignit au puissant intérêt du dévouement pour stimuler son impatience. Quel miracle avait grandi le malheureux albinos jusqu'à faire de lui l'arc-boutant sur lequel s'appuyait désormais la destinée de Treml ?

— Il y a vingt ans de cela, reprit Pelo Rouan avec lenteur et comme s'il se fût parlé à lui-même ; mais ce sont des choses dont le souvenir ne se perd qu'avec la vie. Ecoute, mon homme : quand j'aurai dit, tu connaîtras Jean Blanc comme il se connaît lui-même.

C'était quelques mois après la disparition de l'enfant. Ponchartrain, que Dieu confonde ! était encore intendant de l'impôt, et ses agents n'avaient jamais osé jusque-là pénétrer dans les retraites écartées des pauvres gens de la forêt. Un matin que Jean coupait du cercle chataignier dans la partie du bois qui borde la route de Rennes, il vit une nombreuse cavalcade s'enfoncer dans la forêt.

« Il y avait des soldats armés en guerre ; il y avait aussi de ces sangsues couvertes de drap noir, dont nous devions apprendre bientôt les attributions et le métier.

« Au devant de la troupe marchaient deux gentilshommes.

« Ce pouvait être une compagnie de bourgeois, de nobles et de soldats, faisant route vers la France ; mais Jean Blanc avait cru reconnaître, dans l'un des gentilshommes qui chevauchaient en tête, le lâche Hervé de Vaunoy. Or, depuis l'aventure de l'enfant, Vaunoy haïssait terriblement Jean Blanc, qui n'avait point su retenir sa langue. »

— Il avait bien fait ! interrompit Jude. Son devoir était de publier partout le crime.

— Il ne faut pas parler de trop bas, quand on dit certaines choses, ami Jude, murmura Pelo Rouan qui secoua la tête : Jean Blanc était alors une créature un peu moins considérée que Loup, le chien de Nicolas Treml. Loup voulut aboyer, on le tua : Jean Blanc aurait mieux fait de se taire.

« Quoi qu'il en soit, il avait parlé, et Vaunoy n'était pas homme à lui pardonner les bruits sinistres qui commençaient à courir dans le pays. En voyant ce misérable suivi de soldats, Jean Blanc eut une vague frayeur. Il songea à son père, qui gisait seul dans la loge de la Fosse-aux-Loups, et se laissa glisser le long du chataignier pour éclairer la marche de la cavalcade.

« La cavalcade s'arrêta non loin d'ici, à la croix de Mi-Forêt. Les soldats s'étendirent sur l'herbe ; la gourde circula de main en main. Quant aux gens vêtus de noir, ils entourèrent les deux gentilshommes et il se tint une manière de conseil.

« Jean s'approcha tant qu'il put. On parlait, il n'entendait pas. Pourtant, il voulait savoir, car il voyait maintenant, comme je te verrais s'il faisait clair en ma loge, l'hypocrite visage d'Hervé de Vaunoy.

« Il s'approcha encore ; il s'approcha si près que les soudards du roi auraient pu apercevoir au ras des dernières feuilles les poils blanchâtres de sa joue. Mais on causait tout bas, et Jean Blanc ne put saisir qu'un seul mot.

« Ce mot était le nom de son père.

« Jean Blanc se sentit venir dans le cœur une angoisse. Le nom de Mathieu Blanc dans la bouche de Vaunoy, c'était la plus terrible des menaces.

« Jean se jeta sur le ventre et coula entre les tiges de bruyères comme un serpent. Nul ne l'aperçut.

« Il put entendre.

« Il entendit que les gens vêtus de noir venaient dans la forêt pour dépouiller les pauvres loges au nom du roi de France. Les soldats étaient là pour assassiner ceux qui résisteraient. Les gens vêtus de noir se partagèrent la besogne : c'étaient les suppôts de l'intendant.

« Le nom du père de Jean avait été prononcé, parce que les collecteurs ne voulaient point se déranger pour un si pauvre homme, mais Vaunoy les avait excités.

— Il a de l'or, disait-il ; je le sais ; c'est un faux indigent ; sa misère est menteuse. Saint-Dieu ! s'il le faut, je vous accompagnerai dans son bouge. Mais, retenez bien ceci : il a de l'or, et quelques coups de plat d'épée lui feront dire où est caché son pécule.

« Les autres répondirent :

« — Allons chez Mathieu Blanc.

« Alors Jean se coula de nouveau, inaperçu entre les tiges de bruyères. Une fois sous le couvert, il bondit et s'élança vers la Fosse-aux-Loups.

« Par hasard Vaunoy ne mentait pas. Il y avait de l'or dans la pauvre loge de Mathieu Blanc ; quelques pièces d'or, reste de la suprême aumône de Nicolas Treml, quittant pour jamais la Bretagne. »

— Oui, oui, murmura Jude ; en partant, il n'oublia

pas son vieux serviteur. Ce fut moi qui jetai la bourse au seuil de la loge.

Pelo Rouan parut ne point prendre garde à cette interruption.

— Lorsque Jean arriva dans la cabane, poursuivit-il, ses forces défaillaient, tant son émotion était navrante. Il avait le pressentiment d'un cruel malheur. Vous connaissiez Mathieu Blanc, ami Jude ; ç'avait été un homme vaillant et fort, mais la souffrance pesait un poids trop lourd sur les derniers jours de sa vie

« Ce n'était plus, au temps dont je parle, qu'un pauvre vieillard, toujours couché sur son grabat, miné par la maladie, stupéfié par les progrès lents et sûrs d'une mort trop longtemps attendue. En entrant, Jean lui donna un baiser, suivant sa coutume, et le vieillard lui dit :

« — Je souffre moins, Jean mon fils.

« Une autre fois, Jean se fut réjoui, car il aimait bien son père, mais il songea aux cavaliers qui sans doute en ce moment galopaient vers la loge, et il frémit de rage et de peur.

« La bourse où se trouvait le restant des pièces d'or de Treml était sur la table. Jean n'eut pas même l'idée de la cacher. Ce qu'il cacha, ce fut le vieux mousquet dont se servait son père au temps où il était soldat.

« Une bonne arme, mon homme, portant loin et juste ! Jean la jeta dans les broussailles, au dehors, avec la poire à poudre et des balles.

« Puis il revint s'asseoir au chevet de son père.

« Quelques minutes se passèrent. Un bruit sourd retentit au loin sur la mousse dans la forêt. Jean comprit que les cavaliers avaient mis pied à terre au delà des fourrées et qu'ils avançaient vers le ravin.

« Il alla au trou qui servait de croisée, et souleva la serpillière pour voir au dehors.

« Il n'attendit pas longtemps.

« Bientôt le taillis s'agita de l'autre côté du ravin et des hommes parurent.

« Jean les compta. Il y avait un collecteur, huit soldats et Hervé de Vaunoy.

« Jean les vit gravir la lèvre du ravin. Puis on frappa rudement à la porte, dont les planches vermoulues craquèrent, Jean alla ouvrir, avant même que l'homme vêtu de noir eût crié son : De par le roi !

« Des soldats entrèrent en tumulte, suivis de Vaunoy qui resta prudemment près du seuil. Le collecteur tira de son pourpoint une pancarte et lut des mots que Jean ne sut point comprendre. Puis il dit : — Mathieu Blanc, je vous somme de payer cent livres tournois pour tailles présentes et arriérées depuis dix ans.

« Mathieu Blanc s'était retourné sur son grabat, et regardait tous ces hommes armés avec des yeux hagards.

« Le collecteur répéta sa sommation, et les soldats l'appuyèrent en frappant la table du pommeau de leurs épées.

« — J'ai soif, Jean, dit faiblement le vieillard.

« Le cœur de Jean se brisait, car l'agonie se montrait sur les traits flétris de son vieux père. Il voulut prendre le remède qui était sur la table, mais l'un des soldats leva son épée et fit voler le vase en éclats.

« — Qu'il paie d'abord, dit le soldat ; après il boira.

« Vaunoy qui était sur le seuil, se prit à rire.

« Les dents de Jean étaient serrées à se briser. Il ne pouvait parler, mais il montra du geste la bourse, et le collecteur s'en empara.

« Je vous disais bien qu'ils avaient de l'or ! grommela Hervé de Vaunoy qui riait toujours.

« Le collecteur compta quatre louis et demanda les quatre livres qui manquaient.

« — J'ai soif ! murmura Mathieu Blanc, que prenait le râle de la mort.

« Pas une goutte de liquide dans la cabane ! Jean Blanc se mit à genoux devant un soldat qui portait une gourde. Le soldat comprit et eut compassion ; mais Vaunoy s'avança et repoussant l'albinos avec haine :

« — Qu'il paie ! dit-il.

« — Je n'ai plus rien ! sanglota Jean ; plus rien, sur mon salut ; tuez-moi et prenez pitié de mon père.

« Mathieu Blanc fit effort pour se lever ; il étouffait ; c'était horrible.

« — J'ai soif ! râla-t-il une dernière fois.

« Puis il retomba mort sur la paille du grabat. »

En arrivant à cette partie de son récit, la voix de Pelo Rouan était graduellement devenue haletante et étranglée. Elle s'éteignit tout à coup lorsqu'il prononça ces derniers mots, et Jude sentit sa main mouillée, comme par une goutte de sueur ou une larme

Le bon écuyer, du reste, n'était guère moins ému que Pelo Rouan lui-même.

— Le pauvre garçon ! murmura-t-il en serrant convulsivement ses gros poings ; le pauvre garçon ! voir ainsi assassiner son père ! et ce misérable Vaunoy !... pour Dieu, mon homme, que fit Jean Blanc après cela ?

Pelo Rouan respira avec effort.

— Jean Blanc, répéta-t-il, lorsqu'il mourra, n'éprouvera point une angoisse comparable à celle de cet affreux moment. Il voila le visage de son père mort et s'agenouilla auprès du lit, sans plus savoir qu'il y avait là dix misérables pour railler sa douleur. Mais ils ne lui laissèrent pas oublier longtemps leur présence.

« — Eh bien ! manant, dit le collecteur, les quatre livres que tu dois au roi !

« Jean Blanc se leva et se retrouva face à face avec ces hommes qui venaient de tuer son père. Un instant il crut que son débile cerveau allait éclater ; sa folie le pressait ; il sentait les approches du délire ; mais une force inconnue et nouvelle le grandit tout à coup. Son esprit vacillant s'affermit. Il se reconnut homme après sa longue enfance, et ce fut comme une miette de joie au milieu de son immense douleur.

« — Arrière ! cria-t-il d'une voix qui ne gardait rien de sa faiblesse passée.

« Les soldats se mirent entre lui et la porte, mais Jean Blanc avait du moins conservé son agilité prodigieuse : il bondit, et son corps, lancé comme la balle d'un mousquet, passa au travers de la serpillière qui fermait la croisée. Dehors, Jean Blanc retomba sur ses pieds.

« Lorsque les soldats sortirent en criant et en menaçant, il avait déjà disparu dans les broussailles.

« — Tirez ! cria Vaunoy ; tuez-le comme un animal nuisible, ou il prendra sa revanche !

« Quelques coups de feu se firent entendre, mais l'albinos ne fut point atteint, quoique vingt pas le séparassent à peine de la loge. Il ne bougea pas et demeura coi dans les broussailles où il s'était caché.

« Alors commença une œuvre sans nom. Furieux d'avoir vu l'une de ses victimes lui échapper, Vaunoy, cet homme au visage doucereux et souriant, qui assassine sans froncer le sourcil, Vaunoy ordonna aux soldats d'incendier la loge. On alluma des fagots à l'aide d'une batterie de fusil, et bientôt une flamme épaisse entoura le lit de mort du vieux serviteur de Treml ! »

— Les misérables ! s'écria Jude ; et que fit Jean Blanc ?

— Attends donc ! dit Pelo Rouan dont les dents serrées semblaient vouloir retenir sa voix ; Jean ne bougea pas tant que les assassins restèrent autour de la loge, riant comme des sauvages, et blasphémant comme des démons. Quand ils se retirèrent, Jean s'élança hors de sa cachette, pénétra dans la loge en feu, et prit le cadavre de son père qu'il emporta au dehors, afin de lui donner plus tard une sépulture chrétienne.

« Il ne fit point en ce moment de prière ; à peine déposa-t-il un court baiser sur le front du vieillard, desséché déjà par le vent brûlant de l'incendie.

« Jean Blanc n'avait pas le temps.

« Il saisit le fusil qu'il avait caché sous les ronces, le chargea et descendit en trois bonds le ravin, dont il remonta de même la rampe opposée. Puis il s'élança tête première dans le fourré. Les assassins avaient de l'avance : mais le vent d'équinoxe ne va pas si vite qu'allait Jean Blanc poursuivant les meurtriers de son père. »

— Bien cela ! s'écria encore Jude, bien, Jean Blanc, mon garçon !

— Attends donc ! Avant qu'ils eussent atteint la lisière du fourré où étaient attachés leurs chevaux, un coup de fusil retentit sous le couvert. Le collecteur tomba pour ne plus se relever.

Jude battit des mains avec enthousiasme.

— Et Vaunoy ? dit-il, et Vaunoy ?

— Vaunoy devint plus pâle que le corps mort du vieux Mathieu. Il tremblait ; ses dents s'entre-choquaient.

« — Hâtons-nous, hâtons-nous ! dit-il.

« Ils se hâtèrent ; mais au moment où ils atteignaient leurs chevaux, on entendit encore un coup de fusil. Le soldat qui avait brisé, sur la table, le vase qui contenait le remède de Mathieu Blanc, poussa un cri et se laissa choir dans la mousse. »

— Mais Vaunoy ? mais Vaunoy ? interrompit Jude.

— Attends donc ! Ils montèrent à cheval. La terreur était peinte sur tous les visages naguère si insolents. Ils prirent le galop, croyant se mettre à l'abri, les insensés ! Jean Blanc ne savait-il pas comment abréger la distance ? La route tournait ; Jean Blanc allait toujours tout droit. Point de taillis assez épais pour arrêter sa course, point de ravin si large qu'il ne pût franchir d'un bond.

« Aussi à chaque coude du chemin, le vieux mousquet faisait son devoir. C'était une bonne arme, je te l'ai déjà dit, et Jean Blanc tirait juste.

« A chaque détonation qui ébranlait la voûte du feuillage, un homme chancelait sur son cheval et tombait. Jean Blanc les chassait au bois, et pas une seule fois il ne brûla sa poudre en vain.

« De temps en temps, ceux qui restaient essayaient de battre le fourré pour détruire cet invisible ennemi qui leur faisait une guerre si acharnée. Plus d'une balle siffla aux oreilles de Jean Blanc tandis qu'il rechargeait son arme derrière quelque souche de châtaignier ; mais ces efforts n'aboutissaient qu'à retarder la marche des soldats. Aussitôt qu'ils avaient regagné la route, un coup partait, un homme mourait. »

— Par le nom de Treml ! s'écria Jude qui s'exaltait de plus en plus au récit de cette sauvage vengeance ; je n'aurais jamais cru le pauvre Mouton-Blanc capable de tout cela. Sur ma foi ! c'est un vaillant garçon après tout ! Mais Vaunoy ? n'essaya-t-il point de tuer ce mécréant de Vaunoy ?

« — Attends donc ! Jean Blanc n'oubliait point Vaunoy, mon homme ; il faisait comme ces gourmands qui gardent le plus fin morceau pour la dernière bouchée ; il gardait Vaunoy pour la bonne bouche.

« Le moment vint où le dernier soldat vida la selle et se coucha par terre comme ses compagnons. Jean Blanc avait tué huit hommes et un collecteur des tailles. Il ne restait plus que Vaunoy. Celui-ci plus mort que vif, poussait furieusement son cheval, rendu de fatigue. Jean Blanc mit deux balles dans son fusil et s'en alla l'attendre au dernier détour de la route sur la lisière de la forêt. »

— A la bonne heure ! interrompit Jude Leker en frappant ses deux mains l'une contre l'autre.

Le bon écuyer faisait comme ces gens qui se passionnent tout de bon pour les péripéties d'une pièce de théâtre. Il avait vu Vaunoy la veille et pourtant il espérait sérieusement que Vaunoy allait être tué dans le récit de Pelo Rouan.

Celui-ci secoua la tête.

— Lorsque parut le nouveau maître de la Tremlays, poursuivit-il, Jean Blanc visa. Son âme passa dans ses yeux : rien au monde désormais ne pouvait sauver Hervé de Vaunoy...

— Eh bien ! dit Jude, voyant que le charbonnier hésitait.

— Vaunoy regagna son château sain et sauf, répondit Pelo Rouan...

— Pourquoi ? Jean Blanc le manqua ?

— Jean Blanc ne tira pas.

Jude laissa échapper une exclamation énergique de désappointement.

— Jean Blanc ne tira pas, reprit lentement le charbonnier, parce que le souvenir de Treml traversa son esprit à ce moment, et qu'il ne voulut pas anéantir, même pour venger son père, la dernière chance de connaître le sort du petit monsieur Georges.

XXVI

UN ACCÈS DE HAUT-MAL

La voix de Pelo Rouan avait été rauque et rudement accentuée, pendant qu'il racontait la terrible chasse de Jean Blanc dans la forêt. Sa respiration soulevait péniblement sa poitrine, et ses yeux rouges brillaient d'un effrayant éclat.

Quand il vint à parler de Treml, sa voix se fit grave, et il perdit la sauvage emphase qui avait mis jusqu'alors tant d'émotion dans son récit.

— Si c'est dans l'intérêt du petit monsieur que Jean épargna Hervé de Vaunoy, on ne peut le blâmer, dit Jude ; mais du diable si je comprends comment ce triple traître pourra jamais venir en aide à la race de Treml !

— Quand il aura sous la gorge un pistolet armé tenu par une main ferme, mon homme, et qu'il saura bien que ses suppôts ordinaires sont trop loin pour lui porter secours, Hervé de Vaunoy parlera.

Jude se gratta le front d'un air pensif.

— Il y a du vrai là-dedans, dit-il ; mais Vaunoy lui-même en sait-il plus que nous ?

— Peut-être ; en tout cas l'heure approche où quelqu'un l'interrogera en forme là-dessus. Jean Blanc fit comme je t'ai dit : il épargna l'assassin de son père ; mais ce bon sentiment qui mettait la gratitude avant la vengeance, devait être passager : les cendres de la loge étaient trop chaudes encore pour que la vengeance ne reprît bientôt le dessus. Jean Blanc se repentit d'avoir oublié son père pour le fils d'un étranger...

— D'un étranger ! répéta Jude scandalisé, le fils de son maître, voulez-vous dire.

— Jean Blanc n'eut jamais de maître, mon homme, répondit Pelo Rouan avec hauteur ; même au temps où il était fou. Il se repentit donc et voulut recommencer la chasse, mais Vaunoy avait dépassé la lisière de la forêt et galopait maintenant dans la grande avenue du château. Il était trop tard.

— Je ne saurais dire, en vérité, murmura Jude, si c'est tant mieux ou tant pis.

— Il sera toujours temps de reprendre cette besogne. Le difficile n'est pas d'avoir un homme au bout de son fusil dans la forêt, et Dieu sait que Jean Blanc, depuis cette époque, aurait pu bien souvent envoyer la mort à Hervé de Vaunoy, au milieu de ses serviteurs. Le difficile est de l'avoir vivant, seul, sans défense, et de lui dire : « Parle ou meurs ! » Jean Blanc y tâchera.

— Et je l'y aiderai ! dit Jude avec énergie.

Pelo Rouan prit sa main et la secoua brusquement.

— Et le service du capitaine Didier ? demanda-t-il.

— Après le service de Treml : c'est convenu entre le capitaine et moi.

— Prends garde ! dit Pelo Rouan avec sévérité, prends garde de confier à un Français le secret d'un Breton !

— Il est bon, il est noble ; je réponds de lui.

— Il est noble et bon à la façon des gens de France, répartit amèrement le charbonnier. Mais, encore une fois, la guerre qui existe entre cet homme et moi ne te regarde pas. Je continue :

« Quand Jean Blanc revint à la Fosse-aux-Loups, il oublia Treml et tout le reste pour s'abîmer dans sa douleur. Pendant deux jours, il coupa du cercle sans relâche, et le vieux Mathieu eut une tombe chrétienne.

« Ce devoir accompli, Jean Blanc ne voulut point retourner à la loge, dont les ruines lui rappelaient de si navrants souvenirs. Il traversa toute la forêt et alla se cacher sur la lisière opposée, de l'autre côté de Saint-Aubin-du-Cormier.

« Il allait seul par les futaies, toujours triste, et plus que jamais frappé par la main de Dieu, car sa folie, en se retirant, avait laissé des traces cruelles. Jean Blanc était atteint de cet horrible mal qui effraie la foule et repousse jusqu'à la pitié ; il était épileptique.

« Ce fut au milieu de cette souffrance morne et sans espoir que vint le chercher le bonheur, un bonheur si grand qu'on n'en peut espérer de plus complet qu'au ciel même, mais un bonheur bien court, hélas ! après lequel il retomba dans sa nuit profonde, plus désespéré que jamais.

« Il se trouva une femme, plus dévouée que les autres femmes, qui se prit de pitié pour ce malheureux rebut de l'humanité.

« C'était une jeune fille, bonne, douce et bien aimée. Elle avait nom Sainte et méritait son nom.

« Elle ne s'enfuit point la première fois que Jean Blanc lui parla ; elle lui permit de s'asseoir au feu de sa loge, et, quand Jean Blanc eut soif, elle lui donna le lait de sa chèvre... Cela t'étonne? ami Jude, dit brusquement Pelo Rouan ; et pourtant elle fit plus que cela, Jean Blanc est un homme sous le masque hideux que le sort lui a infligé.

— Eh bien ! dit Jude d'un ton légèrement goguenard. Il y eut des noces?

« — Oui, elle consentit à l'épouser. Un an après, Marie vint au monde ; Marie, qui est le gracieux portrait de sa mère et que les gens de la forêt nomment Fleur-des-Genêts, parce que cette fleur est la plus jolie qui croisse dans nos sauvages campagnes. Marie est la fille de Jean Blanc et de Sainte.

— C'était une brave fille que cette Sainte, murmura Jude, que l'histoire amusait désormais médiocrement.

« — C'était une angélique et miséricordieuse enfant, reprit Pelo Rouan. Les deux années que Jean Blanc passa près d'elle furent comme un rêve ; il oubliait les blessures de son cœur, il n'avait ni désir, ni crainte, ni espoir : elle était tout dévouement et lui vivait pour elle... »

Pelo Rouan s'arrêta et passa lentement sa main sur son front.

« — Cela dura deux ans, reprit-il après un silence et d'une voix tremblante ; au bout de deux ans Jean Blanc revit des soldats de France et des gens de l'impôt. Vaunoy avait découvert sa retraite : sa pauvre cabane fut de nouveau envahie. Une première fois il les chassa ; ils revinrent en son absence, et un lâche ! un soldat du roi ! insulta et frappa Sainte, qui n'avait pour défense que le berceau de sa fille endormie.

« Je ne te conterai pas ce qui suivit ; je ne le pourrais pas, mon homme, car mon sang bouillonne, et, au moment où je te parle, il me faut mes deux mains pour contenir les battements de mon cœur.

« Sainte succomba aux nombreuses blessures faites par l'arme meurtrière de l'assassin ; elle mourut en priant Dieu pour Jean et pour sa fille... »

Pelo Rouan s'interrompit encore. Sa voix défaillait.

— Sur ma foi, grommela Jude, il est de fait que le bon garçon ne doit pas aimer beaucoup les gens de France.

— Il les hait ! s'écria Pelo avec explosion, et moi tout ce qu'il hait, je le déteste ! Ah ! l'un d'eux rôde autour de cette cabane. Mais, sur mon Dieu, ami Jude, il y a un vieux mousquet qui veille sur Fleur-des-Genêts : une bonne arme, portant loin et juste. Puisque tu sers le capitaine Didier, conseille-lui de ne plus s'égarer dans les sentiers que fréquente Marie, la fille de Sainte et de Jean Blanc.

— J'ignore les secrets du capitaine, répondit **Jude** avec froideur ; je sais seulement qu'il est généreux et loyal. Si quelqu'un l'attaque traîtreusement ou en face, sauf le service de Treml, mon aide ne lui fera point défaut.

— A ta volonté, mon homme. Je continue : Après la mort de sa femme, Jean Blanc chargea sa fille sur ses épaules et traversa de nouveau la forêt. Il avait le désespoir dans le cœur, et sa tête roulait cette fois des projets de vengeance. La vue du lieu où avait été assassiné son père raviva d'anciens souvenirs. Le passé et le présent se mêlèrent : une haine immense, implacable, fermenta dans son âme.

« Il se trouva que, vers cette époque, les pauvres gens de la forêt, traqués à la fois par l'intendant royal et les seigneurs des terres, qui, à l'instigation de Vaunoy, avaient fait dessein de les chasser de leurs domaines, relevèrent la tête et tentèrent d'opposer la force à la force. Ils continuèrent d'habiter le jour leurs loges ; mais la nuit, ils se rassemblèrent dans les grands souterrains de la Fosse-aux-Loups, dont au moment du besoin, un homme leur enseigna le secret.

« Cet homme était Jean Blanc, qui avait découvert autrefois la bouche de la caverne, à quinze pas de son ancienne loge, derrière les deux moulins à vent ruinés.

« Un jour, au temps où Jean Blanc était faible, il dit : « Le mouton se fait loup pour défendre ou venger ceux qu'il aime. » Jean Blanc avait vu mourir tous ceux qu'il aimait : il ne pouvait plus protéger ; ce fut pour se venger que le mouton se fit loup. »

— On m'avait dit quelque chose comme cela, interrompit Jude.

— Ce fut vers le même temps, reprit le charbonnier, que je vins m'établir dans cette loge. Pour des motifs que tu n'as pas besoin de connaître, je pris avec moi la fille de Jean Blanc et je l'élevai. Dans son enfance, avec les beaux traits de sa mère, elle avait les blancs cheveux du pauvre albinos, mais l'âge a mis un reflet d'or aux boucles brillantes qui encadrent le front gracieux de la fleur de la forêt : elle n'a plus rien de son père ; elle est belle.

« Que te dirais-je encore ! tu es dans le pays depuis hier, tu as dû entendre parler des Loups. C'est le premier mot qui frappe l'oreille du voyageur à son arrivée dans la forêt ; c'est le dernier qu'il entend à son départ.

« Les cupides hobereaux, qui pour gagner quelques cordes de bois ont voulu arracher le pain à cinq cents familles, tremblent maintenant derrière les murailles lézardées de leurs gentilhommières. Non-seulement les gens du roi ne se risquent plus guère dans la forêt, mais cet épais gourmand qui tient maintenant la ferme de l'impôt, Béchameil, regarde à deux fois avant d'envoyer à Paris le produit de ses recettes : la forêt est entre Rennes et Paris. Les Loups sont dans la forêt. »

— C'est fort bien, dit Jude, les Loups sont de redoutables camarades, mais ne pourrions-nous pas parler un peu de Treml, et revenir à ce fameux moyen ?...

— Ami, interrompit Pelo Rouan, les Loups et Treml ont plus de rapports entre eux que tu ne penses. Monsieur Nicolas, dont Dieu ait l'âme, fut le dernier gentilhomme breton : les Loups sont les derniers bretons. Quant à mon moyen, si honnête, si bon et si brave serviteur que tu puisses être, on n'a pas attendu ton retour pour le tenter. Jean Blanc a autant et plus de hâte que toi d'en finir avec Vaunoy, car Mathieu et Sainte ne sont pas encore vengés. Or, le jour où Vaunoy aura dit son dernier mot sur Treml, Jean Blanc chargera son vieux mousquet et recommencera la chasse, interrompue il y a dix-huit ans, sur la lisière de la forêt ; mais jusqu'ici ce misérable meurtrier a toujours échappé. Dernièrement encore, le manoir de Boüexis fut attaqué dans le seul but de s'emparer de sa personne : il l'avait quitté cette nuit même, et les assaillants ne trouvèrent que les débris, tièdes encore, de son repas du soir.

— Vaunoy est un madré gibier, dit Jude en secouant la tête.

— Jean Blanc est un chasseur patient, répondit Pelo Rouan, et sa meute se compose de deux mille Loups.

— Est-ce ainsi ? s'écria Jude dont la lente intelligence fut enfin frappée ; Jean serait-il ce mystérieux et terrible Loup blanc ?

— Mon compagnon, répliqua le charbonnier avec une légère ironie, Jean est Loup et il est blanc ; mais je ne sais si c'est de lui que parlent aux veillées des manoirs voisins, les vieilles femmes de charge et les valets peureux. Jean Blanc peut beaucoup ; mais il est toujours le malheureux sur qui pèse incessamment la main de Dieu. Les accès de son terrible mal deviennent de jour en jour plus fréquents... Et certes, ajouta Pelo Rouan dont la voix s'étrangla tout à coup, il n'eût pas pu faire le récit que tu viens d'entendre sans porter la peine de sa témérité : Jean n'affronte jamais en vain ses souvenirs.

Après avoir prononcé péniblement ces derniers mots,

Pelo Rouan garda le silence, et Jude le vit s'agiter convulsivement sur son banc.

— Qu'avez-vous, demanda-t-il?

— Vâ-t'en! dit avec effort le charbonnier, tu sais tout ce que je pouvais t'apprendre.

— Mais que dois-je faire? Ne puis-je aider Jean Blanc?

— Va-t'en! répéta impérieusement Pelo; au nom de Dieu, va-t'en! quand l'heure sera venue, Jean Blanc saura te trouver.

Jude étonné se leva et se dirigea vers la porte de la loge. Avant qu'il eût passé le seuil, Pelo glissa du banc et se roula sur le sol où il se débattit en poussant des gémissements étouffés.

Jude se retourna, mais le jour baissait. La loge était de plus en plus sombre; il aperçut seulement une masse noire qui se mouvait désordonnément dans les ténèbres.

— Qu'avez-vous, mon compagnon? demanda-t-il encore en adoucissant sa rude voix.

Un cri d'angoisse lui répondit; puis la voix de Pelo Rouan s'éleva brisée, méconnaissable, et dit pour la troisième fois :

— Va-t'en!

Jude obéit, et comme il n'avait point coutume de s'occuper longtemps des choses qu'il ne comprenait pas, à peine monté à cheval, il oublia Pelo pour songer uniquement à Jean Blanc, aux Loups et au moyen de prendre au piége Hervé de Vaunoy vivant.

En songeant ainsi il éperonna son cheval, et prit la route de Rennes où son nouveau maître lui avait donné rendez-vous.

On entendait encore le bruit des pas de son cheval sous le couvert, que déjà la porte de la loge se refermait.

Fleur-des-Genêts était rentrée ; elle alluma une lampe. Pelo Rouan gisait à terre en proie à une furieuse attaque d'épilepsie.

La jeune fille était sans doute familière avec ces effrayants accès, car elle s'empressa aussitôt autour de son père, et le soigna sans qu'il se mêlat aucun étonnement à sa douleur.

A la lueur de la lampe, la loge semblait moins misérable et plus habitable. On apercevait dans un coin une petite porte qui donnait issue dans la retraite de Marie. Au-dessus du manteau de la cheminée pendaient une paire de pistolets et un lourd mousquet de forme ancienne. Vis-à-vis et auprès de la porte se trouvait une de ces horloges à poids, comme on en voit encore dans presque toutes les fermes bretonnes.

Au moment où la crise du charbonnier sévissait dans toute sa force, on frappa d'une façon particulière à la porte extérieure, et Fleur-des-Genêts ouvrit sans hésiter. L'homme qui entra portait le costume des paysans de la forêt, et avait sur son visage le masque fauve dont il a été déjà plus d'une fois question dans ces pages. Il passa vivement le seuil.

— Où est le maître? dit-il d'une voix brève.

Fleur-des-Genêts lui montra Pelo Rouan, qui, l'écume à la bouche, se tordait convulsivement sur la terre battue de la loge.

Le nouveau venu laissa échapper un juron de colère, et s'assit en murmurant sur un banc. L'accès dura longtemps. De minute en minute, le nouveau venu, qui était un Loup, regardait l'horloge avec impatience. Lorsque l'aiguille eût fait le tour du cadran, il se leva et frappa violemment du pied.

— Voilà une malencontreuse histoire, ma fille ! dit-il. Tu diras à ton père que Yaumi est venu et qu'il l'a attendu tant qu'il a pu, Pelo Rouan regrettera toute sa vie de n'avoir pas pu profiter de l'heure qui vient de s'écouler.

Comme le Loup finissait de parler, Pelo poussa un long soupir et détendit ses membres crispés.

— Il revient à lui ! s'écria Marie qui approcha des lèvres du malade une fiole dont il but avidement le contenu.

Après avoir bu il passa la main sur son front baigné de sueur, et se leva à l'aide du bras de la jeune fille. En apercevant le Loup, il tressaillit.

— Laisse-nous, dit-il à Marie.

Celle-ci obéit, mais lentement. Elle quittait à regret son père en un moment pareil. Avant qu'elle eût franchi la porte de sa retraite, Pelo Rouan et le Loup avaient entamé déjà leur entretien.

— Qu'y a-t-il ? demanda le charbonnier.

Yaumi jeta un regard de défiance vers Marie et prononça quelques mots à voix basse.

— Dis-tu vrai ! s'écria Pelo qui se dressa de toute sa hauteur ; le ciel a-t-il enfin condamné cet homme !

En même temps, il fit mine de s'élancer vers la porte. Yaumi le retint.

— Je me doutais bien, maître, dit-il, que ce serait pour vous un grand crève-cœur. Le ciel l'avait condamné peut-être ; vous l'avez absous. L'heure d'agir est passée !

— Ne peut-on courir ?

Yaumi étendit la main vers l'horloge à poids.

— On m'avait donné deux heures, ajouta-t-il, pour vous trouver et rapporter vos ordres. J'ai dépensé la première heure à faire la route, j'ai perdu l'autre à vous attendre : il est trop tard.

Pelo Rouan serra les poings avec violence et s'assit sur le banc.

— Qu'a-t-on fait là-bas ? demanda-t-il.

Yaumi prononçait les premiers mots de sa réponse, toujours à voix basse, au moment où Marie tirait à elle la porte de sa retraite. Par hasard, un de ces mots arriva jusqu'à elle. La jeune fille changea de couleur, laissa la porte entre-bâillée, et mit son oreille à l'ouverture.

Le mot qu'elle avait entendu était le nom de Didier.

XXVII

LA PREMIÈRE BÉCHAMELLE

Ce jour-là, Antinoüs Béchameil, marquis de Nointel, avait résolu de frapper un coup décisif sur le cœur de sa « belle inhumaine ; » c'était ainsi qu'il appelait mademoiselle de Vaunoy.

Il ne dormit guère que deux heures après son déjeuner, et gagna ensuite en toute hâte les cuisines du château de la Tremlays, où il demanda le chef à grands cris.

Il n'est personne qui ne désire se montrer avec tous ses avantages aux yeux de la dame de ses pensées. Béchameil que le hasard avait fait intendant royal de l'impôt, mais qui était né marmiton de génie, s'était mis en tête de subjuguer mademoiselle de Vaunoy définitivement et d'un seul coup, à l'aide d'un blanc-manger du plus parfait mérite ; blanc-manger exquis, original, nouveau, dont Alix goûterait la première, et qui garderait le nom de cette belle personne, en l'immortalisant dans les siècles futurs.

L'amitié d'un grand homme est un bienfait des dieux.

Il ne faut pas croire que M. le marquis de Nointel fût descendu aux cuisines de La Tremlays avec un projet vague et mal arrêté. Son blanc-manger était dans sa tête, complet et tout d'un bloc. Il n'y manquait ni un scrupule de muscade, ni une pointe de girofle, ni un atome de cannelle.

Aussi, disons-le tout de suite, le plat de l'intendant royal devait compter parmi les rares chefs-d'œuvre qui vivent à travers les âges. Ce devait être un blanc-manger illustre, un blanc-manger que les restaurateurs des cinq parties du monde inscriront avec fierté sur leurs cartes tant que l'homme, roi de la création, saura distinguer un suprême de turbot d'une omelette au lard !

Le cuisinier de la Tremlays mit à la disposition de son noble confrère ses épices et ses fournaux. Béchameil se recueillit dix minutes ; puis, avec la précision nécessaire à toutes les grandes entreprises, il se mit résolùment à l'œuvre.

La vieille Goton Rehou, femme de charge du château, qui fumait sa pipe dans un coin de la cheminée, pendant que l'intendant royal opérait, répéta souvent depuis qu'elle n'avait, de sa vie, vu un mitron si ardent à la besogne.

L'intendant royal n'avait garde de faire attention à la vieille. Il avait retroussé les manches de son habit à la française, rentré la dentelle de son jabot et rejeté sa perruque en arrière. Son rouge visage atteignait les nuances les plus vives de la pourpre. Ses yeux étaient inspirés. Ses mains blanches et chargées de diamants agitaient la queue de la casserole avec une grâce indescriptible. Tout observateur impartial eût déclaré qu'il était là vraiment à sa place.

— Divine Alix ! murmurait-il plus tendrement à mesure que la fumée s'élevait, plus savoureuse ; vous qui possédez toutes perfections, vous devez être douée du plus délicat de tous les goûts. Si vous résistez à ce poison, je n'aurai plus... une idée de gingembre ne peut que faire du bien... je n'aurai plus qu'à mourir !

Béchameil mit une pincée de gingembre et ouvrit convulsivement ses narines pour saisir l'effet.

— Délicieux ! céleste ! dit-il ; Alix, vous ne refuserez plus la main capable de combiner ces saveurs, il faudrait être un sauvage pour résister à un pareil arôme.

— C'est vrai que ça sent bon ! grommela Goton dans un coin.

Béchameil mit son binocle à l'œil et regarda du côté de la cheminée d'un air modeste et satisfait.

— N'est-ce pas, excellente vieille ? s'écria-t-il, c'est un manger de déesse.

— Ça doit faire un fier ragoût, c'est la vérité, répondit Goton en rallumant sa pipe avec gravité, mais, sauf respect de vous, si j'étais homme et marquis, m'est avis que j'aimerais mieux manier une épée que la queue d'une casserole.

Béchameil laissa retomber son binocle et, se détournant de dame Goton avec mépris, il rendit son âme tout entière à la pensée de la belle Alix

Celle-ci, par contre, ne songeait en aucune façon à lui ; elle était assise auprès de sa tante, mademoiselle Olive de Vaunoy, dans le petit salon de la Tremlays, et travaillait avec distraction à un ouvrage de broderie.

Mademoiselle Olive faisait de même ; mais cette recommandable personne avait eu soin de se placer entre trois glaces. De sorte que, de quelque côté qu'elle voulût bien tourner la tête, elle était sûre de se sourire à elle-même et d'apercevoir dans toute son ambitieuse majesté l'édifice imposant de sa coiffure.

Chaque fois qu'elle tirait son aiguille, elle jetait à l'un des trois miroirs une œillade pleine de bienveillance que le miroir lui rendait fort exactement.

Ce jeu innocent paraissait la satisfaire on ne peut davantage ; mais c'était un jeu muet, et la langue de mademoiselle Olive était pour le moins aussi exigeante que ses yeux.

A plusieurs reprises, elle avait essayé déjà d'entamer une conversation avec sa nièce sur ses sujets favoris, savoir : les défauts du prochain, le plus ou moins de mérite des chiffons récemment arrivés de Rennes, et surtout les romans de mademoiselle de Scudéry, qui étaient encore à la mode en Bretagne.

Alix avait répondu par des monosyllabes et à contre-propos. Non-seulement elle ne donnait pas la réplique, mais elle n'écoutait pas, chose cruellement mortifiante en soi pour tout interlocuteur, mais qui devient accablante pour une demoiselle d'un certain âge, prise du besoin de causer.

— Mon Dieu, mon enfant, dit enfin la tante après

avoir fait un effort pour garder le silence pendant la moitié d'une minute, ceci devient intolérable. Je vous conjure de me dire où vous avez l'esprit depuis une heure !

Alix releva lentement sur sa tante ses grands yeux fixes et distraits.

— Vous avez parfaitement raison, répondit-elle au hasard.

— Comment, raison ! s'écria mademoiselle Olive. Mais je n'ai rien dit !

Alix sembla se réveiller en sursaut et regarda sa tante d'un air étonné, puis elle se leva, la salua et sortit.

Elle traversa rapidement le corridor et gagna sa chambre où elle se mit à marcher à grands pas.

— Je veux le voir ! dit-elle après quelques minutes d'un silence agité. Il le faut.

Elle prit dans sa cassette une bourse de soie et agita vivement une petite sonnette d'argent posée à son chevet. Ce coup de sonnette était un appel à l'adresse de mademoiselle Renée, fille de chambre d'Alix.

Renée monta.

— Prévenez Lapierre, dit Alix, que je veux lui parler sur-le-champ.

L'instant après, Lapierre était introduit dans l'appartement de mademoiselle de Vaunoy, qui ne put, à sa vue, retenir un vif mouvement de répulsion.

Lapierre entra chapeau bas, mais gardant sur son visage l'expression d'insouciante effronterie qui lui était naturelle.

— Mademoiselle m'a fait appeler ? dit-il.

Alix s'assit et fit signe à Renée de s'éloigner. Pendant

un instant elle garda le silence et tint les yeux baissés ; évidemment, elle hésitait à prendre la parole.

— Tenez-vous beaucoup à rester au service de M. de Vaunoy ? demanda-t-elle enfin avec une dureté calculée.

Un autre se fût peut-être étonné de cette question, mais Lapierre était à l'épreuve.

— Infiniment, mademoiselle, répondit-il.

— C'est fâcheux, reprit Alix qui surmontait son trouble et regagnait tout son sang-froid, j'ai résolu de vous éloigner.

— Et m'est-il permis de vous demander ?...

— Non.

Lapierre baissa la tête et sourit dans sa barbe. Alix aperçut ce mouvement, et une vive rougeur couvrit son beau front.

— Vous quitterez la Tremlays, poursuivit-elle en refoulant une exclamation de colère méprisante ; je le veux.

— Peste ! murmura Lapierre : voilà qui est parler.

— Vous quitterez la Tremlays à l'instant.

— Peste ! répéta Lapierre.

— Silence ! si vous vous retirez de bon gré, je paierai votre obéissance.

Alix fit sonner les pièces d'or que contenait la bourse en soie.

— Si vous résistez, poursuivit-elle, je vous ferai chasser par mon père.

— Ah ! fit tranquillement Lapierre.

— Voulez-vous cette bourse ?

— J'y perdrais, répondit Lapierre, j'aime mieux rester... à moins pourtant que mademoiselle ne daigne me dire, ajouta-t-il d'un ton d'ironie pendable, comment un pauvre diable comme moi a pu s'attirer la haine d'une fille de noble maison. Je suis très-curieux de savoir cela.

— La haine ! répéta Alix, qui se redressa.

Elle retint une parole de dédain écrasant et dit à voix basse :

— Lapierre, vous êtes un assassin.

— Ah ! fit encore celui-ci sans s'émouvoir le moins du monde.

— Je ne sais pas, poursuivit Alix, ce qu'il put jamais y avoir de commun entre un homme comme vous et le capitaine Didier...

— Nous y voilà ! interrompit Lapierre assez haut pour être entendu.

— Paix, vous dis-je, ou je vous ferai châtier comme vous le méritez ; j'ignore ce qui a pu vous porter à ce crime, mais c'est vous qui avez attendu nuitamment, l'année dernière, le capitaine Didier, dans les rues de Rennes.

— Vous vous trompez, mademoiselle.

Alix tira de son sein la médaille de cuivre que le lecteur connaît déjà.

— Le mensonge est inutile, continua-t-elle, c'est moi qui pansai votre blessure quand on vous ramena à l'hôtel, et je trouvai sur vous cette médaille que je savais appartenir au capitaine Didier. Vous la lui aviez volée croyant sans doute qu'elle était en or.

— Et vous, mademoiselle, répartit Lapierre en souriant, vous l'avez gardée précieusement depuis ce temps, quoiqu'elle ne soit que de cuivre.

— Niez-vous encore ! demanda Alix sans daigner répondre.

— A quoi bon ? demanda Lapierre.

— Alors vous ne vous refusez pas à quitter le château ?

— Si fait ! plus que jamais.

— Mais, s'écria mademoiselle de Vaunoy, malheureux, ne craignez-vous pas que je vous dénonce à mon père ?

Lapierre éclata de rire. Alix se leva indignée.

— C'en est trop, dit-elle ; dès que mon père sera de retour...

— Qui sait quand votre père reviendra, mademoiselle ? interrompit Lapierre qui la regarda en face.

— Que voulez-vous dire ? demanda vivement la jeune fille saisie d'un vague effroi.

Lapierre ouvrit la bouche pour parler, mais il se retint et rappela sur sa lèvre son sourire cynique.

— Nous sommes tous mortels, dit-il en s'inclinant, et chaque homme est exposé sept fois à périr dans un seul jour : voilà tout ce que je voulais vous dire, mademoiselle. Quant à votre menace, elle est faite, n'en parlons plus ; mais gardez, je vous conjure, celles que vous pourriez être tentée de m'adresser à l'avenir. Il est humiliant, pour une noble demoiselle, de menacer un valet.

— Mais, sur ma foi ! s'écria Alix que cette longue provocation jetait hors d'elle-même, je ne menace pas en vain. M. de Vaunoy saura tout !

— Changez le temps du verbe : J'ai étudié un peu ma

grammaire : Au lieu du futur mettez le présent, et vous aurez dit la vérité, mademoiselle.

— Je ne vous comprends pas ! balbutia Alix qui devint pâle et chancela.

— Si fait, mademoiselle, vous me comprenez et parfaitement. Croyez-moi, ne me forcez point à mettre les points sur les *i*.

— Je veux que vous vous expliquiez, au contraire, dit Alix avec effort.

— A votre volonté. Le bon sens exquis dont vous êtes douée vous avait fait deviner tout d'abord que rien de commun ne pouvait exister entre un honnête garçon tel que moi et un enfant sans père comme le capitaine Didier. Je n'ai point de haine, en effet. Mais le sort a été injuste à mon égard : je ne suis qu'un valet ; la haine d'autrui peut devenir ma haine : et, pour gagner mes gages, je puis avoir à tirer l'épée comme si je haïssais réellement...

— Tu mens, misérable ! interrompit la jeune fille exaspérée, car elle comprenait.

— Vous savez bien que non. J'ai tué parce qu'on m'a dit : Tue.

— Oses-tu bien accuser mon père !

— Moi ! Je ne pense pas avoir prononcé le nom respectable de M. Hervé de Vaunoy. Mais, à bon entendeur, salut.

— Tu mens ! tu mens ! répéta Alix dont la tête se perdait.

— Mettons que je mente, mademoiselle, pour peu que cela puisse vous être agréable. Mais, que je mente ou non, si, comme je le crois, vous portez quelque intérêt au capitaine Didier, ne perdez pas votre temps à menacer un homme qui ne saurait vous craindre. Cet homme, d'ailleurs, n'est que l'instrument. Montez plus haut : arrêtez le bras ou fléchissez le cœur.

Il ajouta plus bas :

— Et quand votre père reviendra, s'il vous est donné de revoir votre père, agissez sans perdre une minute, c'est un bon conseil que je vous donne.

A ces mots Lapierre salua profondément et prit congé avec toute l'apparence du calme le plus parfait.

Alix ne saisit point ses dernières paroles ; mais elle en avait assez entendu. Dès que le valet fut parti, elle s'affaissa sur son siége et mit sa tête entre ses mains. Un monde de pensées navrantes fit irruption dans son cerveau.

— Mon père ! mon père ! murmurait-elle au travers de ses sanglots ; je ne veux pas le croire. Ce misérable ment !

Mais elle avait beau faire, une irrésistible conviction s'imposait à son esprit : c'était son père qui avait ordonné l'assassinat de Didier.

Pourquoi ?

Elle se leva chancelante, et agita sa sonnette. Elle voulait joindre Didier, lui conseiller de fuir... Hélas, que lui dire sans accuser son père ?

Lorsque Renée se rendit à l'appel de la sonnette, elle trouva sa jeune maîtresse inanimée sur le plancher. Alix avait succombé à son émotion. Quand elle recouvrit ses sens, une fièvre violente s'empara d'elle.

L'heure du dîner vint cependant, et M. de Béchameil, quittant la cuisine, fit son entrée dans la salle à manger, suivi du plat incomparable qu'il venait d'inventer.

Le digne financier avait un air à la fois modeste et conscient de sa valeur. Il semblait savourer par avance les unanimes éloges qui allaient accueillir ce chef-d'œuvre de l'art culinaire, rendu plus précieux par la noble main qui l'avait préparé; il méditait déjà une courte allocution en forme de madrigal, à l'aide de laquelle il comptait offrir à mademoiselle de Vaunoy l'honneur d'attacher son nom au blanc-manger nouveau-né.

Certes, ce n'était point là une mince aubaine pour la belle Alix. Il y allait de l'immortalité, car le plat n'était rien moins qu'une béchamelle de turbot (les cuisiniers ont faussé l'orthographe de ce nom illustre), c'était, en un mot, la première de toutes les béchamelles.

Hélas! le destin est aveugle, tous les bons poètes l'ont dit, et les projets des hommes sont étrangement caducs! La primeur de ce précieux aliment devait tomber en partage aux palais mal appris de deux ignobles valets!

En entrant dans le salon, Béchameil orna sa lèvre de son plus avenant sourire. Ce fut en pure perte: il n'y avait point de convives.

Hervé de Vaunoy n'avait pas reparu. Alix était en proie à d'atroces souffrances; mademoiselle Olive veillait auprès de son lit de douleur. Didier était on ne savait où.

Ce que voyant, Béchameil, ordinairement si paisible, entra dans un dépit furieux. Désolé de n'avoir personne pour apprécier les mérites de son blanc-manger il demanda son carrosse, et partit au galop pour sa villa de Cour-Rose.

Le blanc-manger resta sur la table, chef-d'œuvre abandonné.

Quelques minutes après, Alain le majordome et Lapierre entrèrent par hasard dans le salon.

— Il ne reviendra pas, dit Lapierre.

— Tu es un oiseau de mauvaise augure, répondit le vieil Alain : il reviendra.

Les deux valets avisèrent le blanc-manger. Ils s'attablèrent sans cérémonie. Nous devons croire que la béchamelle se trouva être de leur goût, car, au bout d'un demi-quart d'heure, il n'en restait plus trace.

— Il ne reviendra pas ! répéta Lapierre en se renversant sur son siége comme un homme qui a bien dîné.

— Il reviendra ! répéta de son côté maître Alain, qui introduisit dans sa bouche le goulot de sa bouteille carrée ; en veux-tu ?

— Volontiers. S'il ne revient pas, nous pourrons bien n'y rien perdre. Ce petit soldat de Didier a le cœur généreux et la main toujours ouverte. Il achètera notre marchandise un bon prix.

— Et s'il nous fait pendre ?

— Allons donc !...

On frappa trois rudes coups à la porte extérieure. Les deux valets sautèrent sur leurs siéges.

— C'est Vaunoy ! dit le vieux majordome.

— Ou Didier ! répartit Lapierre... Une idée ! Si c'est Didier, veux-tu que nous parlions ? Vaunoy est avare. Nous pourrissons à son service.

Alain hésita et but. Quand il eut bu, il n'hésita plus.

— Tope, s'écria-t-il gaillardement ; si c'est Didier,

nous parlerons. Vaunoy, s'il revient ensuite, reviendra trop tard. Mais, si c'est Vaunoy ?

— Alors, il deviendra pour moi incontestable que Satan le protége, et ma foi, que Dieu ait l'âme du capitaine !

— Amen, répondit maître Alain.

On entendit des pas dans l'antichambre.

Les deux valets se levèrent et clouèrent leurs regards à la porte.

— Quelque chose me dit que c'est le capitaine, murmura Lapierre.

— Moi, je parierais que c'est le Vaunoy, riposta le majordome.

— Eh bien ! parions !

— Parions !

— Un écu pour le capitaine !

— Un écu pour Vaunoy !

XXVIII

CHEZ LES LOUPS

A l'heure où Pelo Rouan faisait à Jude le récit que nous avons rapporté plus haut, un homme, enveloppé dans son manteau, descendit avec précaution la rampe du ravin de la Fosse-aux-Loups. Il jetait furtivement autour de lui des regards d'inquiétude et semblait avoir la conscience d'un danger.

Néanmoins il avançait toujours.

Lorsqu'il parvint au fond du ravin, devant le chêne creux où Nicolas Treml avait enfoui jadis son coffret de fer, il s'arrêta pour reprendre haleine.

— Ne m'auraient-ils donc pas aperçu? murmura-t-il, pendant que ses dents claquaient de frayeur.

Sa vue était troublée probablement par la fièvre qui faisait trembler chacun de ses membres sous son manteau ; sans cela, il n'eût point exprimé de doute, car, de plusieurs côtés, des têtes fauves, écartant les dernières branches du taillis commençaient à se montrer.

Au moment où l'étranger allait reprendre sa route, en se dirigeant vers l'emplacement de la loge de Mathieu Blanc, trois ou quatre hommes, masqués de fourrures, bondirent hors des broussailles, tombèrent sur lui et le terrassèrent en un clin d'œil.

— Qui diable avons-nous là? demanda l'un d'eux en mettant son pied sur la poitrine de l'homme au manteau.

Celui-ci, malgré son épouvante, ne parut nullement surpris de l'attaque et continua de cacher son visage.

— Mes bons amis, dit-il d'une voix qui, malgré ses efforts, n'était rien moins qu'assurée, ne me maltraitez pas. Je ne viens point ici par hasard.

— Un espion du maltôtier! s'écrièrent en chœur les Loups; il faut le pendre?

— Saint-Dieu! mes excellents amis, ne commettez pas une énormité semblable, reprit le patient dont les dents claquèrent de rechef et plus fort. Je viens vers vous dans votre intérêt.

— A d'autres!

— Sur mon salut, je ne vous mens point. Bandez-moi les yeux, pour être bien sûrs que je ne verrai rien des choses que vous avez intérêt à cacher, et introduisez-moi auprès de votre chef.

Les Loups se consultèrent.

— Il sera toujours temps de le pendre, dit l'un d'eux, robuste sabotier nommé Simon Lion.

L'avis semblait assez sage.

— Pourtant, reprit un vannier du nom de Livaudré, faudrait au moins voir sa figure.

Simon Lion arracha brusquement le manteau du rôdeur, qui pencha sur sa poitrine un visage rond et plein, mais plus blême qu'un linceul.

Les quatre Loups reculèrent, frappés d'une commune et inexprimable surprise.

— Le maître de la Tremlays ! s'écrièrent-ils en même temps.

Vaunoy, c'était bien lui, en effet, essaya de sourire, et parvint seulement à produire un convulsif clignement d'yeux.

— Le maître de la Tremlays en personne, mes bons amis, dit-il.

— Nous ne sommes pas tes amis, murmura Livaudré d'une voix basse et menaçante. Ignores-tu si complétement les sentiers de la forêt que tu aies pu prendre au hasard une route qui te conduisait droit à la mort ?

— Allons donc ! allons donc ! balbutia Vaunoy, vous raillez, mon joyeux camarade ; on ne tue pas ainsi un homme qui apporte une fortune avec lui.

Les Loups échangèrent un regard significatif, et Simon, d'un geste rapide, tâta les poches de Vaunoy.

— Tu mens, dit-il après examen fait, aujourd'hui comme toujours, mais du diable si tu nous échappes cette fois !

La terreur de Vaunoy atteignait à son comble et augmentait pour lui le danger, car il perdait le sens et la parole.

Livaudré détacha une corde roulée autour de sa ceinture et lança l'extrémité, formant nœud coulant, de manière à accrocher l'une des basses branches du chêne creux.

La corde se noua du premier coup, et se balança tout auprès du visage de Vaunoy.

On ne peut dire que celui-ci se fût engagé à la légère dans sa périlleuse entreprise. Au contraire, il en avait laborieusement calculé toutes les chances, mais il avait compté sans sa poltronnerie, et sa poltronnerie allait le tuer.

Il était parti de la Tremlays dans un de ces moments de résolution désespérée où le plus lâche devient en quelque sorte le plus téméraire.

Sa haine pour Didier, ou, pour parler mieux, l'envie passionnée qu'il avait de jeter hors de sa route la vivante menace qui le tourmentait nuit et jour, lui avait caché une partie du péril, en lui montrant plus certaines qu'elles ne l'étaient les chances de réussite.

Il ne pouvait rien par lui-même contre Didier, officier du roi et son hôte officiel, et pourtant il fallait que Didier disparût. Il le fallait ; c'était une question de fortune qui pouvait devenir question de vie et de mort.

Par une étrange destinée, ce jeune soldat se trouvait fatalement en contact avec Vaunoy sur tous les points à la fois. Le penchant d'Alix pour lui et son éloignement croissant pour Béchameil, qui en était une conséquence naturelle, eussent constitué seuls une cause d'inimitié bien suffisante ; car, à cette époque où le parlement s'occupait journellement de recherches de noblesse, il fallait que Vaunoy conquît à tout prix l'appui de l'intendant royal.

Un mot de Béchameil pouvait lui faire perdre sa qualité de noble homme, et par conséquent l'opulent héritage de Treml.

Mais à part ce motif, Vaunoy en avait un autre, plus impérieux encore, et nous ne dirons pas trop en affirmant que Didier et lui ne pouvaient exister ensemble sous le ciel.

Au reste, si nous n'avons pas complétement échoué dans la peinture de son caractère, on doit penser, indépendamment même de cette explication, qu'il avait fallu à Vaunoy un bien puissant motif pour braver ainsi la vengeance des Loups, lui qui avait été leur plus actif et leur plus implacable persécuteur.

Ce motif une fois admis, restait, pour un homme véritablement résolu, à combiner un plan et à n'engager la bataille qu'avec le plein exercice de son sang-froid.

Le maître de la Tremlays était dans de tout autres conditions. En traversant la forêt, il avait subi tour à tour les influences de la frayeur la plus exagérée et du plus fol espoir. Maintenant qu'il fallait agir sous peine de mort, il restait vaincu par l'épouvante, incapable, inerte, hébété : mort d'avance, comme ces malheureux qu'on précipite du haut d'une tour élevée et qui expirent, dit-on, avant de toucher le sol.

Simon Lion le saisit à bras-le-corps, et Livaudré fit un nœud coulant à l'extrémité de la corde ; Vaunoy ne bougea pas ; il se laissa passer la corde autour du cou sans faire résistance aucune.

Seulement, lorsque la hart lui blessa la gorge, il roula autour de lui de gros yeux affolés, et poussa une plainte étouffée.

— Hale ! cria Livaudré.

Les pieds du malheureux Vaunoy quittèrent le sol.

Comme on voit, les pressentiments de Lapierre n'étaient pas sans quelque fondement.

Mais au moment où la face du patient passait du violet au noir par l'effet de la strangulation, un cinquième personnage bondit hors des broussailles. C'était encore un Loup.

— Arrive donc ! petit Yaumi, lui dirent ses camarades ; viens voir la dernière grimace d'une de tes connaissances.

Le *petit* Yaumi, que nous avons rencontré tout à l'heure dans la loge de Pelo Rouan, était un énorme gaillard, haut de près de six pieds et membré en proportion. Il jeta un coup d'œil sur Vaunoy et le reconnut malgré la contraction hideuse de ses traits.

— Méchants blaireaux ! murmura-t-il : Ils allaient le tuer comme ça sans crier gare !

Et d'un revers de son grand couteau de chasse, il coupa la corde. Vaunoy tomba comme une masse et s'affaissa sur le gazon.

— Vous faisiez là de la belle besogne, reprit le petit Yaumi. Et qu'aurait dit le Maître ? Ne savez-vous pas qu'il y a quelque chose entre lui et ce vil coquin, pour qui la corde était une mort trop douce ? Le Maître est-il dans la mine ?

— Le diable sait où est le Maître, répondit Livaudré d'un ton bourru, quant à ce qui est de ce vieux drôle, il peut se vanter de l'avoir échappé belle. Mais il n'est pas au bout, et il faudra savoir si nos anciens ne lui remettront pas la corde au cou.

— Nos anciens obéissent au Maître tout comme toi et

moi, mon homme, dit Yaumi d'un ton sentencieux : ils feront ce que le Maître voudra.

Vaunoy cependant avait repris ses sens et s'agitait sur l'herbe.

— Debout ! cria Simon Lion en le poussant du pied.

Vaunoy, qui avait eu plus de peur que de mal, obéit sans trop de peine. Par une réaction explicable, ce premier danger, miraculeusement évité, lui avait remis quelque force au cœur.

— Empêchez vos gens de me maltraiter, dit-il à Yaumi d'une voix plus ferme ; ce bout de corde a failli vous faire perdre cinq cent mille livres.

Yaumi ne s'émut point ; mais il n'en fut pas de même des quatre Loups.

— Cinq cent mille ! répétèrent-ils ébahis.

Vaunoy respira. L'effet était produit.

— Conduisez-moi à vos chefs ! dit-il d'un ton d'autorité.

— Maintenant, murmura le petit Yaumi en haussant ses larges épaules, ils vont le laisser échapper. Je donnerais un écu pour que le Maître fût ici !

Simon Lion noua le mouchoir à carreaux qui lui servait de ceinture sur les yeux de Vaunoy, et, tout aussitôt les quatre Loups le poussèrent vers la rampe occidentale du ravin, au sommet de laquelle se voyaient les ruines des deux moulins à vent.

Vaunoy sentit bientôt un air froid et humide frapper sa joue ; en même temps, la vague lueur qui, malgré le bandeau, parvenait jusqu'à ses yeux, disparut tout à coup.

Tantôt il descendait les marches d'une sorte d'escalier

taillé presqu'à pic ; tantôt ses conducteurs le soulevaient à force de bras, le portaient pendant quelques pas et le déposaient ensuite sur le sol.

Cela dura dix minutes environ. Au bout de ce temps, Vaunoy entendit un bruit de voix confuses, et une forte odeur de tabac et d'eau-de-vie le saisit à la gorge.

On lui arracha son bandeau.

Il était chez les Loups, dans leur réfectoire, et arrivait au dessert.

La rouge clarté d'une demi-douzaine de torches qui brûlaient autour de lui éblouit d'abord ses yeux habitués aux ténèbres. En outre, les cris assourdissants qu'un millier de larynx récemment abreuvés poussèrent à sa vue, faillirent de nouveau lui faire perdre la tête. Il y avait de quoi : c'étaient de tous côtés, énergiques menaces et clameurs de mort.

Mais bientôt un silence se fit. Simon Lion avait prononcé quatre mots qui produisirent un effet réellement magique. Les clameurs devinrent tout à coup murmures, et ces quatre mots répétés avec componction passèrent en un instant de bouche en bouche.

— Cinq cent mille livres ! disait-on de toutes parts.

Ce chuchotement d'excellent augure ranima Hervé de Vaunoy mieux que n'eût fait le plus méritant de tous les baumes. Il se sentit revivre et devint brave de toute la grande peur qu'il avait eue.

Le spectacle qu'il entrevoyait, à mesure que ses yeux s'aguerrissaient au sombre éclat des torches, n'était pas fait cependant pour porter au comble sa sécurité.

Il était précisément au centre d'une nombreuse assemblée dont les groupes, attablés, sans ordre, autour de planches soutenues par des pieux fichés en terre, buvaient, mangeaient ou fumaient.

Cela ressemblait à une immense taverne.

La lumière, partant d'un seul centre, où brûlaient toutes les torches réunies, s'affaiblissait en radiant, de telle sorte que la majeure partie de la foule, fantastiquement plongée dans un vacillant demi-jour, prenait de loin une physionomie étrange et presque diabolique.

On ne pouvait calculer, même approximativement, le nombre des assistants, et l'aspect de cette cohue faisait naître l'idée de l'infini.

Les derniers rangs, en effet, disparaissant à demi dans l'ombre, semblaient se prolonger jusqu'à perte de vue ; et, lorsqu'un mouvement fortuit ou l'étincellement d'une torche agrandissait le cercle de lumière, on voyait surgir de tous côtés de nouvelles figures de buveurs ou de fumeurs.

Or, tous ces buveurs et fumeurs étaient des Loups, honnêtes artisans de la forêt, qui, nous en sommes certains, possédaient au grand jour de fort débonnaires physionomies ; mais la lueur sanglante des torches mettait à leurs traits une expression de férocité sauvage. S'ils étaient bons, ils n'en avaient pas l'air, en vérité.

Çà et là, dans la foule, Vaunoy reconnaissait quelque visage de vannier ou de sabotier, rencontré souvent dans la forêt. Deux ou trois Loups avaient gardé leurs masques de fourrure ; et, nonobstant le flux perpétuel de la lumière et de l'ombre, Vaunoy crut pouvoir affirmer plus tard que ces Loups, obstinément masqués, avaient leurs raisons pour ce faire en sa présence : ils portaient la livrée de La Tremlays.

Au milieu de la salle, de la grotte, ou de la caverne (Vaunoy n'apercevant ni les parois, ni la voûte, ne pouvait assigner à ce lieu un nom fort précis), se trouvait une table mieux équarrie que les autres : autour de cette table siégeaient neuf vieux Loups de grande expérience, qui sans doute étaient les sénateurs de cette bizarre république.

Quant au dictateur, ce fameux Loup blanc, dont parlait tant la renommée, Vaunoy eut beau chercher, il ne put le découvrir à aucun signe extérieur, et conclut qu'il était absent.

Au bout de quelques minutes, l'un des vieillards réclama le silence d'un geste, et se tourna vers Vaunoy, qui mettait tous ses efforts à ressaisir son sang-froid ébranlé.

— Qu'es-tu venu faire à la Fosse-aux-Loups ? demanda le vieillard.

Vaunoy prit, comme on dit vulgairement, son courage à deux mains.

— J'y suis venu chercher ce que j'y ai trouvé, répondit-il d'un ton dégagé ; je voulais voir les Loups.

— C'est une vue qui peut coûter cher, Hervé de Vaunoy. As-tu donc oublié tout le mal que tu nous a fait ?

— Non, mais j'ai compté sur votre bon sens et aussi sur votre misère... que je croyais, je dois le dire, ajouta-t-il moins haut, plus grande qu'elle ne me paraît l'être en réalité.

— Nous vivons du mieux que nous pouvons, reprit le vieillard ; on a voulu nous voler notre pain noir et notre petit cidre, nous volons nos voleurs, ce qui nous met à même de manger du pain blanc et de boire de l'eau-de-vie.

Un joyeux et bruyant éclat de rire accueillit la douteuse moralité de ces paroles.

— Bien dit, notre père Toussaint ! cria-t-on de toutes parts !

— La paix, mes enfants, la paix ! Quant à notre bon sens, nous te savons gré de ton compliment, mais, en définitive, qu'as-tu à faire de notre bon sens, qui nous conseille de te pendre, et de notre misère, que tu as tâché de rendre si complète ?

— Je veux me venger, dit Vaunoy.

— N'as-tu pas, à La Tremlays, tes assassins ordinaires ?

— Trève, interrompit Vaunoy, dans un mouvement d'impatience qui le servit à merveille ; expliquons-nous comme des hommes, et ne bavardons pas comme des avocats. Voulez-vous gagner cinq cent mille livres ?

— Cinq cent mille livres ! répétèrent encore les Loups qui avaient l'eau à la bouche.

— Cinq cent millions de tromperies ! s'écria une **rude voix,** dont le propriétaire, le petit Yaumi, perça la foule et vint dresser sa haute taille devant la table occupée par le sénat de la Fosse-aux-Loups.

— Notre père Toussaint et les autres, ajouta-t-il, ne faites pas attention à ce que dit ce misérable. Vous le connaissez, et d'ailleurs, en l'absence du Maître, vous ne pouvez rien décider.

Vaunoy dressa l'oreille à ce mot de maître. C'était là une nouvelle difficulté qu'il n'avait pu mettre en ligne de compte.

Le père Toussaint secoua la tête d'un air de mécontentement.

— Ami Yaumi, dit-il, le Maître est le maître ; mais nous sommes bien quelque chose, et cinq cent mille livres ne se trouvent pas tous les jours sous le couvert. Cela mérite réflexion.

— Mais il ment comme un coquin qu'il est !

Les Loups poussèrent en chœur un murmure de désapprobation. Ces bonnes gens tenaient aux cinq cent mille livres annoncées, plus que nous ne saurions dire.

— Yaumi, mon garçon, reprit Toussaint, avec d'autant plus d'assurance qu'il se sentait soutenu ; laisse-nous faire nos affaires : le Maître sera content.

— Et s'il ne l'est pas ? demanda Yaumi.

Personne ne dit mot dans la foule. Le vieillard parut visiblement déconcerté.

— Il le sera, reprit-il encore après un silence ; personne plus que moi n'est disposé à obéir au Maître, mais...

— Mais vous voulez braver la chance de lui désobéir ! Écoutez ! je sais, moi, que le Maître donnerait le plus clair de son sang pour voir cet homme face à face.

Vaunoy frémit de la tête aux pieds.

— Je sais, poursuivit Yaumi, que cet homme et lui ont à régler un compte long et embrouillé. Je veux aller chercher le Maître.

— Qui sait où on le trouvera ?

— Je tâcherai ; vous m'attendrez.

— C'est impossible ! s'écria Vaunoy, mettant désormais son va-tout sur une seule chance ; tout est manqué si dans deux heures je ne suis pas de retour à la Tremlays.

— Deux heures me suffiront, dit Yaumi.

Les vieillards se consultèrent.

Il faut croire que l'autorité de celui qu'on appelait *le Maître*, et qui n'était autre que le Loup Blanc, avait des proportions fort absolues, car, malgré sa violente envie de conquérir les cinq cent mille livres, la foule des Loups vint en aide à Yaumi.

— N'y a pas à dire ! murmurait-on de tous côtés : faut que le Maître soit averti !

— Va donc, dit Toussaint à Yaumi ; mais si, dans deux heures, tu n'es pas revenu, nous ferons à notre idée.

Yaumi ne s'ébranla point encore.

— Il faut auparavant, dit-il, que je sache tout ce que veut cet homme.

— C'est juste, répartit Toussaint ; expliquez-vous, Hervé de Vaunoy.

— Les cinq cent mille livres dont il s'agit, dit le maître de la Tremlays, sont le produit des tailles de l'évêché de Dol, que M. l'intendant royal expédie à Paris. Les cinq cent mille livres resteront une nuit au château. Cela suffira.

— Je crois bien ! s'écria Toussaint.

— Je crois bien ! répétèrent les Loups.

— Quant à l'homme que je veux tuer, il est votre

ennemi aussi bien que le mien ; c'est le nouveau capitaine de la maréchaussée.

— Fût-il pis que cela, Hervé de Vaunoy, dit Toussaint d'un ton grave, mais non sans quelques regrets, n'espère pas l'aide de nos bras. Les Loups n'assassinent pas.

— Les Loups attaqueront la caisse ; les Loups prendront les cinq cent mille livres ; les Loups auront tout le profit. Moi, je ferai le reste.

Le vieux Toussaint secoua la tête d'un air de satisfaction non équivoque.

— Cela peut s'accepter, dit-il ; en conscience, cela peut s'accepter. Eh bien ! Yaumi, en sais-tu assez long?

— Je pars, répondit ce dernier.

Il mit en effet son masque sur son visage et disparut dans l'ombre.

Vaunoy s'assit. On plaça devant lui un verre d'eau-de-vie qu'il toucha de ses lèvres.

— Deux heures ! pensait-il avec angoisse ; si cet homme vient, quel sera mon sort.

Les Loups s'étaient remis à fumer et à boire, car ces pauvres gens, naguère artisans honnêtes et laborieux, une fois jetés violemment hors de leur voie, avaient pris, à peu de chose près, tous les vices qu'amène avec soi la fainéantise soutenue par la rapine.

Vaunoy, lui, comptait les minutes. De temps en temps, la voix du vieux Toussaint, qui demandait quelques explications sur le mode d'attaque, sur le moment du coup de main, etc., interrompait sa laborieuse rêverie. Ce fut heureux pour lui, car, si on ne l'eût point distrait de sa peur, sa peur l'aurait tué.

Une heure se passa, puis une heure et demie, puis l'aiguille de la montre de Vaunoy indiqua les deux heures révolues.

Vaunoy ouvrit sa poitrine à une longue et vigoureuse aspiration. Il se leva.

— Ma foi, dit Toussaint, Hervé de Vaunoy est dans son droit. Un honnête homme n'a que sa parole ; nous avons la nôtre, et nous sommes des honnêtes gens.

— C'est clair ! appuya l'assistance.

— Donc, tu peux te retirer, l'homme. Ton intérêt nous répond de ton exactitude. Demain, une heure après le coucher du soleil, nous serons au lieu désigné.

— A demain, dit Vaunoy, qui devançait ses guides vers l'entrée du souterrain.

On lui banda de nouveau les yeux. Quelques minutes après, il sautait joyeusement sur son cheval, qui l'attendait au-delà du fourré.

— Saint-Dieu ! saint-Dieu ! saint-Dieu ! cria-t-il follement en pressant à grands coups d'éperons le galop de sa monture.

Comme on le pense, le vieux majordome gagna son pari, car c'était Vaunoy qui avait frappé ces rudes coups à la porte extérieure de la Tremlays, et ce fut lui qui, au moment de la gageure, entra dans le salon, au grand étonnement de Lapierre.

En entrant, il se jeta, haletant, sur un fauteuil.

— Il est à nous ! s'écria-t-il. J'ai joué ma vie,

j'ai gagné ; mais je jure Dieu qu'on ne m'y prendra plus !

— J'en reviens à ce que je disais, murmura Lapierre : que Dieu ait l'âme du capitaine ! Maître Alain, voici votre écu.

XXIX

AVANT LA LUTTE

Le lendemain, le convoi des deniers de l'impôt partit de Rennes dans la matinée. Il était escorté par la maréchaussée, à la tête de laquelle chevauchait le capitaine Didier, et par une compagnie de sergents à pied.

Le trajet de Rennes à la Tremlays se fit sans encombre. Tandis que les lourdes charrettes, chargées d'écus de six livres, s'embourbaient dans les fondrières de la forêt, l'attaque aurait été bien facile ; mais nulle figure hostile ou suspecte ne se montra sur la route, et c'est à peine si Jude, qui suivait le capitaine, put conjecturer deux ou trois fois aux mouvements des branches qu'il y avait un être vivant, homme ou gibier, caché sous le couvert.

Les Loups dormaient ou ne se souciaient pas d'affronter les bons mousquets de la maréchaussée. A moins qu'ils n'eussent encore un autre motif de ne point se montrer.

On marchait bien lentement, et le soleil se couchait au moment où le convoi atteignait les premiers arbres de l'avenue de La Tremlays.

— Monsieur, dit Jude en se penchant à l'oreille du capitaine, il ne fait point bon pour moi au château. Ce que je cherche n'y est pas, et j'y pourrais trouver en revanche ce que je n'ai garde de chercher.

— Fi ! mon brave garçon, répondit le capitaine avec un sourire, tu ne rêves plus qu'assassinat depuis hier. Certes, si tout ce que tu m'as raconté de ce Vaunoy est vrai, c'est un scélérat infâme et sans vergogne, mais je ne puis croire... et, après tout, qui te dit que ce charbonnier n'ait point menti ?

— Pelo Rouan ? Il ne mentait pas, monsieur, car sa voix tremblait et j'ai senti la sueur de son front tomber sur ma main. Oh ! il ne mentait pas !... Et dame Goton ? et l'absence de notre petit monsieur ?

— Tu as peut-être raison, dit le capitaine ; en tout cas, tu es libre, mon garçon, et si tu as quelque ami dans la forêt, je te permets de lui demander l'hospitalité. Demain, tu nous rejoindras à Vitré.

— A demain donc ! répondit Jude.

Sur le point de s'éloigner, il s'approcha davantage et ajouta à voix basse :

— N'oubliez pas ce qui vous regarde, mon jeune monsieur. Ce Pelo Rouan a parlé de vengeance, et il a l'air d'un terrible homme !

Didier sourit encore et fit un geste d'insouciante bravade.

— A demain, brave garçon ! dit-il au lieu de répondre.

Jude prit un sentier de traverse et perdit bientôt de vue le convoi. Le soleil était couché depuis quelques minutes à peine, mais il faisait nuit déjà sous les sombres voûtes de la forêt. Les clairières seules montraient leurs ajoncs illuminés par cette lueur chatoyante que le crépuscule du soir laisse monter du couchant. Jude s'en allait à pas lents et la tête tristement baissée.

Il avait confié son cheval à un soldat pour que la bête eût sa provende au château.

Le bon écuyer sentait son courage l'abandonner en même temps que l'espoir. Pourquoi chercher encore lorsqu'on est sûr de ne point trouver ? Jude avait besoin d'évoquer le souvenir vénéré de son maître pour garder quelque énergie à sa volonté chancelante.

Un péril à braver l'eût trouvé fort ; s'il n'eût fallu que mourir, il serait mort avec joie. Mais il n'y avait rien, ni péril à braver, ni mort à affronter.

Treml n'aurait point le bénéfice des efforts tentés : à quoi bon combattre ?

Jude, après avoir cheminé quelque temps sans but, prit la route de la loge du charbonnier Pelo Rouan.

— Nous causerons de Treml, se disait-il en soupirant ; peut-être aura-t-il appris quelque chose depuis hier.

Jude n'avait pas fait vingt pas dans cette direction nouvelle, lorsqu'un bruit sourd, lointain encore, mais familier à son oreille de vieux soldat, arriva jusqu'à lui.

C'était évidemment le bruit produit par la marche d'une nombreuse réunion d'hommes, dont les pas s'étouffaient sur la mousse de la forêt.

Jude s'arrêta. Ce ne pouvait être l'escouade des sergents de Rennes, car, les pas venaient du côté opposé à la ville, et avançaient plus rapidement que ne fait d'ordinaire une troupe soumise aux règles de la discipline.

Jude devinait rarement ; il en était encore à s'interroger, lorsque l'agitation des branches du taillis lui annonça l'approche de cette mystérieuse armée.

Il n'eut que le temps de se jeter de côté sous le couvert.

Au même instant, une cohue pressée, courant sans ordre, mais à bas bruit, fit irruption dans le sentier que Jude venait de quitter.

A la douteuse clarté qui régnait encore, le vieil écuyer tâcha de compter, mais il ne put. Les hommes passaient par centaines, et incessamment d'autres hommes sortaient du fourré.

C'était un spectacle singulier et fait pour inspirer l'effroi, car aucun de ces hommes ne montrait son visage aux derniers rayons du crépuscule. Tous avaient la figure couverte d'un masque de couleur sombre.

Tous, hormis un seul qui portait au contraire un masque blanc comme neige, au milieu duquel reluisaient deux yeux ronds et incandescents, comme les yeux d'un chatpard.

Cet homme, qui était de grande taille, mais de bizarre tournure, marchait le dernier. Lorsqu'il passa devant Jude, il se trouvait en arrière d'une cinquantaine de pas sur ses compagnons, et le vieil écuyer le vit avec étonnement faire, sans effort apparent, deux ou trois bonds réellement extraordinaires, qui le portèrent en quelques secondes à l'arrière-garde de la fantastique armée.

Jude demeura plusieurs minutes comme ébahi. Au bout de ce temps, sa lente intelligence ayant accompli le travail qu'une autre aurait fait de prime-saut, il conjectura que ces sauvages soldats étaient des Loups. Mais où allaient-ils en si grand nombre et armés jusqu'aux dents ?

Jude se fit cette question, mais il n'y répondit point tout de suite, bien que les Loups, chuchotant entre eux, eussent prononcé, en passant près de lui, plus d'un mot qui aurait pu le mettre sur la voie.

Il poursuivit sa route, tout pensif et fort intrigué, vers la demeure de Pelo Rouan.

Pendant qu'il marchait par les sentiers redevenus déserts de la forêt, son esprit travaillait, et les vagues paroles surprises çà et là aux Loups qui passaient, lui revenaient comme autant de menaces.

La loge de Pelo Rouan était fermée. Jude frappa de toute sa force à la porte close ; personne ne répondit.

— C'est étonnant, pensa-t-il, entremêlant sans le savoir le désappointement présent et l'objet de sa récente préoccupation. Ce singulier personnage, masqué de blanc, qui marchait le dernier, avait des yeux semblables à ceux que je vis briller hier dans les ténèbres de cette loge... Ouvrez, mon compagnon, ouvrez à l'écuyer de Treml.

Point de réponse. Seulement, de l'autre côté de la loge, d'autres coups se firent entendre, comme pour railler ou imiter ceux qu'il distribuait libéralement à la porte.

Jude fit le tour de la cabane. Un rayon de lune, égaré à travers les branches des arbres, lui montra une petite fenêtre, fermée de forts volets qui s'agitaient sous l'effort d'une main cherchant à les ébranler à l'intérieur.

Au moment où Jude ouvrait la bouche pour répéter sa requête, l'un des volets violemment arraché, tomba auprès de lui.

En même temps, une forme de jeune fille dont la lune éclairait vaguement la silhouette, monta sur l'appui de la fenêtre, sauta aux pieds de Jude avec une légèreté de sylphide, et demeura un instant à genoux, les bras tendus vers le ciel.

— Sainte Vierge de Mi-Forêt, je vous remercie ! murmura la jeune fille avec une ardente dévotion. Protégez-le, protégez-le ! Si je le sauve, Notre-Dame, je vous donne un cierge, et une couronne, et ma croix d'or, et tout ce que j'ai, bonne Vierge !

Elle se signa, baisa une petite médaille suspendue à son cou, se releva d'un bond et disparut comme une biche sous le taillis.

Elle n'avait même pas aperçu Jude.

— Fleur-des-Genêts ! dit le bon écuyer que ces diverses et inexplicables péripéties jetaient dans un complet abasourdissement. Qui veut-elle sauver ? Et les autres ! qui veulent-ils attaquer ?

La lumière jaillit presque toujours de l'extrême confusion. Jude se pressa le front de ses deux mains, comme pour en faire sortir une pensée obscure, dont il sentait instinctivement l'importance et qu'il ne pouvait formuler.

Au bout de quelques minutes, il se redressa brusquement et laissa tomber ses bras le long de son corps. La pensée avait jailli ; la lumière s'était faite dans les ténèbres de sa cervelle : il comprenait.

— Didier ! s'écria-t-il d'une voix brève et coupée ; c'est de Didier qu'elle parle ; Pelo Rouan le déteste ; elle veut le sauver parce qu'il veut le tuer. Et les Loups... par le nom de Treml, il y aura quelqu'un pour le défendre !

Et il se reprit à marcher à pas de géant dans la direction de La Tremlays.

Il semblait avoir retrouvé l'agilité de ses jeunes années, et perçait droit devant lui, au milieu des plus épaisses fourrées, comme un sanglier au lancer.

En ce moment, pour la première fois, il sentait quelle puissance avait prise, au fond de son cœur, son attachement pour le jeune capitaine, son nouveau maître. A cette honnête et fidèle nature, il fallait un homme à qui se dévouer, et le souvenir de Treml ne suffisait pas à satisfaire l'éternel besoin d'obéir et d'aimer qui constituait, chez Jude, presque tout l'homme moral.

En arrivant à la grille du parc de La Tremlays, Jude était plus inquiet encore qu'au départ, car son flair de fils de la forêt lui révélait la présence d'une immense embuscade.

Il sentait d'instinct que le château était entouré de mystérieux ennemis.

Tout était tranquille encore néanmoins, et Jude resta

indécis, n'osant peser sur la corde qui mettait en mouvement la cloche de la grille.

Qu'il entrât par là ou par la maîtresse porte, donnant sur la cour du château, il y avait pour lui danger pareil d'être reconnu ; or, Jude ne s'appartenait point, et son zèle pour le capitaine ne pouvait lui faire oublier entièrement et si vite qu'il avait juré de donner sa vie à Treml.

Heureusement, pendant qu'il hésitait, il vit briller la lumière d'une lanterne à travers les arbres, et bientôt il distingua l'imposante tournure de dame Goton, qui, la pipe à la bouche et à la main un énorme trousseau de clés, s'en venait voir, selon sa coutume, si toutes les portes étaient bien closes.

Dame Goton et Jude étaient trop bons amis pour que le lecteur conserve la moindre inquiétude au sujet du vieil écuyer dans l'embarras.

Nous laisserons la femme de charge l'introduire avec tout le mystère désirable, et nous réclamerons place à table dans la salle à manger de M. Hervé de Vaunoy.

Le souper était copieux et bien ordonné. Béchameil, qui avait dormi sur sa rancune et n'était point fâché d'ailleurs de veiller personnellement au salut de ses cinq cent mille livres, faisait grand honneur à une seconde édition de son fameux blanc-manger, qu'il avait revue et corrigée pour la circonstance.

Le vin était excellent ; l'officier du roi, qui commandait les sergents de Rennes, se trouvait être un joyeux vivant ; Didier lui-même accueillait avec plus de bienveillance l'hospitalité empressée de Vaunoy.

Une seule chose manquait au festin, c'était la présence d'Alix, retenue en son appartement par la fièvre qui ne l'avait pas quittée depuis la veille.

Mais Alix, il faut le dire, était merveilleusement remplacée par sa tante, mademoiselle Olive de Vaunoy, laquelle tenait le centre de la table, et faisait les honneurs avec une grâce qu'il ne nous est point donné de décrire.

Parmi les valets qui servaient à table, nous citerons maître Alain et Lapierre. Vaunoy ne les perdait pas de vue ; et, tout en faisant mille caresses au jeune capitaine, il paraissait accuser ses deux suppôts de lenteur, et contenait difficilement son impatience.

Le premier service avait été enlevé pour faire place aux rôtis, puis à la pâtisserie, qui, placée au centre de la table, s'entourait d'un double cordon de dessert. On versait les vins du Midi, ce qui semblait causer à Béchameil et à l'officier rennais une notable satisfaction.

Didier tendit son verre par-dessus son épaule. Ce fut Lapierre qui versa. Vaunoy et lui échangèrent un rapide coup d'œil.

Mais, au moment de porter le verre à ses lèvres, Didier se tourna brusquement et regarda Lapierre en face.

Le saltimbanque émérite soutint parfaitement ce regard, et demeura sans sourciller, à la position du laquais derrière la chaise de son maître.

Didier répandit ostensiblement le contenu de son verre sur le parquet, et fit à Lapierre un signe impérieux de s'éloigner, ce que celui-ci exécuta aussitôt en s'inclinant avec un feint respect.

Vaunoy était devenu pâle.

— Notre vin de Guyenne ne plaît pas au capitaine Didier ? demanda-t-il en s'efforçant de sourire.

— Ne parlez pas ainsi, monsieur mon ami, interrompit Béchameil qui cherchait un bon mot depuis le potage, ou monsieur le capitaine vous actionnera en calomnie devant notre parlement.

Cela dit, Béchameil crut devoir éclater de rire.

— Monsieur de Vaunoy, répondit le capitaine avec une froide politesse, veuillez m'excuser, s'il vous plaît. Veuillez surtout faire en sorte que cet homme ne m'approche jamais. J'ai mes raisons pour parler ainsi, monsieur de Vaunoy.

— Sortez, Lapierre ! dit le maître de la Tremlays. Mon jeune ami, ajouta-t-il, choisissez, je vous en supplie, entre tous mes valets. Vous plaît-il être servi par mon majordome en personne.

C'était littéralement tomber de Charybde en Scylla, car Lapierre, en sortant, avait remis au majordome le flacon qu'il tenait à la main.

Didier salua légèrement en signe d'acquiescement, et tendit son verre à maître Alain, qui l'emplit jusques aux bords.

— A la santé du roi ! dit le maître de la Tremlays en se levant.

Tous les convives l'imitèrent, excepté mademoiselle Olive, que le privilége de son sexe dispensait de ce mouvement.

— A la santé du roi ! répéta Didier, qui but son verre d'un trait.

Un imperceptible sourire plissa la lèvre d'Hervé de Vaunoy.

Il fit un signe à maître Alain.

Celui-ci s'approcha d'une fenêtre ouverte et lança dehors le flacon qui avait servi à remplir le verre de Didier.

Nul ne remarqua cet incident, et le souper continua comme si de rien n'eût été.

Au bout de quelques minutes, Didier cessa tout à coup de répondre aux gracieuses prévenances dont l'accablait mademoiselle Olive. Sa tête pesait sur ses épaules ; ses paupières luttaient en vain pour ne point se fermer.

On eût dit qu'il était en proie à un irrésistible besoin de sommeil.

Olive, scandalisée, rentra en un digne silence ; ce qui permit au capitaine de s'endormir tout à fait.

— Saint-Dieu, dit Vaunoy, notre jeune ami n'est pas aimable ce soir ! Il jette notre vin et s'endort à notre barbe. Lui auriez-vous conté une histoire, mademoiselle ma sœur ?

Olive se pinça les lèvres et foudroya son frère du regard.

— Cela n'expliquerait pas pourquoi il a répandu son vin de Guyenne, dit Béchameil avec son habituelle naïveté.

— Nous lui passerons tout cela en faveur de son titre d'officier du roi, reprit joyeusement le maître de La Tremlays, et nous pousserons l'attention jusqu'à le faire emporter dans son fauteuil, afin de ne point troubler son sommeil.

Deux valets en effet soulevèrent le siége de Didier et l'emportèrent toujours dormant, à sa chambre. Cela réjouit fort M. de Béchameil et l'officier rennais, qui jura sur son honneur que M. de Vaunoy savait exercer l'hospitalité dans les formes.

Didier ne s'éveilla point pendant le trajet. Les deux valets le déposèrent endormi sur son lit et se retirèrent.

Une heure après environ, un bruit terrible se fit autour du château. Les portes furent attaquées toutes à la fois, et brisées d'autant plus facilement qu'il ne se présenta personne pour les défendre.

Par une fatalité singulière, sergents et soldats de la maréchaussée se trouvaient casernés dans une grange qu'on avait fermée en dehors.

Une seule personne fit résistance, ce fut la vieille Goton qui après avoir inutilement essayé de relever le courage de maître Simonnet et des autres valets de Vaunoy, saisit bravement un mousquet, et fit le coup de feu par la fenêtre de la cuisine.

Au moment où l'on entendit les premiers bruits de cette attaque inopinée et furieuse, Vaunoy était dans son appartement avec maître Alain, Lapierre et deux autres valets armés.

— Voici l'instant, dit-il avec un certain trouble dans la voix ; il dort et vous êtes quatre. Saint-Dieu ! ne me le manquez pas cette fois.

— Je m'en chargerai tout seul, reprit Lapierre ; et, en vérité, ce jeune fou prend à tâche de me donner envie de le tuer. Voilà deux fois qu'il me foule aux pieds depuis hier.

— Trêve de paroles ! interrompit Vaunoy ; à vous le capitaine, à moi les Loups !

Les quatre estafiers s'engagèrent dans le long corridor qui conduisait à la chambre de Didier. Lapierre marchait le premier, épée nue dans la main droite, poignard dans la gauche.

Maître Alain venait le dernier, ce qui lui donna occasion de dire, sans être aperçu, un mot à sa bouteille carrée.

— Attention ! dit Lapierre en arrivant à la porte qui n'était point fermée. Je vais l'expédier tout seul. Cependant s'il s'éveillait par le plus grand des hasards, vous viendriez à la rescousse.

Il entra. Une obscurité profonde régnait dans la chambre de Didier. Lapierre avança doucement ; et, lorsqu'il se crut à portée du lit, il leva son épée.

Une autre épée arrêta la sienne dans l'ombre. Lapierre recula étonné.

— Lève la lanterne, Jacques, dit-il à l'un des valets.

Celui-ci obéit, et nos quatre assassins aperçurent debout, devant le lit de Didier endormi, un homme de grande taille, qui droit et ferme sur la hanche, présentait la pointe de son épée nue.

Le vieux majordome poussa un cri de surprise.

— Saint-Jésus, dit-il, gare à nous ! Je le reconnais cette fois ; nous ne sommes pas trop de quatre : c'est **Jude Leker**, l'ancien écuyer de Nicolas Treml !

XXX

QUATRE CONTRE UN

Jude avait été introduit, comme nous l'avons dit, par la vieille femme de charge, et avait attendu son maître sur le lit de camp qui se trouvait dans un coin de la chambre.

Il s'était fort étonné lorsqu'il avait vu Didier, endormi, apporté par deux valets, et son inquiétude avait redoublé ; mais il était resté coi, afin de n'être point aperçu.

A plusieurs reprises, quand les valets furent partis, il appela son maître à voix basse. Celui-ci plongé dans un sommeil de plomb, n'eut garde de lui répondre. Le breuvage que lui avait versé maître Alain au souper était une préparation opiacée mêlée à forte dose au vin de Guyenne, si bien apprécié par M. de Béchameil.

Ce silence obstiné mit une lugubre appréhension dans l'esprit de Jude.

— C'est étrange ! pensa-t-il. Serait-ce un cadavre que ces hommes viennent d'apporter.

Il se leva doucement et posa sa main sur le cœur du jeune homme qui battait fort tranquillement.

— Il dort ! se dit Jude avec un soupir de soulagement. Que Dieu lui donne un long et tranquille sommeil !

Ce souhait devait être rempli outre mesure.

Au moment où Jude regagnait sa couche, le fracas de l'attaque éclata de toutes parts.

Le vieil écuyer prit son épée, et se tint prêt à tout événement.

Au bout de quelques minutes, il entendit un bruit de pas dans le corridor et saisit quelques mots de la conversation des quatre assassins.

— Il faut pourtant l'éveiller, se dit-il.

Et il secoua rudement Didier, qui resta inerte et comme mort.

Le brave écuyer, de guerre lasse, prit son parti et se plaça devant le lit, l'épée haute.

— Si c'est Pelo Rouan, pensa-t-il, je l'adjurerai au nom de Treml, et d'ailleurs, Pelo Rouan ne frappera pas un homme endormi, j'en suis sûr... Mais si ce n'est pas Pelo Rouan ?

En guise de réponse à cette embarrassante question, Jude assura son épée et se mit en garde.

Au même instant, la porte fut ouverte et donna passage aux estafiers de Vaunoy.

Pour être plus vieux de vingt ans, Jude Leker n'avait point perdu cette robuste et martiale apparence qui avait donné jadis à réfléchir aux roués de la suite du régent.

Dans la position qu'il avait prise devant le lit du capitaine, sa grande taille se développait fièrement et montrait, à la vacillante clarté de la lanterne, le vigoureux dessin de ses formes athlétiques. Sur son visage régnait ce calme profond qui, lorsqu'un homme est en face du péril, annonce une détermination indomptable.

Son regard restait lourd, presque apathique, et chacun de ses muscles gardait l'immobilité de l'acier.

Au seul nom de Jude, Lapierre crut deviner une alarmante complication. La présence de l'ancien écuyer de Treml auprès du capitaine rendait plus irrévocable, s'il est possible, l'arrêt de mort qui pesait sur ce dernier, car cette réunion n'était peut-être pas due au hasard, et, en tous cas, elle donnait une force nouvelle aux motifs que Vaunoy avait de redouter Didier.

Le premier mouvement de Lapierre fut donc d'ordonner l'attaque ; mais un coup d'œil jeté sur la ferme attitude du vieil écuyer retint cet ordre sur sa lèvre.

Il connaissait de réputation Jude, qui avait passé autrefois pour le plus vaillant homme d'armes du pays rennais, et ce qu'il voyait de lui n'était point fait pour démentir cette renommée.

Jude était seul, mais des quatre estafiers deux étaient des valets pris pour faire nombre ; le troisième, maître Alain, vieillard débile et usé par le vice, chancelait déjà sous le poids d'une ivresse fort avancée.

Le quatrième enfin, qui était Lapierre en personne, pouvait, poussé à bout, ne pas être un adversaire à dédaigner: mais la guerre n'était point son fait en définitive, et il ne combattait jamais qu'au pis-aller.

De sorte que les forces en présence, sans se balancer exactement, n'étaient pas non plus trop inégales.

Maître Alain était au flanc de Jude, à bonne distance, il est vrai; Lapierre faisait face, et les deux valets se trouvaient entre ce dernier et le majordome.

Après cette courte réflexion, Lapierre baissa son épée et remit son poignard à sa ceinture.

— Mon compagnon, dit-il à Jude d'un ton délibéré, le vénérable maître d'hôtel de la Tremlays prétend vous reconnaître pour un ancien serviteur de la maison. A ce titre, je me déclare fort joyeux de faire votre connaissance. Voulez-vous, s'il vous plaît, nous livrer passage afin que nous puissions accomplir notre tâche?

Jude ne répondit point et demeura immobile.

— Mon compagnon, reprit Lapierre, nous sommes quatre et vous êtes seul. En outre, si vous voulez prendre la peine d'ouvrir vos oreilles, vous ne douterez point que nous n'ayons dans le château de nombreux auxiliaires.

Le fracas redoublait en effet, les Loups avaient fait irruption à l'intérieur. C'était un vacarme assourdissant qui eût éveillé un mort.

Pourtant le capitaine dormait toujours.

— Mon compagnon, dit pour la troisième fois Lapierre qui prit un ton caressant et envoya un rapide coup d'œil à ses gens, je serais fâché d'user envers vous de violence, mais...

Il n'acheva pas. Les cinq épées lancèrent à la fois cinq gerbes d'étincelles.

Il y eut un court cliquetis. Maître Alain tomba sur ses genoux en poussant un gémissement sourd, et l'un des valets mesura le sol au milieu d'une mare de sang.

Jude, qui s'était fendu deux fois coup sur coup se remit en garde bellement.

Lapierre recula ainsi que le second valet.

Le mauvais succès de la traîtreuse attaque qu'il avait tentée au moment même où il semblait vouloir parlementer, le déconcerta quelque peu, et il jeta un piteux regard sur ses compagnons hors de combat.

— Vertudieu! grommela-t-il, ce n'était pas trop de quatre, en effet. Lève la lanterne, Jacques.

Jacques n'avait pas été touché. Il obéit.

La lumière tomba d'aplomb sur le justaucorps de Jude, et Lapierre poussa un cri de joie.

Le vieil écuyer restait droit et ferme, mais son sang coulait abondamment par trois blessures.

L'assaut n'était pas si mauvais que Lapierre l'avait cru d'abord.

— Il ne s'agit que d'attendre, reprit-il en ricanant.

Toute son insolence était revenue : Il ajouta :

— Du diable s'il reste un quart d'heure debout avec ces trois saignées. Attention, Jacques ! il est à nous. Fais comme moi, accule-toi au mur et reste en garde. S'il quitte sa position pour m'attaquer, tu iras au lit et tu feras l'affaire ; si c'est toi qu'il attaque, je me charge du capitaine. S'il se tient tranquille, ne bougeons pas. Dès qu'il tombera au bout de son sang, nous achèverons notre besogne.

Jacques obéit encore. Lapierre et lui s'adossèrent au mur. Maître Alain et l'autre valet gisaient à terre sans mouvement, et morts, suivant toute apparence.

Jude envisagea sa situation avec tout le calme de son stoïque courage : sa situation était désespérée.

Lapierre, l'effronté coquin avait parfaitement établi le dilemme ; Jude ne pouvait se sauver qu'en attaquant, mais s'il attaquait, Didier était mort.

Le choix de Jude ne pouvait être douteux : il garda son poste.

Cependant, il se sentait faiblir de minute en minute ; ses forces s'en allaient avec son sang.

Une fois, le bruit que faisaient les Loups s'approcha dans la direction de la chambre ; Jude eut une lueur d'espoir.

— Pelo Rouan ! cria-t-il : au secours !

Mais le bruit s'éloigna, et Pelo Rouan ne vint pas.

— Holà ! dit Lapierre ; le charbonnier se mêle-t-il aussi de protéger l'orphelin ! heureusement il est à trop bonne distance pour entendre et, puisque ce brave garçon appelle ainsi les absents, c'est signe que sa cervelle déloge. Il a chancelé, sur ma foi !

Jude se redressa vivement, mais Lapierre ne s'était point trompé. Il avait chancelé.

En se relevant, il dit :

— Monsieur le capitaine, éveillez-vous !

— Ah çà ! murmura l'ancien saltimbanque, c'est un taurau que cet écuyer ? Il a déjà perdu plus de sang qu'il n'y en a dans mes veines, et il est encore debout. Si l'autre allait finir son somme, nous serions ici à terrible fête.

Jude pâlissait et haletait.

— Eveillez-vous, monsieur le capitaine! cria-t-il encore d'une voix affaiblie déjà. Éveillez-vous!

— Pourquoi ne pas lui donner le nom de son père, mon compagnon? demanda Lapierre avec ironie. Allons! ne te gêne pas. Ce nom, prononcé en ce lieu, aurait peut-être une vertu magique.

Jude ne comprenait point. Il mit la main sur une de ses blessures afin d'arrêter le sang : mais Lapierre impitoyable et pressé d'en finir, simula une attaque qui le força de se remettre en garde.

Le sang coula de nouveau.

— Eveillez-vous, monsieur, éveillez-vous! cria pour la troisième fois Jude, qui s'appuya, épuisé, aux colonnes du lit.

Didier dormait toujours.

Jude, à bout de forces, lâcha son épée, glissa le long du lit et tomba dans son sang.

— Dieu ne veut pas que je meure pour Treml! murmura-t-il avec un douloureux regret.

— Et pour qui donc meurs-tu, mon brave garçon! s'écria Lapierre en éclatant de rire. Est-ce que, par hasard, tu ne saurais pas?... Ce serait une excellente plaisanterie.

Il s'approcha de Jude qui respirait avec effort et ne bougeait plus.

— Mon compagnon, dit-il en lui tâtant le pouls, tu as encore trois minutes à vivre pour le moins. Veux-tu que je te conte une histoire ? Qui ne dit mot consent, hé ? retiens-toi de mourir, cela va t'amuser. Un soir, figure-toi, je passais par la forêt de Rennes, j'étais saltimbanque de mon métier et j'avais besoin d'un enfant. Ton pouls a l'air de vouloir s'éteindre : un peu de patience, que diable ! Sur le revers d'un fossé, j'aperçus une jolie petite créature emmaillotée de peau de mouton. Je laissai la peau de mouton, mais j'emportai l'enfant qui faisait justement mon affaire. Une fois à Paris... Aurais-tu dessein de me fausser compagnie ? J'abrége : cet enfant grandit ; le hasard le fit échapper à ma tutelle ; il devint page de M. le comte de Toulouse, puis gentilhomme de sa chambre, puis... A la bonne heure, voici ton pouls qui recommence à battre comme il faut. Puis capitaine de la maréchaussée. Devines-tu ?

Une légère et furtive rougeur monta au visage de Jude, qui néanmoins demeura immobile et garda ses yeux fermés.

— Tu ne devines pas ? reprit Lapierre. Hé bien ! je vais te mettre les points sur les *i* pour que tu t'en ailles content dans l'autre monde. Cela t'expliquera en même temps pourquoi nous sommes ici de la part d'Hervé de Vaunoy : l'enfant que je trouvai dans la forêt avait nom Georges Treml.

A peine Lapierre avait-il prononcé ce nom qu'il poussa un cri de rage et de douleur.

Un mouvement d'incommensurable joie venait d'emplir le cœur de Jude et galvanisait son agonie. Le bon écuyer, retrouvant vie pour un instant au nom adoré du fils de son maître, avait étreint, par un suprême effort, la gorge du saltimbanque qu'il tenait renversé sous lui.

— Au secours, Jacques ! râla celui-ci.

Jacques s'élança, mais non pas assez vite. Jude avait ressaisi son épée et la plongea de toute sa force dans la poitrine de Lapierre.

Puis, s'appuyant d'une main aux colonnes du lit, il reçut le choc du dernier valet.

C'était encore un champion redoutable que Jude Leker à sa dernière heure. Le valet, grièvement blessé dès les premières passes, jeta son arme et s'enfuit.

Jude se traîna jusqu'à la lanterne qui, éteinte à demi et oubliée par terre, éclairait d'une lueur faible les résultats de cette scène de carnage. Il la prit, ranima la flamme, et s'aidant de ses mains, il regagna le lit où Didier, subissant toujours l'effet du narcotique, dormait son léthargique sommeil.

Ce fut avec une peine infinie que le bon écuyer, rassemblant tout ce qui lui restait de force, parvint à se relever. Il s'appuya d'une main sur les matelas, de l'autre il dirigea l'âme de la lanterne sur le visage de Didier.

Le capitaine était couché sur le dos, dans la position où l'avaient placé les valets de Vaunoy. Il n'avait point bougé depuis lors. La lumière de la lanterne tomba d'aplomb sur ses traits hardis et réguliers.

Jude se mourait, mais sa joie atteignit au délire. Il contempla un instant Didier endormi. Une extatique allégresse illumina sa simple et honnête physionomie, tandis que deux larmes brûlantes sillonnaient lentement le hâle de ses joues.

— C'est lui, murmura-t-il enfin, que Dieu le sauve et le bénisse ! Voilà bien le front de Treml ! et ces yeux fermés, je m'en souviens maintenant, sont bien les yeux d'un Breton : hardis et bons ! Oh ! c'est un beau soldat, que le dernier fils de Treml ! C'est un digne rejeton du vieil arbre. Si je l'avais reconnu plus tôt !...

Il prit la main de Didier et se pencha sur elle, ne pouvant la soulever jusqu'à sa lèvre.

— Notre monsieur ! mon fils ! poursuivit-il avec une passion si ardente que les dernières gouttes de son sang loyal remontèrent à sa joue, éveillez-vous pour que je vous salue du vaillant nom de vos pères ! éveillez-vous, enfant de Treml ; votre vie sera belle et glorieuse désormais...

Il s'arrêta ; son regard exprima tout à coup une terreur.

— Mon Dieu ! mon Dieu ! cria-t-il d'une voix sourde ; il dort et je vais mourir ! Je vais mourir, emportant son secret, son bonheur : tout ce que Dieu vient de lui rendre !

Jude regardait maintenant son jeune maître avec des yeux découragés. La vie l'abandonnait ; il le sentait, et c'était pour lui une accablante angoisse que de faire défaut pour ainsi dire au dernier Treml, que de l'abandonner en ce moment suprême, où un seul mot, prononcé et entendu, lui rendait fortune et noblesse.

— Je ne veux pas mourir, reprit-il avec effort ; ce serait trahison ! Il faut que je vive pour le servir et pour l'aimer. Arrête-toi donc, mon sang ; tu es à lui, tout à lui ! Notre-Dame de Mi-Forêt, sainte mère du Christ, ayez pitié ! Qu'il s'éveille, ou que je vive ! Sainte

Vierge ! la mort est sur moi. C'est la première fois que j'ai peur !

Le malheureux vieillard tremblait son agonie et avait besoin de ses deux mains pour se retenir aux couvertures du lit. Une minute se passa pendant laquelle il souffrit un martyre que nous n'essaierons pas de dépeindre. Puis ses mains glissèrent lentement le long des couvertures.

— Éveille-toi ! éveille-toi ! râla-t-il. Écoute ! Écoute-moi, notre monsieur ! Il y a dans le creux du chêne de la Fosse-aux-Loups un parchemin et de l'or. Tout cela est à vous, Georges Treml... à vous ! moi, je suis un mauvais serviteur : je meurs quand vous auriez besoin que je vive. Pardonnez-moi !... pardonnez-moi ! Treml ! Treml !

Ses jambes fléchirent ; il tomba pesamment à la renverse en prononçant une dernière fois le nom idolâtré de son maître.

Un silence de mort régna dans la chambre pendant quelques minutes. La lanterne, demeurée sur le lit, jetait encore par intervalles de tristes lueurs sur cette scène de désolation.

Tout à coup on entendit un long et retentissant bâillement.

L'un des cadavres s'agita et se mit à étirer ses membres, comme on fait après un bon sommeil.

Ce cadavre était celui de maître Alain, le majordome, lequel n'avait d'autre blessure qu'un large trou fait à son pourpoint. Le vieux buveur était tombé au choc de Jude, et, moitié par frayeur, moitié par ivresse, il ne s'était point relevé.

Or, on sait qu'un homme ivre, si poltron qu'il puisse être, s'endormirait à dix pas de la bouche d'un canon.

Maître Alain s'était endormi.

En s'éveillant, son premier soin fut de donner une marque d'affection à sa bouteille carrée. Il ne se souvenait de rien.

Après avoir avalé une ample rasade, il se leva, chancelant, et plus ivre que jamais.

— Pourquoi diable suis-je hors de mon lit ! se demanda-t-il.

Un coup d'œil jeté autour de lui éclaira sa mémoire.

— Ho ! oh ! dit-il ; la bataille est finie. Voici mon vieux compagnon Jude dans l'état où je le désirais. Et ce jeune coquin de Georges Treml ! il dort comme un bienheureux. Ma foi ! je vais achever la besogne.

Il prit son poignard et marcha laborieusement vers le lit, non sans dire un mot en chemin à sa bouteille, pour se donner du courage. Au premier pas, il trébucha contre le corps de Lapierre.

— Tiens, gronda-t-il, le voilà qui dort aussi ! Lapierre ! viens m'aider, mon garçon.

Lapierre n'avait garde de répondre. Maître Alain se pencha sur lui et lui mit le goulot de son flacon carré dans la bouche.

— En veux-tu ? demanda-t-il suivant sa coutume.

L'eau-de-vie se répandit à terre. Maître Alain se releva.

— Il ne boira plus ! dit-il avec solennité.

Au moment où il arrivait à portée du lit, il s'arrêta

pour écouter une voix douce, mais éplorée, qui chantait dans la cour, sous la fenêtre, un couplet de la romance d'Arthur de Bretagne.

— Joli moment pour chanter ! murmura-t-il.

La voix s'interrompit et prononça tout bas avec un accent désolé :

— Didier ! Didier !

— Présent ! dit en riant le majordome. Allons ! un autre couplet, encore un couplet !

La douce voix de jeune fille, comme si elle eût voulu obéir à cet ordre ironique, reprit cette partie de la complainte qui raconte les douleurs de la duchesse Constance de Bretagne, et chanta d'une voix pleine de larmes :

> Elle cherchait, dans sa détresse,
> La forteresse
> Où l'Anglais tenait enfermé
> Son bien-aimé

Puis elle dit encore :

— Didier ! Oh ! Didier ! où es-tu ?

Le vieux majordome, réduit à l'état d'enfance par son ivresse, s'approcha curieusement de la fenêtre pour voir la chanteuse ; mais, au même instant, la porte s'ouvrit, et une vive lumière inonda la chambre.

Maître Alain se retourna.

Il vit Alix de Vaunoy, pâle, l'œil égaré, tenant à la main un flambeau.

Elle, aussi, prononça d'une voix étouffée le même nom que la chanteuse :

— Didier ! Didier !

XXXI

ALIX ET MARIE

Alix de Vaunoy entra. Elle était bien changée ; son visage gardait les traces d'une cruelle souffrance. Ses yeux avaient ce regard morne et fixe que laisse après soi la brûlante exaltation de la fièvre.

Au moment où le maître de La Tremlays avait donné le signal à ses quatre estafiers, Alix était couchée sur son lit de douleur et sommeillait péniblement. Autour d'elle veillaient mademoiselle Olive, sa tante, la fille de chambre Renée et une autre servante. Le fracas de l'attaque des Loups vint réveiller Alix en sursaut et frapper d'épouvante les trois femmes qui la gardaient. Mademoiselle Olive, s'évanouit au premier coup de fusil, et les deux servantes s'enfuirent affolées par la frayeur.

Alix demeura seule.

Son sommeil, si court et si agité qu'il eût été, l'avait un peu reposée. Le bruit de l'attaque, en ébranlant la faiblesse de son cerveau, y ressuscita quelques vagues pensées, comme la secousse imprimée à un vase rempli d'eau, y fait remonter les objets submergés.

Elle eut souvenir de son entretien avec Lapierre et de la mortelle douleur qui avait torturé son âme. Elle prononça le nom de son père, puis le nom de Didier, pour qui désormais sa tendresse était celle d'une sœur ou d'un ange.

Puis, encore, elle se leva, jeta sur ses épaules une mante, prit un flambeau et quitta sa chambre.

Il n'y avait personne pour la retenir.

Dans le corridor elle rencontra plusieurs Loups, qui, maîtres du château, le traitaient en pays conquis ; mais les Loups s'enfuirent à l'aspect de cette pâle figure, qui ressemblait de loin à un fantôme.

Ils n'eurent garde de lui barrer le passage.

Elle choisit d'instinct le chemin de la chambre de Didier.

On ne peut dire qu'Alix fût en état de somnambulisme. Elle était bien réellement éveillée ; mais son intelligence flottait dans un milieu obscur ; elle pensait comme on rêve.

Lorsqu'elle ouvrit la porte du capitaine, seule, au milieu de la nuit, l'idée ne lui vint même pas que ce pût être un acte condamnable ou simplement en dehors des lois des convenances. Malgré les demi-ténèbres où son esprit était plongé, elle savait que, entre elle et Didier, il existait un obstacle infranchissable, un abîme rendu plus profond par les accablantes insinuations de Lapierre.

Elle était résignée. Elle l'avait dit à Dieu.

Elle venait au secours d'un homme qui avait été son fiancé, mais qui était son frère.

Par l'angoisse de son dévouement plutôt que par l'enchaînement logique de ses souvenirs et des affreux soupçons qui avaient précédé et amené sa fièvre, elle sentait que Didier était menacé de mort.

Et elle venait.

La scène que nous avons mis si longtemps à raconter, dans le chapitre qui précède, n'avait réellement duré que quelques minutes, et quand Alix arriva au seuil de la chambre de Didier, le combat avait déjà pris fin.

Elle entra, comme nous l'avons dit, en prononçant le nom de celui que sa pure et pieuse conscience lui permettait, lui ordonnait de défendre.

Le vieux majordome, stupéfait de cette apparition, demeura immobile, et n'eut pas même la force de demander conseil à sa bouteille. Alix qui avait fait quelques pas sans le voir, l'aperçut enfin, et, de sa main étendue, lui désigna la porte. Le vieillard sortit aussi vite que le lui put permettre le méchant état de ses jambes avinées.

Alix posa son flambeau sur la table et s'assit au pied du lit. Ses regards s'égaraient dans l'obscurité du corridor, à travers la porte entrebâillée.

La fièvre revenait et mettait un voile plus épais sur son esprit.

— Quelle étrange odeur! dit-elle après quelques secondes de silence, pendant lesquelles son œil n'avait point cherché Didier. Pourquoi ces hommes dorment-ils sur le carreau? Ils sont heureux de pouvoir dormir. Moi, je vais prier.

Elle mit la main sur son front, et entre ses lèvres pâles une prière coula murmurant.

Puis tout à coup elle frissonna, disant :

— Ils mentent, ils mentent ! Ce ne fut pas mon père qui dirigea le bras de l'assassin !

— Didier ! Didier ! cria dans la cour, sous la fenêtre, la voix de jeune fille que nous avons entendue déjà.

— Didier ! répéta mademoiselle de Vaunoy en faisant effort pour ressaisir sa pensée fugitive ; oui, c'est vrai, je suis venu pour lui... où est-il ?

Elle jeta son regard autour de la chambre et aperçut le capitaine dormant auprès d'elle. Cette vue sembla éclairer soudainement son intelligence.

— Je me souviens, dit-elle, voilà que je me souviens ! Il y avait dans les paroles de ce misérable valet une terrible menace. Les assassins vont venir peut-être...

Elle tourna avec effroi vers la porte ses yeux qui rencontrèrent en chemin, sur le carreau, les trois prétendus dormeurs.

En même temps l'odeur du sang vint de nouveau blesser son odorat.

— Ils sont venus, s'écria-t-elle ; est-il blessé ? Non. Il repose. Dieu soit loué ! son sommeil est tranquille. Mais qui donc a pu le défendre ?

Elle prit le flambeau et l'approcha successivement des trois cadavres.

Elle reconnut Lapierre, lequel gardait, mort, son cynique et insouciant sourire.

Elle reconnut aussi l'autre valet.

Le troisième visage, celui de Jude, était étranger à mademoiselle de Vaunoy. Elle le considéra un instant en silence, puis, se penchant tout à coup, elle prit une de ses mains et la serrant avec passion :

— Que Dieu ait votre âme, murmura-t-elle avec gratitude, vous dont je ne sais pas le nom ; vous êtes mort pour le défendre. Chaque matin et chaque soir, quand je serai loin du monde, je dirai une prière pour que Dieu vous reçoive en sa miséricorde. Ils étaient trois contre vous, davantage peut-être. Vous étiez un vaillant homme et un digne serviteur !

Elle se releva et revint vers Didier.

— Je veux rester là, reprit-elle : on n'osera pas le tuer devant moi.

Les Loups, cependant, continuaient de parcourir le château ; les uns buvaient, les autres dévastaient. Le bruit du pillage et de l'orgie arrivait, comme par bouffées, le long des corridors.

Lorsque ce fracas se calmait, Alix entendait, sans trop y prendre garde, des sanglots de femme dans la cour.

Parmi ces sanglots, elle crut saisir une seconde fois le nom de Didier, et son oreille s'ouvrit avidement.

— Il ne m'entend pas ! disait la voix avec découragement ; il reconnaîtrait mon chant, s'il m'entendait.

Puis elle chantait parmi ses larmes :

> Elle cherchait, dans sa détresse,
> La forteresse
> Où l'Anglais avait enfermé
> Son bien-aimé.

Alix se précipita vers la fenêtre. La voix continua :

> La nuit, elle venait dans l'ombre
> De la tour sombre.
> Elle disait sous le grand mur :
> Arthur ! Arthur !

— Marie ! c'est Marie ! dit Alix dont le cœur battit avec force, c'est Marie, la fiancée de Didier.

Elle ouvrit la fenêtre.

— Marie, appela-t-elle.

La pauvre Fleur-des-Genêts s'était laissée tomber sur l'herbe. Elle se releva vivement et reconnut à la fenêtre éclairée les traits pâlis de mademoiselle de Vaunoy.

— L'avez-vous vu ? demanda-t-elle.

— Il est là, répondit Alix en se tournant vers le lit.

La chambre de Didier était au premier étage. La fenêtre qui s'ouvrait sur la cour se trouvait entourée de vigoureuses poussées de vignes, dont les branches bossues descendaient tortueusement jusqu'au sol. Fleur-des-Genêts s'élança, légère comme un oiseau. La vigne lui servit d'échelle.

L'instant d'après elle sautait au cou d'Alix.

— Où est-il ? s'écria-t-elle.

Alix lui montra le lit, où Didier, revêtu de son uniforme était étendu...

— Comme je souffrais ! dit-elle en essuyant une larme qui n'avait pas eu le temps de sécher et qui brillait au milieu de son sourire ; je tremblais d'être arrivée trop tard. Merci, Alix... merci, ma bonne demoiselle. Il dort ; il ne sait pas que sa vie est en danger.

— Et comment le sais-tu, toi, Marie ? demanda mademoiselle de Vaunoy qui songeait à son père et avait peur.

— Comment, je le sais, Alix ? Ne sais-je pas tout ce qui le regarde?...

Les yeux des deux jeunes filles se rencontrèrent.

Alix demanda :

— Le danger qui le menaçait est-il donc connu dans la forêt ?

— C'est de la forêt que vient ce danger, mademoiselle. Ils sont partis ce soir de la Fosse-aux-Loups. Béni soit Dieu qui a permis que les Loups n'aient point trouvé encore la chambre où il repose, il faut l'éveiller bien vite.

— Les Loups, répéta mademoiselle de Vaunoy avec terreur ; les Loups veulent-ils donc aussi l'assassiner ?

— Non, pas eux, mais un misérable dont j'ignore le nom, et qui leur a ouvert les portes de La Tremlays. Mon père déteste le capitaine, parce qu'il est Français, et encore pour autre chose. Mon père a dit : Je ne frapperai pas, mais je laisserai frapper. C'était dans notre loge qu'il disait cela, et moi j'écoutais derrière la porte de ma chambre. Je me suis jetée aux genoux de mon père ; mon père m'a enfermée dans ma chambrette. Ah ! que j'ai pleuré ! puis j'ai repris courage, à force de prier. Regardez mes mains, Alix, elles saignent encore. J'ai brisé les volets de ma fenêtre, j'ai sauté dehors et je suis accourue à travers les taillis. Mais les murs du parc sont bien hauts, ma chère demoiselle. J'ai donné mon âme à Dieu avant de les franchir, car je croyais que l'heure de ma mort était venue. Notre-Dame de Mi-Forêt a eu pitié de moi, Didier est sain et sauf, et je vous trouve veillant sur lui comme un bon ange.

Elle s'interrompit tout à coup en cet endroit. Un nuage passa sur son front.

— Mais pourquoi veillez-vous sur lui, Alix ? demanda-t-elle.

Ce fut un mouvement passager. Alix n'eut pas même

besoin de répondre. Fleur-des-Genêts, en effet, aperçut les trois cadavres et poussa un cri d'horreur.

— Notre-Dame de Mi-Forêt a eu pitié de toi, ma fille, répéta mademoiselle de Vaunoy d'un ton lent et grave. Deux de ces hommes qui sont maintenant devant Dieu étaient des assassins : je les connais. L'autre, que je ne connais pas, avait un cœur généreux et un bras vaillant. Plût au ciel qu'il vécut encore, car Didier n'est pas hors de péril. Ce sommeil étrange m'effraie, et je sais que les ennemis du capitaine sont capables de tout.

Marie prit la main de Didier et la secoua.

— Eveillez-vous ! dit-elle ; éveillez-vous... Mais voyez donc, Alix ! Il ne bouge pas !

Elle frémit de la tête aux pieds et ajouta :

— Ce sommeil ressemble à la mort !

— Ce sommeil y pourrait mener, ma fille, répondit Alix dont les beaux traits avaient perdu leur jeune caractère et qui semblait avoir mûri de dix ans depuis la veille ; es-tu forte ?

— Je ne sais. Au nom de Dieu ! aidez-moi plutôt à l'éveiller.

— Il ne s'éveillera pas. Aide-moi à le sauver.

Fleur-des-Genêts, soumettant son esprit à l'intelligence supérieure de sa compagne, vint vers elle et l'implora du regard, attendant d'elle seule le salut de Didier. Alix était une noble fille. Dieu l'éprouvait ici-bas pour la glorifier au ciel.

Elle se pencha sur Fleur-des-Genêts et lui donna un baiser de mère.

— Quand tu seras sa femme, dit-elle, sois bonne et douce, toujours, et garde-lui tout ton cœur.

— Pourquoi me dites-vous cela ? dit Marie ; vous parliez de le sauver...

Mademoiselle de Vaunoy se redressa.

— Tu as raison, dit-elle ; hâtons-nous.

Elle passa rapidement le poignard de Jude à sa ceinture et donna celui de Lapierre à Marie, qui ouvrait de grands yeux et ne devinait point le projet de sa compagne.

— Tu es enfant de la forêt, reprit Alix : tu sais monter à cheval et tu dois être forte. Il nous faut agir en hommes, cette nuit, ma fille. Fais comme moi, et si dans les corridors une arme se lève sur Didier, fais comme moi encore, et meurs en le défendant.

Un feu héroïque brillait dans les yeux d'Alix pendant qu'elle parlait ainsi.

Fleur-des-Genêts la contempla un instant, puis baissa la tête en silence.

— As-tu peur ? demanda mademoiselle de Vaunoy avec pitié.

— Non, répondit Marie ; mais je pense à votre dévouement, à vos espérances d'autrefois...

Alix releva sur elle ses grands yeux fiers et doux.

Sans répondre, elle passa au cou de Didier toujours endormi la médaille de cuivre qu'elle avait prise à Lapierre la nuit où celui-ci avait tenté d'assassiner le jeune capitaine dans les rues de Rennes. Ses yeux étaient levés vers le ciel.

Aussitôt ce devoir accompli, elle reprit avec énergie :

— Ma fille j'aime Dieu. Tu seras ma sœur, comme Didier est mon frère. A l'œuvre ! Il ne doit pas s'éveiller dans la maison de mon père !

Avec une vigueur dont nul n'aurait pu la croire capable, surtout en ce moment où elle venait de quitter le lit où la clouait la fièvre, elle souleva les épaules de Didier et fit signe à Marie de soulever les pieds.

Marie obéit passivement, comme un enfant qui suit, sans les discuter, les ordres de son maître.

La couverture fut passée sous le corps de Didier, et les deux jeunes filles la prenant par les quatre coins, comme une civière, enlevèrent leur vivant fardeau.

Elles fléchissaient sous le poids. Néanmoins, elles s'engagèrent résolûment dans les longs corridors de La Tremlays.

De toutes parts, on entendait les rires et les chants des Loups qui, par bonheur, sérieusement occupés à boire, ne troublèrent point la retraite des deux jeunes filles.

Elles traversèrent sans obstacles les sombres galeries du château et arrivèrent au seuil de la cour, où elles déposèrent le capitaine, pour reprendre haleine.

Fleur-des-Genêts haletait et tremblait. Alix respirait doucement et ne semblait point lasse. Sa compagne la contemplait avec une admiration mêlée d'effroi.

— Qu'est-ce que cela? demanda mademoiselle de Vaunoy en désignant un objet qui se mouvait dans l'ombre du mur.

— C'est un cheval, répondit Marie. Pendant que j'errais dans la cour, un valet du maître de La Tremlays, votre père, est venu l'attacher auprès de la porte.

— Nous n'aurons pas besoin de la clé des écuries, alors. Quant à celle de la porte extérieure, les gens de la forêt ont fait en sorte sans doute que nous puissions nous en passer. Encore un effort, ma fille !

Elles reprirent leur fardeau ; après bien des tentatives inutiles, elles parvinrent à placer le capitaine sur le cheval, et Marie, qui se mit en selle, le soutint.

— Va, ma fille, dit Alix, j'ai fait ce que j'ai dû, à toi d'achever notre œuvre en lui trouvant un asile.

Fleur-des-Genêts se pencha ; mademoiselle de Vaunoy la baisa au front.

— Vous êtes bonne et généreuse, mademoiselle, murmura Marie. Merci pour lui et merci pour moi.

Les Loups avaient laissé, en effet, la porte ouverte. Alix frappa de la main la croupe du cheval, qui partit aussitôt.

— Que Dieu veille sur lui, dit-elle.

Puis elle s'assit, sur le banc de pierre qui est l'accessoire obligé de toute porte bretonne.

Maître Alain, cependant, quelque peu dégrisé par l'apparition de la fille de son maître, était allé rendre compte à M. de Vaunoy du résultat négatif de l'attaque nocturne tentée contre la personne de Didier.

Le vieux majordome eut de la peine à trouver son maître. Celui-ci avait quitté son appartement aux premiers bruits de l'attaque, avait fait seller son cheval, le cheval sur lequel Fleur-des-Genêts et Didier galopent à l'heure qu'il est dans les allées de la forêt ; puis, confiant dans les perfides mesures prises pour réduire les gens du roi à l'impuissance, il s'était rendu au-devant des Loups qu'il avait conduits, de sa personne, au hangar où les voitures chargées d'argent se trouvaient à couvert.

Cela fait, il comptait enfourcher son cheval et courir d'une traite jusqu'à Rennes.

Son plan, pour être extrêmement simple, n'en était que plus adroit. Didier, assassiné pendant l'attaque, passerait naturellement pour avoir succombé en défendant les fonds du fisc qui étaient à sa garde. Les Loups seuls seraient, à coup sûr, accusés de ce meurtre, et lui, Vaunoy, arrivant le premier à Rennes pour porter cette nouvelle, ne serait pas le moins désolé de cette *catastrophe* qui enlevait ainsi, à la fleur de l'âge, un jeune officier de si grande espérance.

Il n'y avait pas jusqu'à l'intrépidité connue de Didier qui ne dût ajouter une probabilité nouvelle à la version du maître de La Tremlays.

Aussi ce dernier était-il parfaitement sûr de son fait. Sa seule inquiétude ou plutôt son seul désir était désormais de mettre une couple de lieues entre lui et ses récents amis les Loups dont il avait de fortes raisons de suspecter les intentions à son égard.

Après avoir fait pendant deux heures de vains efforts pour échapper à la surveillance de ces dangereux compagnons, il s'était enfin esquivé et gagnait à tâtons la porte de la cour pour trouver son cheval, lorsque maître Alain et lui se heurtèrent dans l'ombre.

Aux premiers mots du majordome, Vaunoy fut frappé comme d'un coup de massue. Didier vivait. Tout le reste était peine perdue.

— Comment! misérables lâches! s'écria Vaunoy en blasphémant, vous n'avez pas pu ! Je jure Dieu que ce coquin de Lapierre...

— Il est mort, interrompit Alain.

— Mort? Mais ce démon de capitaine s'est donc éveillé ?

— Non. Mais son valet, que je n'avais pu reconnaître hier, était Jude Leker, l'ancien écuyer de Treml.

— Jude Leker! répéta Vaunoy qui fit le même raisonnement que Lapierre et en demeura écrasé, mais alors Georges Treml sait tout... et il vit!

— Ce n'est pas ma faute, reprit maître Alain ; Jude Leker a été tué par les nôtres, je suis resté seul en face de ce Didier où de ce Georges qui dormait comme une souche.

— Eh bien ? Eh bien ?

— Au moment où j'allais faire l'affaire, j'ai vu une personne...

— Qui ? interrompit encore Vaunoy en secouant à la briser l'épaule du vieillard, qui a pu t'empêcher ?

— Mademoiselle Alix de Vaunoy, votre fille, répondit le majordome.

— Ma fille! balbutia Vaunoy, Alix!

Puis se redressant tout à coup :

— Tu mens! s'écria-t-il avec fureur ; tu mens ou tu te trompes. Ma fille est sur son lit. Mais, saint-Dieu! dussé-je le frapper moi-même, je ne perdrai pas cette occasion, achetée au péril de ma vie!

Il écarta violemment le vieil Alain, qui resta collé à la muraille de la galerie, et s'élança vers la chambre de Didier.

Il y avait cinq minutes à peu près qu'Alix et Fleur-des-Genêts l'avaient quittée. Le flambeau de mademoiselle de Vaunoy brûlait encore sur la table.

Hervé, dont la cauteleuse et prudente nature était en ce moment exaltée jusqu'au transport, enjamba les trois cadavres, et se précipita sur le lit. Le lit était vide,

— Echappé ! murmura Vaunoy d'une voix étranglée.

Il arracha follement les draps du lit et les foula aux pieds dans sa fureur. Puis il s'élança, tête baissée, vers la porte.

Mais il ne passa point le seuil. Un bras de fer le saisit et le repoussa au dedans avec une irrésistible vigueur. Vaunoy releva la tête et vit, debout devant lui, cet étrange personnage masqué de blanc qui fermait la marche des Loups dans la forêt, et dont le pauvre Jude avait admiré la merveilleuse souplesse.

Vaunoy voulut parler, le Loup blanc lui ferma la bouche d'un geste impérieux, et entra dans la chambre à pas lents.

— Toujours du sang là où tu passes, monsieur de Vaunoy, dit-il d'une voix basse et qui vibrait profondément.

Il prit le flambeau et examina successivement les trois cadavres.

Lorsqu'il reconnut Jude, un douloureux mouvement agita les muscles de son visage, sous la blanche fourrure qui le recouvrait.

— Il avait promis de le défendre, murmura-t-il; c'était un Breton?

Puis il ajouta d'un ton mélancolique:

— Il n'y a plus que moi pour servir Treml vivant, ou chérir le souvenir de Treml mort.

— L'ami ! dit à ce moment Vaunoy qui avait réussi à recouvrer quelque calme ; je vous ai donné ce soir cinq cent mille livres en beaux écus, c'est bien le moins que vous me laissiez vaquer à mes affaires. Livrez-moi passage, s'il vous plaît, mon compagnon.

Le Loup blanc secoua sa préoccupation et regarda Hervé en face, à travers les trous de son masque. Puis il se tourna vers la porte ouverte et fit un signe. Cinq ou six hommes armés se précipitèrent dans la chambre.

— A la Fosse ! dit le Loup blanc.

Vaunoy se sentit enlever de terre et une large main s'appuya sur sa bouche pour l'empêcher de crier.

Quelques minutes après, étendu sur un brancard que portaient quatre hommes, au nombre desquels il crut reconnaître deux de ses propres valets, Yvon et Corentin, masqués de fourrures, Vaunoy faisait route vers la Fosse-aux-Loups.

XXXII

LA CHAMBRETTE

Fleur-des-Genêts soutenait de son mieux le capitaine endormi sur la selle. Elle ne voulait point s'avouer à elle-même que la fatigue l'accablait, mais elle n'était qu'une jeune fille, et ses forces défaillaient rapidement.

Par bonheur, si violent que fut le narcotique administré par maître Alain, son effet ne put résister longtemps au mouvement du cheval. Au bout de quelques minutes, les membres de Didier se raidirent et son corps entier éprouva de légères convulsions.

— Didier ! s'écria joyeusement Marie, c'est moi qui vous ai sauvé !

C'était une de ces rares nuits où l'automne breton déride son sévère aspect et oublie d'agrafer son manteau de brouillards. La lune pendait, brillante, à la voûte du ciel limpide. Une fraîche brise courait entre les troncs centenaires de l'avenue, et venait à l'odorat tout imprégnée des parfums de la glandée. Les hautes cimes des chênes se balançaient avec lenteur et harmonie, secouant çà et là sur les bruyères leurs couronnes sonores.

Certes, on pourrait difficilement se figurer un réveil plus féerique que celui qui attendait Didier. Un instant, le jeune capitaine crut poursuivre un rêve. Il se sentait emporter par le galop d'un cheval, et entendait vaguement à son oreille les sons d'une voix sympathique.

Mais la brise de la forêt arrivait de plus en plus froide à son front, et chassait les dernières brumes de l'opium. Il souleva enfin sa paupière alourdie, et aperçut le visage de Fleur-des-Genêts à côté du sien.

Il porta les mains à ses yeux, étonné de la persistance de ce songe bizarre. Fleur-des-Genêts écarta sa main et il fut forcé de la voir encore.

Didier aspirait fortement l'air de la nuit. La fraîcheur vivifiante de l'atmosphère et la force de sa constitution combattaient le malaise que laissait à tous ses membres l'énervante action de l'opium. Néanmoins il souffrait ; son crâne pesait à son cerveau comme un casque de plomb.

— Allons, dit-il en essayant de secouer la torpeur où il restait plongé en dépit de lui-même ; ceci m'a tout l'air d'un enlèvement, dans lequel les rôles sont intervertis. Mettons pied à terre, Marie. Je ne sais, j'ai besoin de repos.

Ils avaient passé les derniers arbres de l'avenue, et le dôme de la forêt était sur leurs têtes. Marie se laissa glisser de la croupe du cheval et toucha le gazon.

Didier fit quelques pas en chancelant et s'assit au pied d'un arbre où il s'endormit aussitôt. Marie attira le cheval dans le taillis, mit la tête de Didier sur la mousse et demeura immobile.

Il était sauvé ; elle était heureuse, et veillait avec délices sur son sommeil.

Un quart d'heure à peine s'était écoulé, lorsqu'elle entendit un bruit de pas dans le sentier. Elle retint son souffle et vit d'abord quatre hommes dont chacun portait le bras d'une civière, où un cinquième individu était étendu garrotté. Ces quatre hommes marchaient en silence. Ils passèrent.

Puis un sourd fracas retentit dans la direction de la Tremlays, augmentant sans cesse et approchant avec rapidité. Marie, effrayée, traîna le capitaine au plus épais des buissons.

Presque au même instant, la cohue des Loups envahit le sentier.

Ils n'allaient plus en silence et tâchant d'étouffer le bruit de leurs pas, comme lorsque le pauvre Jude les avait rencontrés quelques heures auparavant. C'était un désordre, une joie, un vacarme. Ils couraient, chantant ou devisant bruyamment. Sur leurs épaules sonnaient de gros sacs de toile tout pleins des pièces de six livres de M. l'intendant royal.

La prise était bonne ; la nuit s'était passée en pillage et en orgie ; c'était fête complète pour les gens de la forêt.

« Ce n'est pas péché de voler le roi ! » disait le proverbe breton. Les Loups étaient contents d'eux-mêmes autant que s'ils eussent fait œuvre pie.

L'argent qu'ils emportaient doublait de prix à leurs yeux, pour avoir été volé au fisc, leur mortel ennemi, et nous pouvons affirmer qu'aucun remords ne troublait leur conscience.

Fleur-des-Genêts tremblait. Dans cette course folle, un soubresaut pouvait jeter quelqu'un des Loups hors de la route et lui faire découvrir Didier endormi.

Or, d'après la conversation qu'elle avait entendue dans la loge entre Pelo Rouan et Yaumi, l'envoyé des Loups, elle devait croire que ces derniers en voulaient à la vie du capitaine.

Tous passèrent cependant sans encombre.

A la suite de la cohue, marchait encore ce personnage qu'on nommait le Loup blanc dans la forêt. Loin de partager la joie de ses compagnons, il semblait triste, et courbait son visage masqué de blanc sur sa poitrine.

Lorsqu'il passa devant Fleur-des-Genêts, la jeune fille eut un mouvement de surprise et tendit le cou en avant.

— Serait-ce lui ! murmura-t-elle avec émotion et frayeur ; c'est impossible !

Le Loup blanc disparut comme ses louveteaux derrière un coude de la route. Tout rentra bientôt dans le silence, et l'on n'entendit plus que la mystérieuse et fugitive chanson qui descend, la nuit, de la cime balancée des grands arbres.

Les heures s'écoulèrent. Ce fut seulement lorsque la brise, plus piquante, annonça le prochain lever du jour, que Didier secoua sa léthargie.

Il était perclus et glacé. Ses membres raidis refusaient de se mouvoir

Marie entraîna Didier qui, vaincu qu'il était par son engourdissement, n'avait plus ni volonté ni force. Tous deux se mirent en selle et le cheval galopa dans la direction du carrefour de Mi-Forêt.

A une centaine de pas de la loge, Marie mit pied à terre.

Elle approcha doucement. La porte était ouverte.

— Mon père ! appela-t-elle.

Personne ne répondit.

— Il n'est pas là ! pensa la jeune fille avec joie. Dieu soit loué !

Elle revint à la rencontre du capitaine dont elle soutint la marche chancelante. Ils entrèrent et franchirent la salle basse où nous avons assisté à l'entrevue de Jude et de Pelo Rouan, puis Marie ouvrit la porte de la chambre à Didier qui ne pouvait plus se soutenir.

Elle n'avait pas aperçu, en traversant la loge, deux yeux rouges briller derrière le tas de paille qui servait de couche à Pelo Rouan. Pendant qu'elle passait, ces yeux rayonnèrent d'un plus sanglant éclat. Quand elle fut passée, ils changèrent brusquement de position et s'élevèrent de plusieurs pieds.

C'est que Pelo Rouan, qui était étendu sur la paille, venait de se dresser sur ses genoux.

— Je remercie Dieu, murmura-t-il de m'avoir donné des prunelles de bête fauve qui voient dans la nuit. Je l'ai bien reconnu, le Français maudit ! Il est là, il y restera. Marie ! pauvre petite fille !

Ces derniers mots furent prononcés d'un ton de tendresse profonde, ce qui n'empêcha point Pelo Rouan de décrocher le vieux mousquet suspendu au mur et d'y couler deux balles sur une copieuse charge de poudre.

Cela fait, il visita fort attentivement la batterie et se glissa hors de la loge.

Il n'allait pas loin : il grimpa sans bruit le long du tronc droit et lisse d'un bouleau planté devant la fenêtre de Marie et dont les branches passaient par dessus la loge.

Il s'assit sur l'une de ces branches, de telle façon que, caché par le tronc, il pouvait plonger son regard dans l'intérieur de la chambre de Marie.

En ce moment, Fleur-des-Genêts vint ouvrir sa fenêtre. L'âme de Pelo Rouan passa dans ses yeux. Le ciel à l'orient prenait une teinte rosée.

Marie fit d'abord ce qu'elle faisait chaque matin. Elle s'agenouilla, joignit ses petites mains blanches sur l'appui de la croisée et dit sa prière à Notre-Dame de Mi-Forêt.

Le jour naissait. Les oiseaux chantaient.

La chambrette de Fleur-des-Genêts était un nid, tout frais et tout gracieux, pris sur la largeur de la sombre pièce où couchait le charbonnier. Les murs en étaient blancs et parsemés de bouquets de fumeterre, jolie fleur qui, selon l'antique croyance des gens de la forêt, a la propriété de chasser la fièvre.

Vis-à-vis de la fenêtre un petit lit de chêne noir, sans pieds ni rideaux, donnait à la cellule un aspect de virginale austérité.

Au-dessus du lit il y avait un pieux trophée, formé d'un bénitier de verre, d'une image taillée de Notre-Dame et d'une branche de laurier-fleur, bénite le saint dimanche des Rameaux, à la paroisse de Liffré.

Didier était affaissé sur le sol au pied du lit. Marie se remit à genoux. Didier ne dormait pas ; il la contemplait avec tendresse et respect.

Le jour grandissait. Jusqu'alors Pelo Rouan n'avait rien pu distinguer dans la chambrette. Il aperçut enfin les lignes du profil de Didier et arma son mousquet.

— Qu'est-ce que cela ? dit tout à coup Marie en s'emparant de la médaille que mademoiselle de Vaunoy avait passée au cou du capitaine.

Didier prit la médaille, et ses traits exprimèrent un étonnement.

— Ce que c'est ? répondit-il avec lenteur ; ce sont mes titres et parchemins, Marie. C'est, du moins, je l'ai toujours pensé, le signe qu'une pauvre femme, ma mère, mit à mon cou en m'exposant à la charité des passants. Mais ne parlons pas de cela, ma fille. Je croyais l'avoir perdue ; je la cherchais en vain depuis un an. Il y a de la magie dans ce qui s'est passé cette nuit !

Marie regardait toujours la médaille.

— C'est singulier ! dit-elle enfin ; j'en ai une toute pareille.

Elle enleva rapidement le cordon qui retenait la médaille au cou de Didier, et, tirant en même temps la sienne elle s'élança vers la croisée afin de comparer.

Pelo Rouan, qui depuis cinq minutes guettait le moment où Marie cesserait de se trouver entre lui et le capitaine, mit en joue.

Il était le meilleur tireur de la forêt et c'est tout au

plus si on aurait pu mesurer quinze pas entre le canon de son arme et le cœur de Didier.

— Elles sont pareilles! s'écria Marie avec une joie d'enfant : toutes pareilles !

Pelo Rouan tenait la poitrine du capitaine au bout de son mousquet ; il allait presser la détente.

Le cri de Marie détourna son attention, et son regard tomba sur les deux médailles.

Il jeta son fusil, qui de branche en branche dégringola bruyamment jusqu'à terre : un cri s'étouffa dans sa gorge.

Marie leva la tête, aperçut son père et resta terrifiée.

Par un premier mouvement tout instinctif, elle voulut se rejeter en arrière et fermer la croisée, mais Pelo Rouan l'arrêta d'un geste impérieux et mit un doigt sur sa bouche pour lui recommander le silence.

Didier avait fermé les yeux, cédant à l'engourdissement qui toujours le tenait.

Pelo Rouan se laissa glisser le long des branches du bouleau et atteignit la toiture de chaume de la loge d'où il sauta légèrement sur l'appui de la croisée.

Marie n'osait bouger et le capitaine ne voyait rien.

Pelo prit les deux médailles et mit une extrême attention à les examiner.

Puis il écarta sa fille pour marcher vers le lit.

— Ne le tuez pas, mon père! s'écria Marie.

Didier se dressa d'un bond à ce cri.

Mais Pelo Rouan l'avait prévenu et faisait poser déjà sur lui sa lourde main.

— Mon père ! mon père ! cria encore Marie avec désespoir.

— Tais-toi ! dit le charbonnier à voix basse.

Pendant plusieurs minutes il contempla le capitaine en silence.

Didier resta immobile.

A mesure que Pelo Rouan le regardait, une émotion extraordinaire et croissante se peignait sur ses traits noircis.

Deux grosses larmes jaillirent enfin de ses yeux. Il se laissa tomber à genoux et baisa la main de Didier avec un respect plein d'amour.

— Que veut dire cela, mon brave homme ? demanda le capitaine stupéfait.

— Sa voix aussi ! murmura Pelo Rouan, plongé dans une sorte d'extase ; sa voix comme ses traits.

Didier se demandait s'il n'avait point affaire à un fou. Fleur-des-Genêts croyait rêver.

— Je comprends maintenant, reprit Pelo se parlant toujours à lui-même ; je comprends pourquoi Vaunoy voulait l'assassiner. Et moi qui le laissais faire ! Qui donc l'a sauvé à ma place ?

— Moi, prononça faiblement Marie.

— Toi, répéta Pelo Rouan, qui serra la jeune fille sur son cœur avec exaltation ; toi, enfant ? Merci ! du fond du cœur ! Tu as fait tout ce que j'aurais dû faire. Tu l'as aimé, lorsque moi je le haïssais aveuglément, tu l'as deviné, lorsque je le méconnaissais... Pardon, ajouta-t-il en revenant vers Didier qui restait ébahi et n'avait garde de comprendre ; pardon, notre monsieur Georges.

— Georges? balbutia le capitaine ; vous vous trompez, mon ami.

— Non, non ! je ne me trompe pas. Cette médaille, c'est moi qui l'ai mise à votre cou, il y a vingt ans, par une nuit terrible où Vaunoy tenta encore de vous assassiner : car il y a bien longtemps qu'il vous poursuit, notre jeune monsieur. Et moi qui avais peur ! grand'peur ! quand je vous voyais errer sous le couvert, autour de ma maison ! Comme si un Treml pouvait tromper, comme si tout ce qu'il y a de bon, de noble, de généreux, de loyal, ne se trouvait pas toujours réuni à coup sûr dans le cœur d'un Treml !

— Mais, voulut encore objecter Didier qui restait incrédule ; dans tout ce que vous venez de dire, je ne vois point de preuve.

— Point de preuve ! s'écria Pelo ébahi. Votre regard n'est-il pas celui de monsieur Nicolas : Votre voix, votre âge, la médaille, la haine de Vaunoy, qui vous a volé votre immense héritage... Écoutez ! ajouta-t-il tout à coup en se dressant sur ses pieds : Vous aviez près de six ans alors, et Dieu m'a donné un visage qu'on ne peut oublier quand on l'a vu une fois...

— Je ne vous reconnais pas, interrompit Didier.

Pelo Rouan s'élança hors de la chambre. On entendit dans la pièce voisine un bruit d'eau agitée et ruisselant sur le sol.

Puis il se fit un silence.

Puis encore un homme de grande taille, vêtu de peau de mouton blanc et dont la face blafarde était mouillée comme s'il se fût abondamment aspergé, se rua dans la chambre et atteignit d'un bond le lit près duquel Didier était toujours étendu.

A la vue de cet homme dont les cheveux blancs tombaient épars sur ses épaules, Didier éprouva une commotion étrange. Il passa la main sur son front à plusieurs reprises comme pour saisir un souvenir rebelle.

L'homme était là, devant lui, immobile, en proie à une visible et violente anxiété.

Le travail de Didier dura longtemps. C'était un effort plein de souffrance et qui mettait de la pâleur sur son visage.

Enfin, et tout d'un coup, il parut voir clair en sa mémoire. Une rougeur épaisse couvrit sa joue, et sa bouche s'ouvrit presque involontairement pour prononcer ce nom :

— Jean Blanc !

Pelo Rouan frappa ses mains l'une contre l'autre avec transport.

— Il se souvient de mon nom ! s'écria-t-il les larmes aux yeux ; de mon vrai nom ! Pauvre petit monsieur ! Il se souvient de moi !

— Oui, dit le capitaine ; je me souviens de vous... et de bien d'autres choses encore. Un monde de souvenirs envahit mon cerveau. Je ne me trompais pas, hier, lorsque j'ai cru reconnaître les tentures de cette chambre où l'on m'avait mis...

— C'était la vôtre autrefois. Oh ! que Dieu soit béni pour n'avoir point souffert que le vaillant tronc perdît jusqu'à sa dernière branche ! Que Dieu et Notre-Dame soient bénis pour la joie qui déborde de mon pauvre cœur !

Il se fit un instant de silence. Le capitaine se recueillait en ses souvenirs. Fleur-des-Genêts riait, pleurait et remerciait Notre-Dame de Mi-Forêt. Et Jean Blanc, penché sur la main de son jeune maître, savourait l'allégresse qui emplissait son âme.

Au bout de quelques minutes, Jean Blanc se redressa. Ses sourcils étaient légèrement froncés et ses traits exprimèrent une grave résolution.

— Et maintenant, dit-il, Georges Treml, vous êtes Breton et noble ; il vous faut regagner l'héritage de votre père tout entier : noblesse et fortune !

Jean Blanc n'eut pas besoin de donner de longues explications à son jeune maître, qui savait en grande partie son histoire, l'ayant entendue de la bouche du pauvre écuyer Jude, sans se douter qu'il pût y avoir le moindre rapport entre lui, Didier, officier de fortune, et Georges Treml, le représentant d'une famille puissante.

Les circonstances, dit-on, font les hommes. Ce proverbe est vrai en un sens et nous semble fort à la louange de l'humanité.

Qui peut nier qu'un fils de grande maison, dépouillé par une fraude infâme, et patron naturel de toute une population souffrante, ne doive autrement se comporter qu'un soldat sans souci, n'ayant ici-bas d'autre mission que de se bien battre.

Didier, en devenant Georges Treml, sentit naître dans son cœur une gravité inconnue. Il comprit ce qu'exigeaient de lui son nom et la mémoire de ses pères.

De brave qu'il était, il devint fort.

— Je vais me rendre à la Tremlays, dit-il ; j'aurai raison de M. de Vaunoy.

Avant de se séparer de Jean Blanc, le capitaine lui serra la main.

— Ce doit être, en effet, une noble race que celle de Treml, dit-il, et je suis fier d'avoir un peu de ce bon sang dans les veines. Ce n'est pas une famille vulgaire qui peut avoir des serviteurs tels que vous. Jean Blanc, mon ami, je vous remercie.

— Jude a fait mieux que moi, répondit l'albinos avec modestie ; Jude est mort pour vous, le bon garçon. Il méritait cela, monsieur Georges : il vous aimait tant !

— Pauvre Jude ! murmura Didier ; c'était un cœur fidèle et pur...

— C'était un Breton ! interrompit Jean Blanc. A propos, notre monsieur, il faudra oublier que vous avez porté l'uniforme de France. Les os de votre aïeul blanchissent là-bas et s'élèveraient contre vous si votre épée restait au roi de Paris !

Le capitaine ne répondit point. Il boucla son ceinturon, remit son feutre et se disposa à partir. Sur le seuil était Marie qui s'appuyait au mur et avait perdu son sourire.

Une triste pensée lui était enfin venue. Elle s'était demandé ce que pouvait être la fille du charbonnier pour l'héritier de Treml.

En passant auprès d'elle le capitaine la prit par la main.

— Jean, mon ami, dit-il en souriant, vous auriez eu grand tort de me tuer, car j'ai traité Marie en noble dame. Et, si Dieu me donne vie, il faudra désormais que tout le monde la traite ainsi.

Marie redevint joyeuse. Le capitaine partit. Pelo Rouan s'approcha de sa fille et la baisa au front.

— Enfant, dit-il d'une voix grave et triste, tu es ma seule joie en ce monde et je t'aime comme le souvenir de ta mère. Mais il ne faut pas espérer. Treml ne se mésallia jamais, et, tant que je vivrai, ma fille ne sera point sa femme.

Fleur-des-Genêts pencha sa blonde tête sur sa poitrine.

— Il faudra donc mourir ! murmura-t-elle.

— Dieu te reste, répondit Pelo Rouan, et d'ailleurs notre vie est à Treml.

Il remit son costume de charbonnier, et, baisant une dernière fois la joue décolorée de Marie, il quitta la loge à son tour.

XXXIII

LE TRIBUNAL DES LOUPS

Deux heures après, les souterrains de la Fosse-aux-Loups présentaient un aspect inusité et vraiment solennel.

Ce n'était plus ce désordre qui remplissait la caverne, la première fois que nous avons pénétré dans la retraite des Loups.

Aujourd'hui, rangés avec méthode, masqués et armés comme pour un combat, ils formaient cercle, debouts autour de la table des vieillards.

Ceux-ci étaient sans armes et flanquaient, quatre d'un côté, quatre de l'autre, un siége élevé de deux gradins au-dessus des leurs, où trônait le Loup blanc.

Un profond silence régnait dans le souterrain.

Au bout de quelques minutes les rangs s'ouvrirent et donnèrent passage à un homme pâle et tremblant, dont le visage exprimait une mortelle terreur.

Cet homme était Hervé de Vaunoy.

Deux Loups l'escortèrent jusqu'à la table où siégeaient les huit vieillards présidés par le Loup blanc.

— Maître, dit l'un des anciens, il a été fait suivant votre volonté. Voici l'assassin au pied de notre tribunal. Vous plaît-il qu'on l'interroge ?

— Cela me plaît, répondit le Loup blanc.

Le père Toussaint se leva.

— Hervé de Vaunoy, dit-il, des centaines de nos frères sont morts par ton fait ; leur sang pèse sur toi et tu vas mourir si tu ne peux nous prouver ton innocence.

— Nous avions fait un pacte, balbutia Vaunoy ; j'ai rempli mes engagements ; vous avez les cinq cent mille livres. Pourquoi ne tenez-vous pas votre parole ?

— Notre parole n'est rien, répondit le père Toussaint, celle du Maître est tout, et tu n'avais pas la parole du Maître. Défends-toi autrement, et fais vite !

Le vieux Loup ajouta sans s'émouvoir le moins du monde :

— Yaumi, prépare une corde, mon petit.

Une sueur glacée inondait le visage de Vaunoy.

— Mes bons amis, s'écria-t-il, ayez pitié de moi ! On m'a calomnié près de vous ; j'ai toujours aimé tendrement mes pauvres vassaux de la forêt. A l'avenir, je ferai pour eux davantage encore ; je reconnaîtrai par devant le garde-notes de Fougères le droit qu'ils ont de faire avec mon bois du charbon, du cercle, des sabots, des paniers...

— Tais-toi ! interrompit la voix sévère du Loup blanc, tu mens !

— La corde est-elle prête, Yaumi ? demanda le père Toussaint.

Yaumi répondit affirmativement, et Vaunoy, tournant les yeux de son côté, vit en effet une corde se balancer dans les demi-ténèbres qui régnaient derrière les rangs serrés des Loups. Tout son corps trembla, puis le sang lui monta violemment au visage.

— Misérables ! s'écria-t-il avec la rage que donne aussi la frayeur portée à l'excès ; de quel droit me jugez-vous, moi, gentilhomme et votre maître ? Je serai vengé : votre repaire sera détruit ; vous serez tous brûlés vifs... Mais non, mes excellents amis, ma tête s'égare ! miséricorde ; je ne vous ai jamais fait de mal. On vous a menti. Si vous aviez pu voir de près ma conduite...

— Pour ton malheur, nous ne te connaissons que trop.

— Vous vous trompez, reprit Vaunoy ; sur mon salut, vous méconnaissez mes sentiments pour vous. Si vous pouviez interroger mes gens... Un sursis, mes amis ! accordez-moi un sursis afin que je puisse me justifier !

— Tu veux qu'on interroge tes gens ? demanda ironiquement Toussaint.

— Je le veux ! s'écria Vaunoy, se reprenant à cette frêle espérance et désirant d'ailleurs gagner du temps ; tous ils vous diront ma tendre sollicitude pour mes pauvres enfants de la forêt...

— Soit ! interrompit le père Toussaint. On ne peut te refuser cela.

Vaunoy respira.

— Approchez ! reprit Toussaint en s'adressant aux deux Loups qui étaient à droite et à gauche de Vaunoy.

Les deux Loups s'ébranlèrent, et sur un signe du vieillard, firent tomber leurs masques de fourrures.

Vaunoy poussa un cri d'agonie.

— Yvon! fit-il, Corentin!

— Eh bien! reprit encore Toussaint, tes gens vont nous dire la tendre sollicitude...

— Miséricorde! interrompit Vaunoy en tombant à genoux.

Le tribunal se consulta, ce ne fut pas long. Le Loup blanc ne prit point part à la délibération.

— Hervé de Vaunoy, dit ensuite le vieux Toussaint avec lenteur, les Loups te condamnent à mourir par la corde, et tu vas être pendu, sauf avis autre et meilleur du Maître.

Le Loup blanc se leva.

— C'est bien, dit-il. Que Yaumi reste auprès de la corde. Vous autres, mes frères, retirez-vous.

Cet ordre s'éxécuta comme par enchantement. La caverne s'illumina au loin laissant voir d'immenses galeries souterraines et d'interminables voûtes.

Les Loups s'éloignèrent de divers côtés, et bientôt leurs torches parurent comme des points lumineux dans le lointain, tandis qu'eux-mêmes, amoindris par la perspective et bizarrement éclairés au milieu de la nuit, semblaient des êtres de forme humaine, mais d'une fantastique petitesse : des *korriganets*, par exemple, les lutins des clairières, ou bien de ces étranges démons qui mènent le bal au clair de la lune, sur la lande, autour des croix solitaires, et que les bonnes gens du pays de Rennes apprennent à redouter dès l'enfance sous le nom de *chats courtauds*.

Vaunoy était toujours à genoux. Le Loup blanc descendit les marches de son trône et s'approcha de lui.

— Lève-toi, dit-il en le touchant du pied.

Vaunoy se leva.

— Tu es un homme mort, reprit le Loup blanc, si je ne mets mon autorité souveraine entre toi et la potence.

— A quel prix faut-il acheter la vie?

— La vie? répéta le Loup blanc, à aucun prix je ne te vendrai la vie, Hervé de Vaunoy, assassin de mon père et de ma femme!

— Moi! se récria le maître de la Tremlays, mais je ne vous connais pas!

Le Loup blanc souleva son masque.

— Vous! s'écria Vaunoy stupéfait; Jean Blanc!

— Tu me croyais depuis longtemps en terre n'est-ce pas? demanda le roi des Loups; tu ne t'attendais point à rencontrer dans l'homme puissant le vermisseau que ton pied écrasa si impitoyablement autrefois. Dieu m'a tenu en sa garde, non point pour moi, je pense, mais pour le fils de Treml, race de soldats et de chrétiens!

— Le fils de Treml! répéta Vaunoy dont la terreur augmenta.

— Encore un que tu as voulu assassiner: par deux fois!

Vaunoy pensa que le roi des Loups en oubliait une.

— Par deux fois! reprit Jean Blanc. Insensé! tu ne savais pas que cet enfant était ton bouclier! Tu ne savais pas que, lui mort, il n'y aurait plus rien entre ta poitrine et le plomb du vieux mousquet de mon père! Que de fois je t'ai tenu en joue sous le couvert, Hervé de Vaunoy!

Celui-ci frissonna.

— Que de fois, lorsque tu passais par les grandes

allées de la forêt, seul avec des valets impuissants à te protéger contre une balle bien dirigée, j'ai appuyé mon fusil contre mon épaule et mis le point de mire sur toi. Mais une voix secrète me retenait toujours. Je pensais que j'aurais besoin de toi pour le petit monsieur Georges, et je t'épargnais. J'ai bien fait d'agir ainsi. Le moment est venu où ta vie et ton témoignage deviennent nécessaires au légitime héritier de Treml.

— Savez-vous donc où il est? demanda Vaunoy à voix basse.

— Il est chez lui, dans la maison de son père, au château de la Tremlays.

— Ah! fit Vaunoy feignant la surprise.

— Oui, reprit le Loup blanc; mais, cette fois, tu ne l'assassineras pas. Abrégeons. Veux-tu sortir d'ici sain et sauf?

— A tout prix! répondit Hervé qui, par extraordinaire, disait là sa pensée entière.

— Expliquons-nous: je ne te rends pas la vie. Tu restes à moi, pour le sang de mon père, pour le sang de ma femme. Seulement, je te donne un répit et une chance de m'échapper. Pour cela, voici ce que je te demande.

Jean Blanc montra du doigt un coin de la table où se trouvait ce qu'il faut pour écrire, et reprit:

— Je vais dicter, écris:

Vaunoy s'assit à la table.

Jean Blanc dicta:

« Moi, Hervé de Vaunoy, je déclare reconnaître, dans la personne du sieur Didier, capitaine au service de

S. M. le roi de France et de Navarre, Georges petit-fils et légitime héritier de Nicolas Treml de La Tremlays, seigneur de Bouëxis-en-Forêt, feu mon vénéré parent ; en foi de quoi je signe. »

Vaunoy n'hésita pas un instant. Il écrivit et signa couramment sans omettre une seule syllabe.

— Et maintenant, dit-il, suis-je libre ?

Jean Blanc épela laborieusement la déclaration et la mit dans son sein.

— Tu es libre, répond-il ; mais songes-y et prends garde ! Désormais je n'ai plus besoin de toi, cache bien ta poitrine, qui n'est plus protégée contre ma vengeance. Va-t-en !

Vaunoy ne se le fit point répéter. Il se dirigea au hasard vers l'un des points de lumière.

— Pas par là ! dit Jean Blanc ; Yaumi, bande les yeux de cet homme, et conduis-le au-delà du ravin... Encore un mot, monsieur de Vaunoy ; vous allez trouver à La Tremlays, Georges Treml, le fils de votre bienfaiteur, le chef de votre famille, si tant est que vous ayez dans les veines une seule goutte de ce noble sang. Reconnaissez-le tout de suite, croyez-moi, et traitez-le comme il convient.

Vaunoy donna sa tête à Yaumi qui lui banda les yeux et le prit par le bras. Ils remontèrent ainsi tous deux les escaliers humides et glissants qui descendaient dans le souterrain.

Puis Vaunoy sentit une bouffée d'air et aperçut une lueur à travers son bandeau.

Il respira avec délices et ne put retenir une joyeuse exclamation.

— Vous avez raison de vous réjouir, dit Yaumi. Je crois que le diable vous protége, car, où vous avez passé, un honnête homme eût laissé ses os. C'est égal. Vous l'avez échappé deux fois ; à votre place je m'en tiendrais là.

— Tu es de bon conseil, mon garçon, répondit Vaunoy qui commençait à se remettre ; je vais vendre mon château de la Tremlays ; je vais vendre mon manoir de Bouëxis-en-Forêt, et je m'en irai si loin, si loin, que, je l'espère, je n'entendrai plus parler des Loups. Adieu !

Yaumi le suivit de l'œil pendant qu'il perçait hâtivement le fourré.

— Du diable si je n'aurais pas mieux fait de le laisser pendre la première fois qu'on a noué une corde à son intention, grommela-t-il ; mais le Maître a son idée et il est plus fin que nous.

Vaunoy traversa le fourré au pas de course et s'engagea, sans ralentir sa marche, dans les allées de la forêt.

Il ne se retourna pas une seule fois pendant toute la route, et bien souvent il eut la chair de poule en voyant s'agiter les branches de quelque buisson.

Aucun accident ne lui arriva en chemin.

Lorsqu'il se trouva enfin entre la double rangée des beaux chênes de l'avenue de la Tremlays, il ôta son feutre et tamponna son front ruisselant de sueur en aspirant l'air à pleine poitrine.

— Saint-Dieu ! murmura-t-il, deux fois la corde au cou en quarante-huit heures, c'est une rude vie ! Je le ferai comme je l'ai dit : je quitterai la Bretagne. Mauvais pays ! Avec le prix du domaine de Treml, je serai partout un grand seigneur. Mais qui eût cru que ce misérable fou de Jean Blanc vivait encore ?... que je le tienne une fois en mon pouvoir, et il ne me mettra plus jamais en joue ni sous le couvert ni dans la plaine !

Il continua de marcher en silence, puis il s'arrêta tout à coup, et un sourire de satisfaction entr'ouvrit ses minces lèvres.

— A tout prendre, dit-il, je m'en suis tiré à bon marché ! ma déclaration pourra donner un nom à ce petit Treml, si M. de Béchameil et le parlement ne trouvent pas moyen de rabattre ses prétentions, ce qui est fort à espérer. Mais, en aucun cas, ce griffonnage ne peut m'enlever mon domaine. J'ai un acte de vente en bonne et due forme, j'ai des amis au parlement, et une possession de vingt années est bien quelque chose. Certes, j'aimerais mieux le capitaine mort que vivant, mais puisque le hasard le protége, qu'il vive ; je m'en lave les mains et fais serment de ne lui jamais rendre un denier de son héritage.

M. de Vaunoy, tout en soutenant avec lui-même cet intéressant entretien, était arrivé à la porte du château. Il entra.

Jean Blanc, lui, après le départ de son prisonnier, resta quelques instants plongé dans ses réflexions ; puis, avec l'aide de Yaumi, qui était de retour, il se noircit le visage et reprit son costume de charbonnier.

Cela fait, il quitta le souterrain, descendit au fond du ravin et entra dans le creux du grand chêne.

Il s'était muni d'un outil pour creuser la terre.

XXXIV

JEAN BLANC

Quand Didier arriva au château de la Tremlays, après son entrevue avec Jean Blanc, Hervé de Vaunoy était absent. Le château gardait l'apparence d'une place prise d'assaut, et le jeune capitaine fut étonné d'apprendre ce qui s'était passé la nuit précédente.

Jean Blanc et Marie ne lui avaient raconté, en effet, que ce qui se rapportait immédiatement à lui ; savoir, l'attaque nocturne, la mort de Jude et la façon dont lui, Didier, avait été sauvé.

Il ne savait rien du vol des cinq cent mille livres, presque rien de l'attaque des Loups.

La première personne qu'il rencontra sous le vestibule fut M. l'intendant royal. Le pauvre Béchameil avait perdu les roses éclatantes de son teint. Il était pâle, et sa physionomie abattue exprimait un profond chagrin. Ce fut lui qui raconta au capitaine les événements de la nuit.

— Il y a eu trahison, dit-il en finissant ; les soldats et les sergents de la maréchaussée ont été traîtreusement empêchés de faire leur devoir. Et cela me coûte cinq cent mille livres, monsieur !

— Il y a eu trahison, en effet, répondit le capitaine ; n'avez-vous nul soupçon ? Ne savez-vous quel peut être le coupable ?

Béchameil mit ses doigts dans sa tabatière émaillée et regarda le capitaine en dessous.

— Des soupçons ? répéta-t-il, je ne sais trop. J'ai perdu cinq cent mille livres, voilà ce qui est cruellement certain. Monsieur le capitaine, je donnerais six mois de ma vie pour vous voir en possession d'un bon et opulent domaine.

— Pourquoi cela ? demanda Didier étonné.

— Parce que j'ai perdu cinq cent mille livres, et que, pauvre comme vous êtes, le parlement ne pourrait que vous faire pendre ou décapiter. Soit dit, monsieur le capitaine, sans offense aucune et avec toute la considération qui est due à votre titre d'officier du roi.

— Oserait-on m'accuser ? s'écria Didier.

— Qui donc ? répondit Béchameil avec mélancolie ; qui donc prendrait ce soin, monsieur, si ce n'est moi ? Je suis seul victime et ne me plains point parce qu'il vous faudrait bien longtemps, monsieur le capitaine, pour me solder mes cinq cent mille livres avec les émoluments de votre grade.

Didier était dans l'un de ces instants où le cœur est, pour ainsi dire, inaccessible à la colère. Sa vie venait de subir une crise trop grave pour qu'il songeât à dépenser son courroux contre un personnage comme M de Béchameil.

Au contraire, porté à compatir à ce chagrin qui, en définitive, avait une source sérieuse, et tout plein encore des révélations de Jean Blanc, il répondit à l'intendant à peu près comme il l'eût fait à une personne raisonnable, et lui laissa entendre que sa fortune allait subir un complet changement.

Béchameil haussa les épaules.

— Quelque héritage de vilain, grommela-t-il ; deux cents francs de rentes ! C'est égal, s'il est possible de les saisir, je les saisirai. Mais puissiez-vous me rendre mes cinq cent mille livres jusqu'au dernier sou, monsieur, nous ne serions pas quittes encore.

— Comment cela ? demanda Didier qui ne prit même pas la peine de répondre à ce qui regardait le vol de la nuit précédente.

— Comment cela ! s'écria Béchameil enhardi par le calme de son interlocuteur : vous me le demandez, monsieur ! J'étais le fiancé de Mlle Alix de Vaunoy.

— Pauvre Alix, murmura le capitaine.

— Cinq cent mille livres et ma fiancée ! reprit Béchameil. Si j'étais un homme de carnage, monsieur, je vous appellerais sur le pré !

A ces derniers mots, prononcés d'une voix plaintive, M. l'intendant royal tira sa montre de son gousset et leva les yeux au ciel.

— Onze heures ! murmura-t-il. Vous verrez qu'au milieu de cette bagarre, personne ne se sera occupé du déjeuner !

Il salua Didier à la hâte et se dirigea vers les cuisines.

Didier resta soucieux. Evidemment M. de Béchameil ne serait pas le seul à l'accuser. Les deniers de l'impôt étaient à sa garde. Pour se disculper, un moyen unique se présentait, c'était de mettre au jour l'infâme conduite d'Hervé de Vaunoy.

Mais Alix ! Alix qui venait de le sauver ! Alix si noble et si malheureuse !

Didier repoussa bien loin cette idée.

Sans y songer, il prit la route de sa chambre. La porte était grande ouverte. Il entra.

Sur son lit, le corps du brave écuyer Jude était étendu. Une femme, agenouillée au chevet, priait à voix haute, récitant avec lenteur les versets du *De Profundis*. C'était la dame Goton Rehou qui rendait les derniers devoirs à son vieil ami.

Didier se découvrit et continua de marcher. Au bruit des éperons, la femme de charge tourna la tête. Elle n'avait point encore aperçu le capitaine, et sa vue lui causa une émotion dont la cause restait pour elle un mystère.

Didier s'arrêta près du lit ; il considéra longtemps en silence les traits de Jude auxquels la mort n'avait pu enlever leur expression de fermeté intrépide.

— Pauvre Jude ! pensa-t-il tout haut, car il avait oublié déjà la présence de la vieille femme. Dieu n'a point permis qu'il arrivât au but si ardemment souhaité. Il est mort avant d'avoir retrouvé le fils de son maître. Il est mort un jour trop tôt.

La vieille Goton Rehou se prit à trembler.

— Monsieur, monsieur, dit-elle ; mes yeux sont chargés de vieillesse et il y a vingt ans que je n'ai vu

Georges Treml, mais au nom de Dieu, qui êtes-vous ?

On entendit le marteau de la porte extérieure. Didier courut à la fenêtre et aperçut Vaunoy qui entrait dans la cour.

— Qui êtes-vous ? répéta Goton en joignant les mains.

— Vous vous souvenez donc aussi de Treml ? demanda le capitaine.

— Si je m'en souviens, béni Jésus !

— Eh bien ! dame, suivez-moi ; vous entendrez le maître de La Tremlays me donner le nom qui m'appartient.

Didier quitta la chambre, traversa le corridor à grands pas et se rendit au salon où Vaunoy venait d'entrer. La vieille Goton le suivit de loin.

Au salon se trouvaient Mlle Olive de Vaunoy, M. de Béchameil et l'officier des sergents de Rennes.

Celui-ci aborda brusquement Didier :

— Capitaine, dit-il, hier soir, pendant le souper, vous vous êtes endormi. Ce n'est pas naturel. Pendant votre sommeil, on a pillé le château. Je me suis trouvé enfermé dans ma chambre ; nos gens se sont vus parqués dans une grange barricadée, que pensez-vous de cela, s'il vous plaît ?

— Il faut demander cela au maître de céans, répliqua Didier en allant vers M. de Vaunoy.

Celui-ci se munit de son plus doucereux sourire.

— Saint-Dieu ! mon jeune ami, s'écria-t-il en ouvrant les bras et en faisant la moitié du chemin, je viens d'apprendre des choses qui me transportent de joie. La Bretagne retrouve en vous un de ses plus vieux noms, et moi, le fils d'un excellent cousin. Embrassons-nous, mon jeune parent... Monsieur de Béchameil et mademoiselle ma sœur et vous tous ici présents, sachez que le vrai nom de ce cher capitaine est Georges Treml...

— De la Tremlays, seigneur de Bouëxis-en-Forêt, ajouta Georges lui-même.

La vieille Goton qui arrivait au seuil s'appuya contre la muraille. Ses jambes coupées par l'émotion, lui refusaient service.

— Je l'avais deviné ! murmura-t-elle en essuyant une larme du revers de sa main ridée. Oh! que c'est bien ainsi que j'espérais le revoir ! beau, fort, l'épée au côté, la mine haute et fière, comme il convient à un Breton de bon sang !

Mlle Olive joua de l'éventail. M. de Béchameil ouvrit de grands yeux.

— Peste ! pensa-t-il, ce n'est pas un mendiant, après out.

— Tels étaient, en effet, les noms et titres de Nicolas Treml, votre aïeul vénéré, mon jeune ami, reprit Vaunoy, répondant aux derniers mots du capitaine.

— Et tels seront aussi les miens, monsieur, prononça Georges avec fermeté.

— Bien dit ! pensa Goton Rehou, qui admirait chaque mot, chaque geste de son jeune maître.

— Monsieur mon cousin, repartit Vaunoy en mettant de côté son patelin sourire, je crois que vous vous faites une idée fausse de votre position nouvelle.

— Ne suis-je pas l'héritier de mon aïeul ?

— Si fait, mais...

— Mais quoi ? demanda Georges avec impatience.

— Mais quoi ? répéta en *aparté* la vieille Goton triomphante.

Il n'y eut pas jusqu'à M. l'intendant royal qui, persuadé du bon droit du capitaine, ne se dit *in petto* :

— Mais quoi ?

Hervé de Vaunoy reprit son sourire.

— Mon jeune ami, dit-il, l'emportement nuit parfois et ne sert jamais. A mon âge on ne parle pas à la légère. Croyez-moi : l'héritage de Nicolas Treml, dont Dieu puisse avoir l'âme loyale en son paradis, ne vous fera pas bien riche.

Le capitaine sentit le rouge de l'indignation lui monter au visage. Il s'approcha de manière à n'être entendu que de Vaunoy.

— Il y a sous votre toit, dit-il d'une voix contenue et que la colère faisait trembler, une personne que je respecte autant que je vous méprise. Rendez grâce à Dieu de posséder une pareille égide, monsieur !

— Que ne parlez-vous haut, monsieur mon cousin ? demanda Vaunoy qui fit appel à toute son effronterie.

— Misérable ! poursuivit Georges sans élever la voix, je pourrais vous livrer à la justice, car vous êtes trois fois assassin. Un ange vous protége, mais vous êtes ici chez moi, je vous ferai chasser, du moins, par les soldats sous mes ordres.

Vaunoy fit un salut ironique.

— Mademoiselle ma sœur, dit-il, et vous, monsieur l'intendant, veuillez excuser notre entretien secret. Je vais du reste vous mettre au fait. Mon jeune cousin, pour premier acte de bonne parenté, me menace de me faire chasser de chez moi par les soldats de Sa Majesté.

— En vérité ! répliqua Béchameil, il a donc droit ?...

— Est-il possible ! dit mademoiselle Olive, lui qui était si aimable hier soir !

— Il n'y a point entre nous de bonne parenté, monsieur, reprit Didier en faisant effort pour concentrer sa colère au-dedans de lui-même ; je vous menace en effet de vous chasser, mais non pas de votre maison, car ce château est ma propriété.

— Pour ça, tu en peux faire serment, mon enfant chéri ! murmura la dame Goton Rehou !

— Oui-dà ! s'écria Vaunoy en ricanant ; vous croyez cela ? Eh bien, mon jeune cousin, permettez que je m'absente une minute ; le temps d'aller jusqu'à mon cabinet, et je reviendrai vous apprendre une foule de choses que vous paraissez ignorer.

Il sortit.

Presque au même instant, la figure noircie du charbonnier Pelo Rouan se montra sur le seuil.

Il tenait sous son bras un petit sac en toile noirâtre qui semblait renfermer un objet fort pesant. Tout le monde avait le dos tourné. La vieille Goton seule l'aperçut ; elle fit un mouvement, mais Pelo Rouan mit un doigt sur sa bouche, et se glissa dans l'ombre projetée par l'un des hauts battants de la porte ouverte.

M. de Vaunoy reparut bientôt, suivi de maître Alain. Il avait à la main un parchemin déplié.

— Mon jeune ami, dit-il, je vous prie de m'excuser si

je vous ai fait attendre. Veuillez prendre connaissance de cet écrit.

Le capitaine prit le parchemin et lut.

C'était l'acte de vente tracé tout entier de la main de Nicolas Treml et confié par ce dernier à Hervé de Vaunoy.

— Monsieur, dit le capitaine après avoir lu, il y a en tout ceci quelque odieuse machination que je ne comprends pas. Comment vous, pauvre et nourri des bienfaits de mon aïeul, avez-vous pu acheter et payer son domaine ?

— L'économie ! mon jeune ami, répondit Vaunoy en raillant ; avec de l'économie et quelques tritures des affaires, on accomplit des choses réellement surprenantes. Mais là n'est pas la question, et j'espère qu'il ne vous prendra plus la fantaisie de me menacer. Voyons ! vous êtes jeune, vous êtes pauvre ; votre aïeul et moi nous nous sommes rendus de bons services mutuellement ; je ne demande pas mieux que d'oublier votre conduite. Voulez-vous que nous fassions la paix ?

— Jamais ! s'écria Georges en repoussant la main qui lui était tendue.

— C'en est trop ! dit Vaunoy en se redressant, toute patience a un terme. Mademoiselle ma sœur et vous, monsieur l'intendant, vous êtes témoins que j'ai poussé la modération jusqu'à ses plus extrêmes limites. Je crois donc, à mon tour, pouvoir dire à ce jeune homme qui m'a outragé devant tous : sortez de chez moi, monsieur ?

— Béni Jésus ! murmura la dame Goton, il va chasser mon pauvre petit Georges !

Le capitaine se couvrit, lança au maître de la Tremlays un regard de dédain et se dirigea vers la porte.

A moitié route, il se trouva face à face avec Pelo Rouan, qui le prit par la main et le ramena au milieu du salon.

— Jean Blanc ! dit le capitaine étonné.

— Jean Blanc ! répéta mentalement Vaunoy qui regarda attentivement le nouveau venu, Saint-Dieu ! c'est lui en effet : le blanc sous le noir !

Il se pencha et dit un mot à l'oreille du majordome qui venait d'entrer pour annoncer le déjeuner servi. Maître Alain sortit aussitôt.

— Que venez-vous faire ici ? ajouta Vaunoy en s'adressant au charbonnier.

— Je viens faire justice, répondit Jean Blanc d'une voix grave ; je viens, Hervé de Vaunoy, t'enlever le prix de vingt ans de fraude et de crimes.

Vaunoy regarda du côté de la porte. Maître Alain ne revenait point encore.

Jean Blanc continua.

— Tu t'es prévalu d'un parchemin signé par Nicolas Treml ; notre jeune seigneur va te répondre par un parchemin signé de toi.

— Moi ! j'ai signé comme quoi ce garçon est fils de son père ! s'écria Vaunoy, voilà tout !

— Voilà tout, répéta Jean Blanc, aujourd'hui : c'est vrai, mais avec ce que tu signas il y a vingt ans, cela suffira.

Vaunoy changea de visage.

Jean Blanc tira de son sac un petit coffret de fer chargé de rouille.

Il le déposa sur le plancher, s'agenouilla auprès, et introduisit son couteau dans la fente de la charnière.

La rouille avait rongé le métal, et le couvercle sauta presque sans efforts.

Le coffret contenait de l'or et un parchemin que Vaunoy reconnut sans doute, car il se précipita pour le saisir.

Georges Treml le repoussa rudement. Ce fut lui qui prit l'acte des mains de Jean Blanc.

— Je savais bien ! s'écria-t-il après avoir lu : je savais bien qu'il y avait fraude et mensonge ! Voici une déclaration signée de vous, monsieur, qui porte que tout descendant de Treml pourra racheter le domaine, moyennant cent mille livres tournois.

— Et voici les cent mille livres, ajouta Jean Blanc en frappant sur le coffret.

Vaunoy était muet de rage.

L'officier rennais, Mlle Olive et Béchameil s'étonnaient grandement, et ce dernier concevait un vague espoir de recouvrer ses cinq cent mille livres.

Quant à la vieille femme de charge, elle s'émerveillait et promettait en son cœur une neuvaine à Notre-Dame de Mi-Forêt.

A ce moment, maître Alain reparut à la porte du salon. Il était suivi des domestiques du château, armés jusqu'aux dents, et des sergents de Rennes. L'œil d'Hervé de Vaunoy étincela.

— Gardez toutes les issues ! s'écria-t-il. Je promets dix louis d'or à qui mettra le premier la main sur ce brigand !

Il désignait Jean Blanc du doigt.

— Cet acte est contre moi, reprit-il ; je suis dépouillé, pillé. Mais, saint-Dieu ! je serai vengé ! Regardez bien cet homme, monsieur de Béchameil ; cette nuit, cinq cent mille livres vous ont été enlevées ; le capitaine n'a pas su les défendre, ou plutôt il les a livrées, et sans doute l'argent que voici (il montrait le coffret,) est le prix de sa trahison !

— Infâme ! balbutia Georges, mis hors de garde par cette incroyable audace.

M. de Béchameil était tout oreilles, et l'officier rennais semblait à demi-convaincu.

— As-tu bien le courage de nier, Georges Treml ? poursuivit Vaunoy ; cet homme qui vient à ton secours n'est-il pas le même qui cette nuit, a dirigé l'attaque ?

— Si j'avais su cela, grommela Goton, du diable si j'aurais fait le coup de fusil contre lui !

— Cet homme qui t'apporte ta part du vol, reprit encore Vaunoy, n'est-il pas de ceux dont le nom est une condamnation ? En avant, bons serviteurs du roi ! emparez-vous du chef des Loups.

— Le Loup blanc ? s'écrièrent ensemble Béchameil, mademoiselle Olive, les soldats et les domestiques.

Ces derniers, en même temps, firent prudemment un mouvement de retraite.

Les soldats s'avancèrent et entourèrent Jean Blanc.

— Saisissez-le ! s'écria Béchameil. Ah ! brigand détestable ! tu vas me rendre mes cinq cent mille livres !

Mademoiselle Olive, au seul nom du Loup blanc, s'était hâtée de tomber en pamoison.

Georges Treml avait tiré son épée, résolu à défendre l'homme qui l'avait servi si puissamment et qui était le père de Marie.

Mais il n'eut pas besoin de faire usage de son arme. Au moment où les sergents, rétrécissant leur cercle, allaient mettre la main sur le roi des Loups, celui-ci ramassa sous lui ses longues jambes et fit un bond extraordinaire qui le porta par-dessus la ligne des assaillants, jusqu'à l'une des fenêtres du salon.

Les soldats hésitèrent, stupéfaits.

Jean Blanc se mit debout sur l'appui de la fenêtre.

— Quoi que tu fasses, Hervé de Vaunoy, dit-il, tu es vaincu. Tu n'auras pas même la vengeance?

— Feu! feu! Mais tirez donc! hurla Vaunoy qui arracha le mousquet de l'un des soldats et mit Jean Blanc en joue.

Georges, d'un coup de son épée, détourna le canon, et la balle alla se loger dans le lambris.

— Nous nous rencontrerons encore une fois, Hervé de Vaunoy, reprit l'albinos sans s'émouvoir ; ce sera la dernière, et tous nos comptes seront réglés !

Il sauta dans la cour à ces mots, puis on le vit franchir la muraille extérieure avec la prodigieuse agilité qui lui était propre.

— Feu! feu! répéta Vaunoy, qui tomba épuisé sur un siége.

Les soldats firent une décharge. Ce fut du bruit et de la fumée.

L'accusation dirigée contre le jeune héritier de Treml

ne pouvait se soutenir. Vaunoy lui-même n'essaya plus de combattre.

Il avait joué sa suprême partie, il avait perdu. Il se résigna au moins en apparence.

M. de Béchameil, marquis de Nointel, supporta la perte des cinq cent mille livres, ce dont le lecteur ne doit point s'affliger outre mesure, attendu que cet intendant royal en retrouvait deux fois autant, chaque année, dans la poche du roi.

Georges Treml, en devenant Breton, ne put perdre les sentiments d'affection et de respect qu'il croyait devoir à son souverain. Il ne fit point d'opposition à la cour de Paris; mais il aida les pauvres gens à payer l'impôt et protégea leur travail.

Ce sont des cœurs mauvais, intéressés à mal faire, ceux qui déclarent impossible la réconciliation entre le pauvre et le riche.

Deux ou trois ans s'étaient à peine écoulés depuis les événements qui précèdent, qu'il n'y avait plus de traces de *Loups* sous le couvert. En revanche, on voyait souvent des troupes de bonnes gens agenouillées au pied de la croix de Mi-Forêt. Ces bonnes gens remerciaient Notre-Dame qui leur avait rendu un fils de Treml, c'est-à-dire un protecteur puissant et un bienfaiteur infatigable.

Georges Treml de la Tremlays n'oublia pas qu'il avait été durant vingt ans, Didier tout court.

Grand seigneur par le sang, mais soldat de fortune, il crut avoir le droit de consulter uniquement son cœur dans le choix d'une compagne.

Certes, il lui était permis de penser que son union ne

souffrirait point d'obstacles. Néanmoins il s'en rencontra un, et des plus sérieux : Jean Blanc refusa péremptoirement la main de sa fille à son jeune seigneur.

Et ce n'était point un jeu. Jamais millionnaire repoussant un gendre indigent, jamais duc et pair déclinant l'alliance d'un poète ne furent plus difficiles à fléchir que le pauvre albinos.

Il avait, lui aussi, ses idées d'honneur, inflexibles, rigides et plus fières à coup sûr que les préjugés réunis de toute la noblesse de Bretagne.

Didier ordonna et pria tour à tour, et longtemps en vain : mais un jour il eut la bonne inspiration de jurer devant Dieu et sur sa foi de gentilhomme breton qu'il n'aurait point d'autre femme que Marie.

Jean Blanc fut vaincu et céda : Il fallait que Treml eût des héritiers.

Ce fut un beau jour que celui où Marie passa le seuil du bon château de la Tremlays. Le calme et la joie y entrèrent avec elle pour n'en plus sortir.

Elle n'apportait point d'écusson pour écarteler celui de Treml ; mais, à tout prendre, il y avait assez d'armoiries diverses sous les austères portraits des vieux maîtres de La Tremlays ; aucune pièce héraldique n'y faisait défaut.

En revanche, d'ailleurs, parmi toutes les châtelaines qui respiraient sur la toile depuis des siècles le parfum de leurs bouquets toujours frais, pas une n'aurait pu disputer à la pauvre fille de la forêt le prix de la beauté, ni celui de la bonté.

A raison ou à tort, le capitaine comptait cela pour quelque chose.

Bien longtemps après, lorsque les enfants de Georges et de Marie couraient déjà dans les taillis, guidés par la vieille Goton Rehou, il y avait au couvent de Saint-Aubin-du-Cormier une religieuse du nom de sœur Alix qui les guettait parfois au passage et les embrassait en souriant.

Car voici encore une erreur qui court les livres : On dit que les bien-aimées de l'époux Jésus perdent le sourire, c'est mentir. Elles aiment ardemment, donc elles sont heureuses — d'un bonheur qui va au-delà de la mort!

Quant à Hervé de Vaunoy, voici ce qui advint six mois après la rentrée de Georges en l'héritage de ses pères.

Vaunoy avait quitté La Tremlays pour se retirer à Rennes. Il fit demander à Georges la permission de prendre, dans le cabinet qu'il avait occupé au château, quelques objets à son usage.

Georges s'empressa de faire droit à cette demande.

Vaunoy vint escorté de plusieurs hommes. Son cabinet était celui qui avait servi de retraite à Nicolas Treml et renfermait cette armoire où le vieux Breton, partant pour son dernier voyage, avait puisé les cent mille livres dont il a été souvent question dans ce récit.

Cette armoire contenait encore de fortes sommes, laissées par Nicolas Treml, et d'autres, fruit des épargnes de Vaunoy, qui chargé de ces richesses, reprit le chemin de Rennes.

Mais ses valets arrivèrent à la ville sans lui et racontèrent, effrayés, que sur la lisière de la forêt, un coup de fusil était parti au-dessus de leurs têtes, et que Hervé de Vaunoy, frappé d'une balle en pleine poitrine, avait vidé les arçons pour rester mort sur la mousse du chemin.

— Nous avons dirigé nos regards vers l'endroit d'où était parti le coup, ajoutèrent les valets ; la nuit se faisait ; pourtant nous avons vu une forme blanche sauter de branche en branche, comme il n'est point raisonnable de penser qu'un être humain puisse le faire, puis disparaître au-dessus des plus hautes cimes des châtaigniers.

Le lendemain, on trouva sur la mousse le cadavre d'Hervé de Vaunoy. Auprès de lui était à terre le vieux mousquet que Jean Blanc tenait de son père.

FIN

TABLE DES MATIÈRES

Prologue.

I.	— La chanson.	1
II.	— Le coffret de fer.	15
III.	— Le dépôt.	27
IV.	— La fosse aux loups.	37
V.	— Le creux d'un chêne.	45
VI.	— Le voyage.	53
VII.	— La forêt de Villers-Cotterets	60
VIII.	— Tutelle.	69
IX.	— L'étang de la Tremlays	73

X.	— La veillée.	81
XI.	— Fleur-des-Genêts.	89
XII.	— Dans la forêt.	96
XIII.	— Le capitaine Didier	102
XIV.	— Où le loup montre le bout de son museau.	109
XV.	— Portraits.	118
XVI.	— Le conseil privé de M. de Vaunoy.	128
XVII.	— Visite matinale.	137

TABLE DES MATIÈRES

XVIII.	— Rêves	144
XIX.	— Sous la charmille	149
XX.	— Avant et après le déjeuner	156
XXI.	— Mademoiselle de Vaunoy	170
XXII.	— Deux bons serviteurs	175
XXIII.	— Voyage de Jude Leker	188
XXIV.	— La loge	201
XXV.	— Huit hommes et un collecteur	212
XXVI.	— Un accès de haut-mal	224
XXVII.	— La première béchamelle	236
XXVIII.	— Chez les loups	249
XXIX.	— Avant la lutte	265
XXX.	— Quatre contre un	278
XXXI.	— Alix et Marie	294
XXXII.	— La chambrette	306
XXXIII.	— Le tribunal des Loups	320
XXXIV.	— Jean Blanc	329

FIN DE LA TABLE

PARIS. — E. DE SOYE ET FILS, IMPRIMEURS, 5, PLACE DU PANTHÉON.

www.ingramcontent.com/pod-product-compliance
Lightning Source LLC
Chambersburg PA
CBHW050802170426
43202CB00013B/2534